COMMENTARY ON ROMANS

루터의 로마서 주석

세계
기독교
고전

41

COMMENTARY ON ROMANS

루터의 로마서 주석

마르틴 루터 | 박문재 옮김

CH북스
크리스천
다이제스트

세계 기독교 고전을 발행하면서

한국에 기독교가 전해진 지 벌써 100년이 넘었습니다. 그동안 수많은 기독교 서적들이 간행되어 한국의 교회와 성도들에게 많은 공헌을 해 왔습니다. 그러나 기독교 역사 100년을 넘어선 우리의 교회와 성도들에게 더 큰 영적 성숙과 진정한 신앙을 심어 주기 위해서는 가치 있는 기독교 서적들이 많이 나와야 한다고 생각합니다. 그리하여 영혼의 양식이 될 수 있는 훌륭한 기독교 서적들이 모든 성도들의 가정뿐만 아니라 믿지 아니하는 가정에도 흘러넘쳐야만 합니다.

믿는 성도들은 신앙의 성장과 영적 유익을 위해서 끊임없이 좋은 신앙 서적들을 읽고 명상해야 하며, 친구와 이웃 사람들의 구원을 위하여 신앙 서적 선물하기를 즐기고 읽도록 권해야 합니다. 이것은 하나님의 백성으로서 살기 원하는 사람의 의무입니다.

존 웨슬리는 "성도들이 책을 읽지 않는다면 은총의 사업은 한 세대도 못 가서 사라져 버릴 것이다. 책을 읽는 그리스도인만이 진리를 아는 그리스도인이다."라고 말했습니다. 우리는 이제 한국에서 최초로 세계의 기독교 고전들을 총망라하여 한국의 교회와 성도들에게 소개하고자 합니다. 전세계의 기독교 고전은 모든 기독교인들에게 영원한 보물이며, 신앙의 성숙과 영혼의 구원을 위하여 이보다 더 귀한 것은 없을 것입니다.

이러한 취지로 어언 2천여 년의 세월이 지나는 동안 세계 각국에서 저술된 가장 뛰어난 신앙의 글과 영속적 가치가 있는 위대한 신앙의 글만을 모아서 세계 기독교 고전 전집으로 편찬하고자 합니다.

우리는 이 세계 기독교 고전 전집을 알차고, 품위 있게 제작하여 오늘날 한국의 교회와 성도들에게 제공하고 후손들에게도 물려줄 기획을 하고 있습니다. 우리는 다시 한번 다니엘 웹스터가 한 말을 깊이 생각해 보아야 할 것입니다.

"만약 신앙 서적들이 우리 나라 대중들에게 광범위하게 유포되지 않고, 사람들이 신앙적으로 되지 않는다면, 우리 나라가 어떤 나라가 될지 걱정스럽다 … 만약 진리가 확산되지 않는다면, 오류가 지배할 것이요, 하나님과 그의 말씀이 전파되고 인정받지 못한다면, 마귀와 그의 궤계가 우세할 것이요, 복음의 서적들이 모든 집에 들어가지 못한다면, 타락하고 음란한 서적들이 거기에 있을 것이요, 우리나라에서 복음의 능력이 나타나지 못한다면, 혼란과 무질서와 부패와 어둠이 끝없이 지배할 것이다."

독자들의 성원과 지도 편달을 바라마지 않습니다.

CH북스
발행인 박명곤

차례

해설

　1515년 가을에 작센에 있는 비텐베르크 대학의 신학 교수였던 마르틴 루터 박사는 학생들에게 바울의 로마서를 강해하기 시작했다.

　이때가 그가 비텐베르크 교수진에 합류한 지 3년째 되는 해였고, 저 유명한 95개 조항을 붙이기 2년 전이었다. 강의는 1515년 11월 3일에 시작되어 1516년 9월 7일까지 계속되었다. 루터는 오늘날의 학기제를 따르지 않고, 성경의 각 책을 마칠 때까지 강의하였다. 당시에는 교수들에게 여름 방학이 없었고, 단지 공무로 출장 갔을 때에만 강의를 잠시 쉬곤 하였을 뿐이었다.

　루터는 서서히 심혈을 기울여서 강의를 준비해 나가면서, 성경의 중심적인 가르침이 행위가 아니라 그리스도에 대한 믿음으로 말미암은 은혜에 의한 칭의라는 교리를 확연하게 알게 되었다. 불행히도 루터는 로마서에 대한 강의를 다시 반복하지 않았다. 만약 로마서 강의를 다시 했더라면, 그는 의심할 여지 없이 강의 경력의 아주 초기에 썼던 많은 내용들을 개정하였을 것이다. 나중에 멜란히톤(Melanchton)이 로마서 강의를 이어받았고, 그의 강의로부터 최초의 루터파 기독교 교리서인 *Loci Communes*, 즉 신학총론(기독교 신앙의 '공통 주제들')이라는 책이 나왔다.

　루터의 로마서 주석의 원고는 오랫동안 그 행방이 묘연하다가 최근에 와서야 보존상태가 괜찮은 사본이 로마의 바티칸 도서관에서 발견되었다. 이 사본은 원래 하이델베르크 대학 도서관에 소장되어 있다가 황제 막시밀리안 1세가 교황 그레고리 15세에게 기증했던 것으로 생각된다. 나중에 베를린에 있는 프로이센 국립 도서관에서 원본이 발견되었고, 요한네스 피커(Johannes Ficker) 교수의 유능한 편집작업을 거쳐서 1908년 9월에 출간되었다. 이렇게 해서 루터의 로마서 주석은 루터가 비텐베르크 강의안으로 준비한 지 약 4백년 뒤에 세상에서 다시 빛을 보게 되었다.

　루터의 성경 해석 방법론은 독창적인데, 중세 교사들의 방법과는 철저하게 다른 것으로서 본문중심적이고 역사비평적인 현대적 주석(exegesis)의 효시를 이룬다. 루터는 학생들을 위해서 자기가 강의한 성경의 각 책들에 대한 특별판을 간행하였다. 이 특별판들에는 행들 사이와 넓은 여백들에 필기를 할 수 있는 많은 공간이 있었다. 행들 사이에 루터는 단어 및 표현들에 대한 주해나 본문 삽입들(glosses)을 기록하였고, 여백에는 본문의 신학적 내용이나 가르침에 관한 논평(scholia)을 달아 놓았다. 이러한 논평들은 때로 아주 길었다. 주해와 학문적 논평들은 일차적으로 루터 자신이 지침으로 삼기 위해 쓴 것들이었다.

　학생들이 쓴 필기가 보여주듯이, 루터는 자기가 미리 써놓은 주해에서 벗어나서, 강의를 하다가 충동적으로 첨가하고 수정하고 삭제하는 일이 잦았다. 루터는 빠르고 깊은 통찰과 설득력 있는 적절한 언변을 갖춘 영감 있는 교사였다. 그가 아무런 논평도 달지 않은 절들과 관련해서도 말할 것이 많았을 것은 두말할 필요도 없다. 그의 가르침의 중심에는 우리의 죄를 위해 십자가에 못 박히고 부활하신 그리스도가 있었고, 그 자신의 말에 따르면 그의 가르침 전체는 "십자가의 신학"이었다.

　본서는 루터의 로마서 주석의 학적인 완전본이 아니라 요약본으로서, 독자들에게 위대한 개혁자의 가장 중요한 사상들을 전해주는 것이 본서의 목적이다. 본서는 몇 년 전에 테오도르 그래브너(Theodore Graebner)가 편집하고 존더반 출판사에서 간행한 루터의 갈라디아서 주석의 축약판의 자매서이다. 이 먼저 간행된 루터의 작품은 루터교인들 안팎에서 많은 호평을 받았다. 본서를 준비하면서, 나는 저 유명한 바이마르판 루터전집 제56권에 실려 있는 루터의 로마서 주석을 따랐고, 에두아르트 엘바인(Eduard Ellwein) 박사의 독어역본 제4판(Muenchen, Germany: Christian Kaiser Verlag, 1937)도 참고하였다. 이 두 개의 학적인 판본들을 사용할 수 있게 도와준 모든 분들에게 심심한 감사를 표한다.

루터의 주해들은 간결하고 앞뒤가 잘 연결이 안 되는 경우가 흔하기 때문에, 나는 괄호 안에 이탤릭체로 부연 설명하는 말들을 달아 놓았다. 이러한 설명들이 때로는 읽어나가는 데 방해가 되기도 하겠지만, 루터의 의도를 더 분명하게 밝히는 데는 도움이 될 것이다. 나는 장들을 여러 단락으로 구분하고, 각 단락에서 이 위대한 개혁자의 주해가 다루는 내용을 독자들이 개관할 수 있도록 단락마다 표제들을 달았다. 나는 직역을 하고자 하지 않았고, 오히려 나의 목적을 루터의 주해가 무엇을 의미하는지를 명료하고 간결한 언어로 재현하고자 하는 데 두었다. 루터의 주해가 명료하지 못한 곳도 간혹 있긴 하지만, 죄와 은혜에 관한 그의 메시지의 근본적인 취지들은 항상 정확하고 명쾌하다.

루터의 로마서 주석에 대한 비평판이 곧 간행될 것이다. 그러한 판본은 종교개혁이 낳은 위대한 복음적 저작들에 관심을 가지고 있는 모든 이들에게 열렬히 환영을 받을 것이다. 그러나 비평판이 나온다고 해서, 루터의 로마서 주석을 간결하고 실제적이며 경건을 위한 읽기에 적합한 본서가 불필요하게 되지는 않을 것이다. 일례로 비평판은 원래의 내용을 모두 다 담고 있기 때문에, 반복되는 내용이 많게 된다. 왜냐하면 본문 삽입과 학문적 주해들이 서로 같은 내용을 다루고 있는 경우가 많기 때문이다. 불명료한 부분들이 많아서, 세심한 해설들을 필요로 한다. 그러므로 비평판은 루터의 중세적 배경의 자세한 부분까지 관심을 갖고, 로마서에 대한 루터의 주석이 그러한 것들과 어떤 점에서 일치하고 어떤 점에서 다른지를 밝히지 않을 수 없게 된다. 또한 비평판이기 때문에 상당한 양의 본문비평이 들어가지 않을 수 없다. 끝으로 비평판은 루터의 핵심적인 가르침에 속하지 않는 부수적인 많은 내용들을 담게 되는데, 그러한 내용들은 개혁자들 자신의 시대를 겨냥해서 씌어진 것들이어서 오늘날의 복음적인 독자들은 더 이상 관심을 갖지 않는 것들이다.

요컨대 루터의 로마서 주석의 비평판은 모든 학문적인 요구들을 만족시켜주는 것인데 반해서 좀 더 대중적인 이 축약판은 일반 그리스도인 독자들에게 루터의 복음적 가르침의 근본들을 알게 하는 데 그 목적이 있다. 루터의 로마서 주석에는 루터가 나중에 수정하거나 완전히 폐기한 사상들도 일부 들어 있는데, 혼동을 피하기 위해서, 그러한 부분들은 본서에서는 대체로 생략하였다는 말을 덧붙이고자 한다.

나는 요한네스 피커, 리켄티아테 에두아르트 엘바인 같은 유능한 학자들의 훌륭한 저작들, 그들의 동료들이 행한 유용한 연구 결과들에 많은 빚을 졌다. 루터의 로마서 주석 간행을 떠맡은 존더반 출판사와 원고 준비를 도와준 나의 조교들인 마틴 프레더킹, 에드워드 로프, 존 렘컬, 나를 격려해주고 도움을 준 많은 목회자들에게 나는 많은 빚을 졌다. 하나님께서 루터의 로마서 주석에 복을 주셔서 이 주석이 많은 이들에게 그리스도의 보배로운 복음의 진리를 증거하는 데 사용될 수 있게 하시기를 기원한다.

J. Theodore Mueller
Concordia Seminary
St. Louis Missouri

로마서 주석

COMMENTARY ON ROMANS

서문

이 서신은 진실로 신약에서 가장 중요한 문헌으로서 복음을 가장 순수하게 표현하고 있는 책이다. 이 서신은 그리스도인이 시간을 들여서 한 단어 한 단어를 마음 속에 새겨둘 가치가 있을 뿐만 아니라 날마다 묵상할 가치도 있다. 이 서신은 영혼의 일용할 양식이며 아무리 자주 읽거나 많이 연구한다고 해도 결코 지나칠 수 없다. 당신이 이 서신을 더 많이 탐구하면 할수록 이 서신은 보다 더 귀하게 되며 그 향기가 더 좋아질 것이다. 하나님께서 나를 도우신다면 나는 최선을 다해서 이 서문이 모든 사람들로 하여금 이 서신을 가장 좋은 방식으로 이해할 수 있게 할 안내의 글이 되도록 할 것이다.

지금까지 이 서신은 논평들과 온갖 종류의 별 상관없는 것들로 덮여서 질식상태에 있어 왔다. 그렇지만 그 핵심에 있어서 이 서신은 성경 전체를 조명하기에 거의 충분할 정도로 밝게 빛나는 등불이다.

첫번째로 필요한 것은 용어를 익히는 일이다. 우리는 율법, 죄, 은혜, 믿음, 의, 육, 영과 같은 단어들을 통해 성 바울이 의미하는 바를 알아야 한다. 그렇게 하지 않고 읽는다면 우리는 공연히 시간만 허비하게 될 것이다. 당신은 "율법"이라는 용어를 일상적인 의미로, 즉 어떤 행위들이 허용되어 있거나 금지되어 있다는 것을 설명해주는 그 무엇으로 이해해서는 안 된다. 이것은 통상적인 법률들에 해당하는 바, 당신은 비록 법률을 마음으로부터 순종하지 않는다고 하더라도 그것들이 명하고 있는 것을 겉으로 행함으로써 지킨다.

그러나 하나님은 당신의 내면의 확신들을 따라 판단하신다. 하나님의 율법은 바로 당신의 마음 속에서 성취되어야 한다. 당신이 단지 어떤 행위들을 행하기만 한다면 하나님의 율법을 성취하는 것이 아니다. 율법의 형벌들은 실제로 외식(hypocrisy)과 거짓말과 같이 우리의 내적인 확신들과 동떨어진 어떤 행위들에 적용된다.

시편 117편[116:11]은 모든 사람이 다 거짓말쟁이라고 선언하고 있다. 왜냐하면 아무도 자신의 마음으로부터 하나님의 율법을 지키고 있지 않기 때문이다. 또한 사람은 그렇게 할 수도 없다. 왜냐하면 선함을 싫어하고 악을 좋아하는 것이 모든 사람들 속에서 발견되는 특징들이기 때문이다. 우리가 선함을 자유롭게 선택하지 않는다면, 우리는 하나님의 율법을 마음으로부터 지키고 있는 것이 되지 못한다. 그러므로 비록 겉보기에 우리가 많은 미덕들을 행하고 영예로운 삶을 살고 있는 듯이 보일지라도 죄가 들어오고 하나님의 진노가 불러일으켜진다.

그러므로 2장에서 성 바울은 유대인들은 모두 죄인이라고 단언한다. 그는 율법을 지키는 자들만이 하나님 앞에서 의롭다고 말하지만 그가 말하려는 요지는 아무도 율법을 "행위"를 통하여 지키지 못한다는 것이다. 오히려 바울은 유대인들에게 이렇게 말한다: "간음하지 말라 말하는 네가 간음하느냐 남을 판단하는 것으로 네가 너를 정죄함이니 판단하는 네가 같은 일을 행함이니라"[롬 2:1, 22f]. 바울은 이렇게 말하고 있는 것처럼 보인다: '겉으로 보기에 당신은 율법을 꼼꼼하게 지키고 있고 율법을 지키지 않는 사람들을 정죄하며 재빨리 모두 다 가르치려고 하고 있다. 당신은 다른 사람의 눈에 있는 티는 보면서 당신 자신의 눈에 있는 들보는 알지 못하고 있다. 겉보기와 행실에 있어서 당신이 형벌이 두렵거나 보상을 바라고 율법을 지킨다고 한다면 당신은 자유로운 선택과 율법에 대한 사랑으로부터 하는 것이 아니라 마지못해서 그리고 강제 아래에서 율법을 지키고 있는 것이 되고 만약 율법이 없다면 당신은 다른 식으로 행동했을 것이다.'

이로부터 논리적 결론은 당신의 마음 속 깊은 곳에서 당신은 율법을 미워한다는 것이다. 당신이 자신의 마음 속에서 도적이고 실제로 도적이 될 수 있다고 한다면 다른 사람들에게 도적질하지 말라고 가르치는 것이 무슨 소용인가? 물론 이런 유의 외적인 행실은 이런 유의 속임수로 인해 오래 지속되지 않는다. 당신이 다른 사람들을 가르치고 당신 자신을 가르치지 않는다면 당신은 당신이 가르치는 것을 알고 있지 않으며 율법의 본질을 올바르게 이해하지 못했다는 말이 된다. 아니 오히려 바울이 5장[:20]에서 말하고 있는 바와 같이 율법은 당신의 죄를 증가시킨다. 사람이 율법을 미워하면 할수록 율법은 사람이 할 수 없는 것을 더욱더 요구한다.

이것이 7장[:14]에서 바울이 율법을 영적이라고 부르는 이유이다. 율법이 구체적이고 실제적이라면 우리의 행위는 그 요구를 충족시켜야 할 것이기 때문에 영적이다. 하지만 율법이 영적이기 때문에 당신이 행하는 모든 것이 당신의 내적인 마음에서 우러나오지 않는다면 아무도 율법을 지키지 못한다. 그러한 마음은 오직 하나님의 영에 의해 우리에게 주어지며, 이 영은 우리로 하여금 율법의 요구들을 감당할 수 있게 만든다. 따라서 우리는 율법을 행하고자 하는 진정한 소원을 얻게 되고 모든 것은 두려움이나 강제 아래에서가 아니라 기꺼운 마음으로 행해진다. 그러므로 율법은 영적이기 때문에 율법이 영적인 마음들에 의해 사랑을 받고 율법이 그러한 유의 마음을 요구할 때 그 영이 우리 마음 속에 있지 않다면 죄는 그대로 존재한다. 율법 자체는 옳고 선하고 거룩하지만 율법에 대한 적대감과 불평불만은 그대로 존재한다.

그러므로 율법이 명하는 것을 행하는 것과 율법을 성취하는 것은 전혀 별개의 것이라는 생각에 익숙해져야 한다. 사람이 자신의 자유로운 의지와 힘으로 행할 수 있는 모든 것은 율법에 의해 요구된 행위들을 행하는 것이다. 그럼에도 불구하고 그러한 모든 행위들은 우리가 율법을 싫어하며 율법을 속박이라고 느끼는 한 헛되며 소용없다. 이것이 3장[:28]에서 바울이 말하고 있는 바이다: "사람이 의롭다 하심을 얻는 것은 율법의 행위에 있지 않고."

학교에서 논쟁을 일삼는 궤변론자들이 우리에게 행위를 통하여 은혜를 받을 준비를 하라고 가르치는 것은 우리를 그릇 인도하고 있는 것임은 분명하다 ― 그렇지 않은가? 사람이 자신의 마음 속에서 마지못해서 선행을 하는 것이라면 어떻게 그가 그런 행위들을 통하여 스스로 선하게 될 준비를 할 수 있겠는가? 마지못한 적대적인 마음으로부터 나오는 행위들을 하나님이 기뻐하실 까닭이 있겠는가?

율법을 성취하기 위해서 우리는 그 요구사항들을 기쁘고 사랑스럽게 충족시켜야 한다. 마치 율법이나 그 형벌들이 존재하지 않는 양 율법에 대한 속박감을 느끼지 않고 덕스럽고 올바른 삶을 살아라. 그러나 이 기쁨, 이 속박받지 않는 사랑은 성 바울이 5장[:5]에서 말하고 있는 바와 같이 성령에 의해 우리 마음 속에 부어진다. 그러나 바울이 자신의 첫 단락에서 말했듯이 성령은 오직 예수 그리스도 안에서 그리고 예수 그리스도와 더불어, 예수 그리스도를 통하여 주어진다. 마찬가지로 믿음 자체는 오직 하나님의 말씀, 복음을 통해서만 온다. 이 복음은 그리스도를 하나님의 아들로 선포한다. 바울이 3, 4, 10장에서 말하는 바와 같이 그분이 사람이었는데 우리를 위하여 죽으셨다가 부활하셨다고 선포한다.

우리는 믿음만이 우리를 의롭게 하며 율법을 성취한다는 결론에 도달한다. 그리고 이것은 믿음이 우리에게 그리스도의 공로에 의해 얻어진 영을 가져다주기 때문이다. 이번에는 영은 우리에게 율법이 목표로 하고 있는 행복과 자유를 준다. 그리고 이것은 선행이 진실로 믿음으로부터 나온다는 것을 보여준다. 이것이 바울이 율법의 행위를 정죄한 후에 믿음으로 말미암아 율법을 폐하는 것이 아니라 도리어 우리는 믿음을 통하여 율법을 굳게 세운다고, 즉 믿음으로 말미암아 율법을 성취한다고 말하고 있는 3장[:31]의 의미이다.

성경에서 '죄'라는 단어는 우리의 육체적 행위에 의해 행해진 외적 행위들 이상의 것을 의미한다. 그것은 행위와 관련된 모든 상황들, 우리로 하여금 행위를 하도록 유인하거나 촉발시키는 모든 상황들을 의미한다. 특히 우리 마음 속 깊은 곳에서 작용하는 충동들. 또한 이것은 "행함"이라는 단일한 용어가 사람이 완전히 굴복하여 죄로 떨어지는 경우를 포함한다는 것을 의미한다. 외적으로 아무것도 행해지지 않았다고 하더라도 사람은 여전히 몸과 영혼의 완전한 파멸에 떨어져 있을 수 있다. 특히 성경은 우리의 마음을 꿰뚫어보며 모든 죄의 뿌리이자 근원, 즉 우리 마음 속 깊은 곳의 불신앙을 바라본다. 믿음만이 우리에게 명백하게 선한 행위들을 행하고자 하는 영과 소원을 주듯이 불신앙은 죄의 유일한 원인이다. 그것은 육을 높이며 창세기 3장[:6]에서 에덴 동산에서의 아담과 하와의 경우에 일어났던 것처럼 명백하게 잘못된 행위들을 행하고자 하는 소원을 준다.

그러므로 그리스도는 불신앙을 따로 지적하여 그것을 죄라고 불렀다. 요한복음 16장[:8f.]에서 그리스도는 영이 와서 "죄에 대하여 세상을 책망할 것인데 … 죄에 대하여라 함은 저희가 나를 믿지 아니함이요"라고 말한다. 마찬가지로 선행 또는 악행이 행해지기 전에, 그것들이 선한 열매 또는 악한 열매로 드러나기 전에 신앙 또는 불신앙이 이미 우리 마음 속에 존재하고 있음에 틀림없다. 여기에 모든 죄의 뿌리, 수액(樹液), 주요한 동력이 있다. 이것은 성경이 뱀의 머리, 옛 용의 머리라고 부르는 것으로서 여자의 후손인 그리스도는 아담에게 약속한 대로 그 머리를 부수었음에 틀림없다.

은혜의 참된 의미는 하나님이 자기 자신의 선택에 의해 우리를 향하여 지니시는 인자 또는 호의이고, 이를 통하여 하나님은 우리에게 기꺼이 그리스도를 주고 우리 위에 성령과 하나님의 축복을 부어주신다고 할 때 은혜(grace)와 은사(gift)는 서로 다르다고 하겠다. 바울은 그리스도의 은혜와 호의 등을 말하고 있는 5장[:15f.]에서 이 점을 명확히 하고 있다. 그럼에도 불구하고 우리는 은사와 영을 날마다 받아야 한다. 그렇게 할지라도 오히려 그것들은 부족하다. 왜냐하면 바울이 로마서 7장[:14-23]과 갈라디아서 5장[:17f.]에서 말하고 있는 바와 같이 옛 욕망들과 죄악들이 여전히 우리 속에 아른거리며 영에 대항하여 싸우기 때문이다.

또한 창세기 3장[:15]은 여자의 후손과 뱀의 후손이 원수될 것을 말하고 있다. 그렇지만 우리가 하나님 보시기에 전체적으로 완벽하게 의로운 것으로 여겨질 수 있을 정도로 은혜는 충분하다. 왜냐하면 하나님의 은혜는 다른 많은 은사들처럼 파편으로 나뉘어 오는 것이 아니라 우리를 완벽하게 사로잡아 우리의 중보자인 그리스도의 품에 안기게 하며 은사들이 우리 속에 뿌리를 내릴 수 있도록 하기 때문이다.

이러한 관점은 바울이 자기 자신을 여전히 죄인으로 묘사하고 있는 7장 [:9f.]과 그럼에도 불구하고 영과 (여전히 불완전한) 은사들로 인하여 "그리스도 안에" 있는 자들에 대하여 어떠한 고발도 있을 수 없다고 선언하고 있는 8장을 당신이 이해하는 데 도움을 줄 것이다. 우리의 육이 아직 죽지 않은 한 우리는 여전히 죄인이다. 그럼에도 불구하고 우리가 그리스도를 믿고 성령을 받기 시작하는 한 하나님은 우리에게 호의와 선의를 보여주신다. 하나님은 우리에게 남아 있는 죄들을 보지 않으시며 그것들을 판단하지 않으시고 죄가 죽을 때까지 우리가 그리스도에 대하여 갖고 있는 믿음에 따라 우리를 다루신다.

믿음(faith)은 꿈꾸는 그 무엇, 인간적인 환상이 아니다. 그런데도 많은 사람들은 그 용어를 그렇게 이해하고 있다. 그들이 믿음에 도덕적인 진보나 선행들이 수반되지 않음을 보면서 여전히 믿음에 관하여 많은 말을 하게 될 때, 그들은 믿음으로는 충분치 않으며 우리가 올바르게 되고 구원을 얻으려면 "행위들"을 하여야 한다고 선언하는 오류에 빠진다. 그 이유는 그들이 복음을 들을 때 핵심을 놓치고 있다는 것이다. 그들의 마음 속에서 그리고 그들 자신의 추리력으로 그들은 그들이 진정한 믿음이라고 여기는 한 생각을 날조하여 이것을 "신앙"이라고 부른다. 그렇지만 그것은 단지 사람이 만들어낸 것에 불과하며 사람의 마음 속 깊은 곳에서 그에 상응하는 체험을 갖고 있지 않은 한낱 공상에 지나지 않는다. 그러므로 그것은 아무 효력을 발휘하지 못하며 더 나은 삶을 가져오지도 못한다.

하지만 믿음은 하나님이 우리 속에서 일으키는 그 무엇이다. 그것은 우리를 변화시키며, 우리는 하나님으로부터 다시 태어난다 ― 요한복음 1장 [:13]. 믿음은 옛 아담을 죽이고 우리를 마음과 생각과 우리의 모든 힘에 있어서 전혀 다른 사람으로 만들어 놓는다. 그리고 믿음은 성령이 동반된다. 오, 믿음에 이르게 되면 그것은 얼마나 생생하고 창조적이고 적극적이고 강력한 것인지. 믿음은 내내 좋은 것 외에 다른 것을 행할 수가 없다. 믿음은 결코 행해야 할 선행이 어디 있느냐고 묻지 않고, 오히려 그러한 질문이 던져지기 전에 선행을 이미 행하고 계속해서 선행을 행하고 있다. 이런 식으로 활동적이 되지 않은 사람은 믿음이 없는 사람이다. 그는 믿음을 손으로 더듬어 찾으며 선행을 찾아다니지만 믿음이 무엇이며 선행이 무엇인지를 알지 못한다. 그럼에도 불구하고 그는 계속해서 믿음과 선행에 대하여 말도 되지 않는 소리들을 지껄인다.

믿음은 하나님의 은혜에 대한 살아있고 흔들림없는 신뢰이자 신앙인데 그것이 너무도 확고하기 때문에 사람은 믿음을 인하여 천 번이라도 죽을 수 있다. 이런 유의 하나님의 은혜에 대한 신뢰, 이런 유의 하나님의 은혜에 대한 지식은 우리를 기쁘고 활기차게 만들며 하나님 및 모든 인류와의 관계에서 열심을 내도록 만든다. 이것이 성령이 믿음을 통하여 역사하는 것이다. 그러므로 믿음의 사람은 무엇에 내몰려서가 아니라 자발적으로 기쁘게 모든 사람들에게 선행을 하고 모든 사람을 섬기며 자기에게 그러한 은혜를 보여주었던 하나님의 사랑과 영광을 위하여 온갖 종류의 곤경을 겪고자 한다.

실제로 불로부터 열과 빛을 분리하는 것이 불가능한 것처럼 믿음으로부터 행위를 분리하는 것은 불가능하다. 그러므로 당신 자신의 그릇된 인식들과 자기들이 믿음과 행위에 관하여 영리한 판단을 하고 있다고 생각하고 있지만 사실은 가장 어리석은 자들의 모습을 드러내고 있는 터무니 없는 말을 하는 다른 사람들의 그릇된 인식들을 주의하라. 하나님께 기도를 드리고 당신 안에 믿음을 창조해주시도록 간구하라. 그렇게 하지 않는다면 당신이 아무리 스스로를 속이려고 할지라도 또는 당신의 노력과 능력이 무엇일지라도 당신은 언제나 믿음이 부족하게 될 것이다.

의(righteousness)는 바로 우리가 마음 속에 갖고 있는 믿음과 같은 것으로서 "하나님의 의"라고 불려질 수 있는 것을 의미한다. 이 의는 하나님 보시기에 선하다. 왜냐하면 이 의는 하나님의 선물이고 모든 사람에게 자신의 의무를 다하도록 사람의 본성을 형성하기 때문이다. 믿음으로 말미암아 그는 죄로부터 해방되며 하나님의 계명들 속에서 즐거움을 발견한다. 이런 식으로 그는 하나님이 마땅히 받으셔야 할 존귀를 하나님께 드리며 하나님의 것을 하나님께 돌려드린다. 그는 자신의 능력을 따라 기꺼이 사람들을 섬기며 모든 사람들에게 자신의 의무를 이행한다. 이런 유의 의는 우리 자신의 자유 의지나 우리 자신의 능력을 통하여 통상적인 자연적 과정 속에서 생겨날 수 없다.

아무도 스스로에게 믿음을 줄 수 없으며 불신앙으로부터 스스로를 해방시킬 수 없다. 그렇다면 어떻게 사람은 자신의 가장 작은 죄악들조차도 없이할 수 있는가? 믿음이 없이 행해진 것이나 불신앙의 결과로서 행해진 것은 그것이 아무리 그럴듯하게 꾸며졌다고 하더라도 거짓된 것, 자기 기만, 죄 이외의 다른 것이 아니라는 결론이 나온다 — 로마서 14장[:23].

육(flesh)과 영(spirit)은, 육은 오로지 도덕적 불결과 관련이 있고 영은 오로지 우리의 마음의 상태와 관련이 있다는 식으로 이해되어서는 안 된다. 오히려 성 바울과 요한복음 3[:6f.]에서 그리스도에 따르면 육은 육으로부터 생겨난 모든 것, 즉 우리의 이성과 우리의 모든 감각을 포함하여 몸과 영혼, 자기 자신 전체를 의미한다. 이것은 우리 속에 있는 모든 것이 육에 기울기 때문이다. 그러므로 은혜를 아직 받지 못한 사람이 갈라디아서 5장[:19f.]이 육체의 일로 묘사하면서 육체의 외식과 가증스러운 행위들로 부르고 있는 바로 그러한 방식으로 영의 고상한 것들에 관하여 유쾌하게 횡설수설하고 있을 때 그 사람을 "육적인" 사람이라고 부르는 것이 적절하다. 게다가 로마서 8장[:3]은 율법이 육에 의해 약화된다고 말하고 있다. 이것은 단지 도덕적 불결만이 아니라 모든 죄들에 대하여 말하고 있는 것이다. 특히 그것은 다른 무엇보다도 성격상 좀 더 영적인 일종의 악함인 믿음의 결여에 대하여 언급한다.

반면에 영적이라는 용어는 그리스도께서 제자들의 발을 씻기셨을 때, 베드로가 배를 띄워 고기를 잡고 있었을 때처럼 가장 외적인 행위들에 몰두해 있는 사람에게 흔히 적용되고 있다. 그러므로 "육"이라는 용어는 사고와 사실에 있어서 몸과 현세의 삶에 봉사하며 살아가며 수고하는 사람에게 적용된다. "영"이라는 용어는 사고와 사실에 있어서 영과 내세의 삶에 봉사하며 살아가며 수고하는 사람에게 적용된다. 당신이 이 용어들에 이러한 의미를 부여하지 않는다면 결코 바울의 로마서나 성경의 어떤 책도 이해할 수 없게 될 것이다. 그러므로 그들이 제롬이든지 아우구스티누스든지 암브로시우스든지 오리겐이든지 아무튼 그 누구든지 이 용어들을 다른 식으로 사용하는 모든 교사들을 경계하라. 그들보다 더 뛰어난 인물일지라도 마찬가지이다. 그러나 이제 서신 자체에로 눈을 돌려보자.

복음을 설교하는 자의 첫 번째 의무는 하나님의 율법을 선포하고 죄의 본질을 기술하는 것이다. 영으로부터 나오지 않거나 그리스도에 대한 믿음의 결과로서 경험되지 않는 모든 것은 죄악된 것이다. 설교자의 메시지는 사람들에게 그들 자신의 모습과 그들의 통탄스러운 상태를 보여줌으로써 그들로 하여금 겸손히 도움을 간청하게 만들어야 한다.

성 바울은 이러한 지침을 따라서 1장에서 당시에 몇몇 중대한 죄들과 불의들을 정죄하는 것으로 시작하고 있다. 이러한 것들은 이교도들의 죄악들이었고 여전히 지금도 그러하다. 왜냐하면 그들은 하나님의 은혜와 동떨어져서 살고 있기 때문이다. 그러므로 바울은 복음을 통하여 하나님의 진노가 그들의 불경건함과 악함으로 인하여 하늘로부터 모든 사람들에게 나타난다고 말하고 있다. 그들은 하나님이 계시다는 것을 알고 있고 날마다 인정하지만 은혜로부터 떨어진 인간의 본성은 그 자체가 너무도 악하기 때문에 하나님께 감사하거나 예배하지 않는다. 오히려 인간의 본성은 눈이 멀어서 끊임없이 악으로 떨어진다. 그 결과 거짓된 우상들을 섬기는 것에 더하여 불미스러운 죄들과 온갖 종류의 악을 범하게 된다. 수치를 모르기 때문에 처벌받지만 않는다면 다른 죄들도 범한다.

2장에서 바울은 이러한 벌들을 확장해서 겉으로 보기에 경건해 보이지만 은밀하게 죄들을 범하는 사람들에게 적용한다. 그러한 사람들은 유대인이었고, 또한 그러한 사람들은 모두 위선자들이다. 왜냐하면 그들은 기쁨과 사랑 없이 살아가기 때문이다. 그들의 마음 속에서 그들은 하나님의 율법을 미워하고, 모든 위선자들이 그러하듯이 그들은 습관적으로 다른 사람들을 정죄한다. 그들은 시기, 증오, 교만, 온갖 종류의 부도덕으로 가득 차 있지만 스스로를 흠이 없는 것으로 여긴다 — 마태복음 23장[:28]. 이들은 바로 하나님의 선하심을 멸시하는 사람들로서 그들의 마음의 완악함으로 인해 하나님의 진노를 쌓고 있다. 그러므로 성 바울은 율법의 참된 설교자로서 죄 없는 사람은 아무도 없다고 단언한다. 오히려 그는 하나님의 진노가 그들 자신의 본성이나 터무니없는 공상에 따라 살아가고자 하는 모든 사람들에 대하여 내릴 것이라고 선언한다. 그는 이런 유의 사람들을 명백한 죄인들보다 더 나은 것으로 여기지 않는다. 그는 그들은 완악하며 회개치 않는 자들이라고 말하기까지 한다.

  3장에서 그는 이 두 부류를 함께 다루면서 둘 다 하나님 앞에서 죄인들이라고 말한다. 더욱이 비록 그들 가운데 많은 사람들이 하나님의 말씀을 믿지 않았지만 유대인들에게는 하나님의 말씀이 주어져 있었다. 이러한 태도는 하나님의 진리나 믿음을 효력없게 하지 못했다. 그는 아울러 시편 50편이 말하고 있는 것, 즉 하나님은 자신의 말씀에 신실하시다는 것을 인용한다. 그런 다음 바울은 모든 사람들이 죄인이라는 사실로 돌아가서 자신의 주장을 성경을 통해 입증한다. 그는 아무도 율법의 요구사항들을 성취함을 통하여 의롭게 되지 못할 것이라고 선언한다. 왜냐하면 율법은 단지 죄의 본질을 보여주기 위하여 주어진 것이기 때문이다. 그런 후에 그는 경건하고 거룩하게 되는 올바른 방식에 관한 자신의 가르침을 정교하게 제시한다. 그는 모든 사람들이 죄인이며 아무도 하나님에 의해 시인을 받지 못한다고 말한다. 구원은 오직 그리스도에 대한 믿음으로 말미암아 그들에게 아무런 공로 없이 올 수 있을 따름이다. 그리스도는 자신의 피를 통하여 우리를 위하여 구원을 얻었다. 우리를 위하여 그분은 하나님의 "속죄소"가 되었고, 그래서 하나님은 우리가 과거에 범했던 모든 죄들을 사하신다. 이런 식으로 하나님은 믿음을 매개로 하여 수여하는 자신의 의만이 우리의 유일한 살 길임을 보여준다. 하나님은 복음이 설교될 때 이 의를 나타내신다. 그러나 율법과 선지자는 이미 그 복음을 증언하였다. 그러므로 믿음은 율법에 따라 행해진 행위들을 폐기하고 그 행위들에게 돌려지는 존중을 부인하지만 율법을 지지한다.

  처음 세 장에서 죄의 본질을 보여주고 어떻게 믿음이 의로 이어지는가를 가르친 후에 4장에서 바울은 몇몇 반론들과 난점들을 다루기 시작한다. 첫 번째로 논의되는 것은, 믿음이 행위와는 상관없이 우리를 의롭게 한다는 것을 듣고서 그렇다면 선행을 할 필요가 과연 있는 것이냐고 문제를 제기하는 사람들의 공통적인 주장이다. 이에 대하여 바울은 아브라함의 예를 들어 아브라함이 행위와 관련하여 무엇을 했으며 그 행위들은 모두 헛된 것이며 그의 행위들은 무가치한 것이었는가 하고 묻는다. 그는 아브라함은 행위와는 상관없이 단지 믿음으로 말미암아 의롭게 되었다는 결론을 내린다. 실제로 아브라함이 할례라는 "행위"를 하기 전에 성경에 의하면 단지 그의 믿음에 의거해서 그에게 의가 돌려졌다 — 창세기 15장[:6]. 할례라는 행위는 그의 의에 아무런 기여도 하지 않았지만, 하나님은 그것을 명하셨고 순종의 행위로서 그것은 선행이었다. 따라서 또한 그 밖의 다른 선행들도 사람을 의롭게 하는 데 기여하지 못한다는 것은 확실하다. 아브라함의 할례와 마찬가지로 그 선행들은 단지 그의 의가 그의 믿음 안에 담겨져 있다는 것을 입증하는 외적인 표지일 따름이다. 결론적으로 우리는 선행은 단순히 그리고 전적으로 외적인 표지라고 이해하여야 한다. 선행들은 믿음으로부터 나오며, 좋은 열매와 마찬가지로 사람 자체는 이미 하나님 보시기에 마음에서 의롭다는 것을 입증한다.

이런 식으로 바울은 3장에 나오는 믿음에 관한 자신의 가르침을 밑받침하기 위하여 성경으로부터 친숙한 예를 끌어와 예증한다. 이제 그는 다윗을 또 하나의 증인으로 불러오는데, 다윗은 시편 32편[32:1f.]에서 우리는 일단 의롭게 된 이후에는 행위들 없이 살아가지는 못할 것이지만 어쨌든 행위와는 상관없이 의롭게 될 것이라고 말한다. 그런 후에 바울은 이 예를 더 넓게 적용하여 그것을 율법을 지키는 모든 사람들에게 확대한다. 그는 유대인들이 단지 아브라함의 자손이라는 이유로 아브라함의 상속자들이 될 수는 없으며 율법의 행위들을 준수함을 통하여는 더더욱 그러할 수 없다고 결론을 내린다. 오히려 유대인들이 진정으로 아브라함의 상속자들이라면 그들은 아브라함의 믿음을 상속하여야 한다. 왜냐하면 모세의 율법과 할례 이전에 아브라함은 믿음으로 말미암아 의롭게 되었으며 모든 믿는 자들의 아버지로 묘사되었기 때문이다.

　더욱이 율법은 은혜가 아니라 진노를 가져온다. 왜냐하면 아무도 율법을 기꺼이 그리고 기쁨으로 성취하지 않기 때문이다. 그러므로 율법의 행위들은 은혜가 아니라 마지못함을 낳는다. 오직 믿음만이 아브라함에게 약속된 은혜를 얻을 수 있다는 결론이 나온다. 그리고 이와 같은 예들은 우리를 위하여 성경에 기록되어 있는 것이기 때문에 우리도 믿음을 가질 수 있다.

　5장에서 바울은 믿음이 가져오는 열매 또는 행위에 도달한다. 그러한 것들은 평안, 기쁨, 하나님과 모든 인간에 대한 사랑이다. 이에 더하여 슬픔과 고난에도 불구하고 존재하는 확신, 용기, 신뢰, 소망이다. 믿음이 자리를 잡고 있는 곳에는 하나님께서 그리스도 안에서 우리에게 보여주시는 넘쳐흐르는 선의로 인하여 이런 유의 모든 것들이 수반된다. 우리를 위하여 하나님은 우리가 하나님을 향한 기도 속에서 중보기도할 수 있기 전에는 물론이고 우리가 여전히 원수되었을 때조차도 죽음을 겪으셨다. 그러므로 우리는 선행을 할 필요가 없다는 결론을 도출해서는 안되겠지만 믿음은 행위와는 상관없이 우리를 의롭게 한다고 주장한다. 아니 오히려 올바른 유의 행위들은 무시되지 않아야 한다. 이러한 행위들은 단순한 의식주의자들이 알지 못하는 것이다. 그들은 그들 유의 행위들을 날조해내지만, 이러한 행위들은 평안이나 기쁨, 확신, 사랑, 소망, 용기, 확실성, 진정한 그리스도인의 행실이나 믿음에 속하는 그 어떤 것도 지니고 있지 못하다.

　이제 바울은 흥미있는 여담을 하며 죄와 의, 죽음과 생명의 기원을 논한다. 그는 어떻게 아담과 그리스도가 두 가지 상반되는 유형을 대표하는지를 보여주면서 실제로 그리스도가 둘째 아담으로 와서 믿음 안에서의 새로운 영적인 출생으로 인하여 그의 의를 전하여야 했다는 것을 말하고 있다. 이것은 아담이 우리의 이전의 육체적 출생을 통하여 우리에게 죄를 전하였을 때 아담이 행했던 것과 짝을 이룬다. 이것이 바울이 아무도 자신의 육체적 출생을 막을 수 없듯이 아무도 죄로부터 스스로 구원받을 수 없으며 행위로 말미암아 의에 도달할 수 없다는 자신의 단언을 입증하는 방식이다. 이와 아울러 바울은 의에 도달하는 데 어떤 것이 도움이 될 수 있다면 아마 도움을 주었을 하나님이 주신 율법은 그것이 왔을 때 아무런 도움도 주지 못했을 뿐만 아니라 죄를 증가시켰다는 것을 입증한다. 우리의 악한 본성은 율법에 더욱더 적대적이 되고, 그 율법의 엄격성에 비례하여 우리의 본성 자신의 고안물들을 추구하는 것을 선호한다. 따라서 율법은 우리에게 그리스도를 더욱 필요하게 만들고 우리의 본성을 구할 은혜에 대한 필요성을 증대시킨다.

6장에서 바울은 믿음의 특별한 기능을 논한다. 현안 문제는 육에 대항하여 싸우는 영의 싸움으로서 우리의 칭의 후에도 살아남아 있는 죄와 정욕들을 마침내 철저하게 죽이게 된다. 그는 믿음은 우리가 죄가 더 이상 존재하지 않는 양 느슨해져서 나태와 자기 확신에 빠져있게 되면 우리를 죄로부터 해방시킬 수 없다고 가르친다. 죄는 여전히 존재한다. 그러나 믿음으로 인하여 죄와의 싸움은 우리를 정죄로 이끌지는 않는다. 우리의 삶 전체를 통하여 우리는 우리의 모든 힘을 다하여 우리의 몸을 길들이고 몸의 정욕을 죽이며 그 지체들을 통제하는 일을 그것들이 정욕이 아니라 영에 순종할 때까지 계속해야 할 것이다. 우리가 그리스도의 죽음과 부활과 하나가 되고 우리의 세례의 의미를 완성하기 위해서는 이러한 자기 훈련이 필요하다. 왜냐하면 세례는 또한 죄의 죽음과 은혜의 새로운 삶을 의미하기 때문이다. 최종적인 목표는 우리가 죄로부터 완전히 해방되어 그리스도와 함께 몸으로 부활하여 영원히 사는 것이다.

바울은 우리가 율법 아래가 아니라 은혜 아래 있을 때 이것이 가능하다고 선언한다. 그는 "율법 아래 있지 않는다"는 것이 무엇을 의미하는지를 분명하게 설명해준다. 이것은 율법이 우리를 속박하지 못하며 우리 모두는 우리 자신의 고안물들을 따를 수 있다고 말하는 것과 똑같은 말이 아니다. 오히려 "율법 아래" 있다는 것은 은혜와는 상관없이 살면서 율법의 행위들을 성취하는 데 몰두하는 것을 의미한다. 이와 같은 경우에 죄는 율법을 통하여 우리를 지배한다는 것이 확실하다. 왜냐하면 아무도 율법을 자연적으로 기뻐하지 않기 때문이다. 그리고 그때 우리의 상태는 매우 죄악된 것이다. 그러나 은혜는 우리로 하여금 율법을 기뻐하게 만든다. 그때 죄는 더 이상 들어오지 못하며, 율법은 더 이상 우리를 대항하는 것이 아니라 우리 편을 든다.

율법이 우리 편이 되는 것은 죄와 율법으로부터의 자유의 본질 자체인데, 바울은 이 장 끝까지 이러한 상태에 관한 논의를 계속한다. 그는 이 자유는 율법에 의해 선행을 하도록 속박되지 않고 단순히 선행을 행하며 올바르게 살아가는 것을 기뻐하는 데 있다고 말한다. 그러므로 이 자유는 영적인 자유이다. 그것은 율법을 폐하지 않는다. 오히려 율법에 부족한 것, 즉 자발성과 자유를 제공해준다. 따라서 율법은 침묵하고 활동을 멈추게 된다. 율법은 더 이상 요구를 하지 않는다. 그것은 당신이 채권자에게 빚을 지고 있고 갚을 수 없는 상태에 있는 것과 같다. 문제를 해결하여 당신이 해방되는 방법에는 두 가지가 있을 것이다. 첫번째는 채권자가 당신으로부터 채무를 받기를 거절하고 자신의 장부에서 당신의 채무를 완전히 지워버리는 것이다. 아니면 어떤 친절한 사람이 채무를 지불하고 해결할 수 있을 정도로 충분한 돈을 당신에게 주는 방법이 있을 것이다. 그리고 이것이 그리스도께서 우리를 율법으로부터 해방한 방법이다. 우리의 자유는 우리가 어떤 것을 행하기를 거절할 수 있는 조악하고 육체적인 자유가 아니라 그보다 많은 것, 실제로 모든 것을 행한다. 그것은 율법의 요구들과 의무들로부터의 자유이다.

7장에서 바울은 결혼생활에서 이끌어온 유비를 가지고 자신의 주장을 확고히 한다. 남편이 죽으면 아내는 결혼의 속박으로부터 해방된다. 남편의 죽음으로 인하여 아내는 자유롭게 되고 해방되는 것이다. 여자는 다른 남편을 얻어야 하는 것이 아니며 그러한 것이 단순히 허용되는 것도 아니다. 오히려 요지는 여자는 이제 처음으로 다른 남편을 얻는 데 있어서 자기 마음대로 할 수 있는 자유로운 상태에 있다는 것이다. 여자는 이전 남편으로부터 자유롭게 되기 전에는 그렇게 할 수 없었다. 마찬가지로 우리의 양심은 옛 죄악된 자기의 이전 상태에서는 율법에 속박되어 있다. 그러나 이 자기가 영에 의해 죽을 때 우리의 양심은 해방되고 각자 율법으로부터 놓여나게 된다. 이것은 우리의 양심이 무력하게 되었다는 것이 아니라 이제 처음으로 우리의 양심이 두번째 남편으로서의 그리스도를 진정으로 부여잡고 생명의 열매를 낼 수 있게 되었음을 의미한다.

그런 다음 바울은 죄와 율법의 본질에 관하여 더욱 폭넓게 설명해 나가면서 오직 율법으로 말미암아 죄는 실제로 살아나고 강하게 되었다고 설명한다. 옛 자기는 율법이 요구하는 것을 더 이상 할 수 없게 될 때 율법에 대하여 더욱더 적대적이 된다. 옛 자기의 본성은 죄악된 것이며 그럴 수밖에 없다. 그러므로 그 자기에게 율법은 죽음과 모든 죽음의 고통들을 의미한다. 이것은 율법이 악하기 때문이 아니라 우리의 악한 본성이 선함, 율법에 의해 요구되는 선함을 싫어하기 때문이다. 마찬가지로 병자에게 걷고 뛰라고 하며 건강한 사람이 할 수 있는 것을 하라고 요구하는 것은 불가능하다.

그러므로 성 바울은 이 시점에서 율법을 올바로 이해하고 가장 좋은 방식으로 해석한다면 율법은 단지 우리에게 죄를 생각나게 하고 죄들을 사용하여 우리를 죽이며 우리로 하여금 영원한 진노를 받기 쉽게 만든다고 단언한다. 우리가 율법을 정면으로 만날 때 이 모든 것을 우리의 양심은 경험을 통해 철저하게 배운다. 그러므로 우리가 올바르게 되어 구원에 이르고자 한다면, 우리는 율법과는 다르고 율법보다 더 나은 그 무엇을 필요로 할 것이다. 율법을 올바르게 이해하지 못한 사람들은 맹목적이다. 주제넘게 그들은 자기들이 율법을 행위를 통하여 성취할 수 있다고 생각한다. 그들은 율법이 얼마나 많은 것을 요구하는지를 알지 못한다. 특히 자유롭고 열심이고 기뻐하는 마음을 요구한다는 것을 알지 못한다. 그러므로 그들은 모세를 올바르게 읽지 못한다. 여전히 수건이 그의 얼굴을 덮어 감추고 있다.

이제 바울은 어떻게 육과 영이 우리의 마음 속에서 서로 다투는지를 설명한다. 그는 우리가 어떻게 우리의 내재하는 죄를 죽여야 하는지를 적절하게 배울 수 있도록 하기 위하여 자기 자신을 하나의 예로 든다. 그러나 그는 율법이라는 명칭을 영과 육 모두에 적용한다. 왜냐하면 요구를 하는 것이 하나님의 율법의 본질이듯이 육은 영에 대항하여 싸우며 사납게 날

뛰고 자기 자신의 길을 고집하기 때문이다. 역으로, 영은 육에 대항하여 싸우며 자기 자신의 길을 고집한다. 이러한 씨름은 우리가 살아 있는 동안 우리 안에서 계속된다. 육이 더 강한가 영이 더 강한가에 따라 어떤 사람들은 더 많이, 어떤 사람들은 덜 이러한 씨름이 일어난다. 그러나 우리는 우리의 완전한 자기는 두 요소, 즉 영과 육으로 이루어져 있다는 것을 이해하여야 한다. 우리는 완전히 영적으로 될 때까지 우리 자신과 싸운다.

8장에서 바울은 이러한 싸움에 참여하고 있는 사람들을 위로하면서 육은 그들을 정죄하지 못할 것이라고 말한다. 또한 그는 육과 영의 본질을 보여주고 영이 우리에게 자신의 성령을 주시는 그리스도로부터 온다는 것을 설명한다. 이것은 우리를 영적으로 만들며 육에 제한을 가하며 우리에게 죄가 우리 안에서 아무리 격렬하게 날뛴다고 하여도 우리는 영에 순종하고 죄를 죽이고자 하는 한 하나님의 자녀임을 확신시켜 준다. 그러나 우리가 짊어져야 하는 우리의 십자가와 고난만큼 육을 길들이는 데 효과적인 것도 없기 때문에, 그는 고난 속에 있는 우리에게 영과 사랑과 모든 피조물들의 지지를 확신시켜줌으로써 우리를 위로한다. 특히 영은 우리 안에서 탄식할 뿐만 아니라 모든 피조물도 육과 죄로부터 해방되고자 하는 우리의 갈망을 공유한다. 따라서 우리는 이 세 장(章)이 어떻게 옛 아담을 죽이고 육을 통제하는가 하는 믿음의 실제적인 작용을 논하고 있다는 것을 알게 된다.

9, 10, 11장에서 바울은 하나님의 영원한 섭리를 다룬다. 이 섭리에 의해서 누가 믿음을 갖게 되고 갖게 되지 않는지, 누가 죄를 정복하고 누가 그렇게 할 수 없는지가 먼저 결정되었다. 이것은 우리의 손을 떠난 문제로서 오직 하나님에게만 달려 있다 — 따라서 우리는 참되게 의롭게 될 수 있다. 그리고 이것은 우리의 가장 큰 필요이다. 우리는 연약하고 흔들리기 때문에 그러한 섭리가 우리에게 남겨져 있지 않다면 단 한 사람도 구원을 받지 못하고 마귀는 분명히 우리 모두를 압도할 것이다. 그러나 이와는 반대로 하나님은 변함 없으시며 그분의 섭리는 실패하지 않을 것이고 그 누구도 그 섭리의 성취를 방해할 수 없다. 그러므로 우리는 죄에도 불구하고

소망을 갖게 된다.

  이 단계에서 우리는 여기서 먼저 그들의 추리력을 사용하여 고상하고 힘있는 방식으로 그들이 선택받은 자들 가운데 있는지의 여부를 쓸데없이 물으면서 하나님의 섭리의 깊은 곳을 탐사하기 시작하는 불경건하고 교만한 사람들의 시도를 멈추게 하여야 한다. 그들은 실패에 의해서 또는 쓸모없는 모험을 거는 것을 통하여 그들 자신에게 재난을 가져오지 않을 수 없다. 그러나 당신은 이 서신의 각 장(章)을 스스로 연구하여야 한다. 당신의 죄를 깨닫고 그분의 은혜를 아는 방법을 배우기 위하여 무엇보다도 먼저 그리스도와 그의 복음에 집중하라. 다음으로 1, 2, 3, 4, 5, 6, 7, 8장에서 논의되고 있는 죄의 문제와 씨름하라. 그런 다음 그리스도의 십자가와 수난에 의해 지배되고 있는 8장에 이르렀을 때 당신은 9, 10, 11장에 나오는 하나님의 섭리를 올바르게 이해하는 방식을 배우게 될 것이고 섭리가 주는 확신을 알게 될 것이다. 우리가 수난, 십자가, 죽음의 무게를 느끼지 못한다면, 우리는 섭리의 문제에 부딪쳤을 때 우리 자신이 상처를 입거나 하나님에게 은밀하게 화를 내지 않을 수 없게 된다. 이것이 우리 안에 있는 아담을 완전히 죽여야만 우리가 아무런 해도 받지 않고 이 교리를 짊어지고 이 독한 포도주를 마실 수 있는 이유이다. 따라서 주의하라! 당신이 여전히 젖을 먹는 어린아이일 때 포도주를 마시는 것을 삼가라. 모든 가르침은 우리에게 적절한 나이가 되고 적절하게 성숙하여 합당한 능력을 갖추게 될 것을 요구한다.

  12장에서 바울은 하나님을 참되게 섬기는 방법에 관하여 말한다. 그는 모든 그리스도인들이 제사장이며 그들이 드리는 희생제물은 율법에 규정되어 있는 돈이나 가축이 아니라 그들의 정욕을 죽인 후의 그들 자신임을 보여준다. 그런 후에 그는 영의 훈육 아래에서의 그리스도의 외적인 행실을 기술한다: 어떻게 그들은 친구, 대적, 동료에게 가르치고, 설교하고, 규율하고, 섬기고, 주고, 고난받고, 사랑하고, 살아가고 행해야 하는지. 이러한 것들은 이미 말한 대로 믿음이 죽어 있는 것이 아니라면 그리스도인이라면 의당 해야 하는 행위들이다.

13장에서 그는 우리에게 세속 권세들을 존중하고 순종할 것을 가르친다. 이 주제는 실제로 그러한 행실이 사람들을 하나님 보시기에 선하게 만들기 때문이 아니라 그렇게 하는 것이 공공의 평화를 보장해주고 선한 시민들을 보호해주며 반면에 악한 자들은 두려움 없이 또는 편한 마음으로 악을 행할 수 없을 것이기 때문에 도입되었다. 그러므로 선량한 사람들이 그 권세에 봉사할 필요는 없지만 그러한 권세는 선량한 사람들에 의해 존중되어야 한다. 그러나 바울은 사랑은 다른 모든 것을 포괄한다는 것을 보임으로써 끝을 맺는다. 그리고 그는 이 전체를 우리도 그리스도를 따라 해야 하는 것을 우리를 위해 하셨던 그리스도의 본으로 결말을 짓는다.

14장에서 바울은 약한 양심을 가진 사람들을 어떻게 다루고 아껴야 하는지를 우리에게 가르친다. 그는 우리에게 약한 자에게 상처를 주는 것이 아니라 그들을 돕기 위하여 우리의 그리스도인으로서의 자유를 사용하도록 가르친다. 이렇게 하지 않을 때 모든 것이 복음에 달려 있음에도 불구하고 분열이 일어나서 복음이 멸시 받게 된다. 그러므로 그들이 강하게 될 때까지 복음을 완전히 상실해버리게 하는 것보다는 믿음이 약한 자들을 어느 정도 달래는 것이 더 낫다. 사랑만이 이와 같은 일을 할 수 있는데, 고기를 먹는 문제 및 자유롭게 선택할 수 있는 다른 문제들이 무절제하고 냉정하게 논의됨으로써 쓸데없이 약한 양심을 가진 사람들이 진리를 알기 전에 혼란에 빠뜨리게 되는 경우에 이것은 특히 필요하다.

15장에서 바울은 그리스도의 본을 인용하여 우리가 명백한 죄인들과 비위에 거슬리는 습관들을 가진 사람들을 포함하여 연약한 자들의 짐을 짊어져야 한다고 가르친다. 우리는 그들을 내팽개쳐서는 안 되고 그들이 변화될 때까지 그들에 대하여 참아야 한다. 이것이 그리스도께서 우리에 대하여 하신 것이고 날마다 계속해서 행하고 계시는 것이다. 그리스도는 우리의 온갖 종류의 불완전한 것들과 아울러 많은 단점들과 악한 습관들을 참으셨다. 그렇지만 그리스도는 우리를 돕는 데 결코 실패하지 않으신다.

그런 다음 결론적으로 바울은 그들을 위해 기도하며 그들을 칭찬하며 그들을 하나님께 추천한다. 그는 자기 자신의 지위와 메시지를 설명하며 그들에게 예루살렘에 있는 가난한 자들을 위하여 열심히 연보를 하도록 간청하고 자기가 전적으로 사랑에서 그렇게 말하고 행하는 것이라고 주장한다. 그러므로 이 서신은 그리스도인이 마땅히 알아야 하는 것, 즉 율법, 복음, 죄, 형벌, 은혜, 믿음, 의, 그리스도, 하나님, 선행, 사랑, 소망, 십자가의 의미를 가능한 최대한도로 풍부하게 설명을 하고 있다고 할 수 있겠다. 이 서신은 의인이든 죄인이든 강한 자든 약한 자든 친구이든 적이든 우리의 동료 인간들에 대한 우리의 태도가 어떠해야 하며 자기 자신에 대하여는 어떠해야 하는가를 말해주고 있다. 게다가 모든 것을 성경으로부터 친숙하게 입증하고 있으며, 바울 자신의 경우나 선지자들의 예를 들어 설명해주고 있다. 이 서신은 아쉬운 점을 남겨놓고 있지 않다. 그러므로 성 바울은 이 서신에서 단번에 기독교 교리 전체를 간략하게 설명함으로써 이 서신이 구약전체를 준비하는 길잡이가 되도록 의도했던 것으로 보인다. 왜냐하면 우리가 이 서신을 우리 마음 속에 진정으로 잘 간직한다면 우리는 구약에서 발견되는 빛과 권능을 소유할 것임은 의심의 여지가 없기 때문이다. 그러므로 모든 그리스도인들은 로마서를 정규적이고도 지속적으로 연구하여야 한다. 하나님께서 이러한 목적에 은혜를 베풀어주시기를 바라나이다. 아멘.

마지막 장은 인사로 되어 있다. 이 장은 또한 복음과 나란히 유포되면서 복음에 해를 끼치고 있었던 사람이 만든 가르침과 관련된 고상한 경고를 포함하고 있다. 이것은 정확히 성 바울이 로마와 로마 가톨릭주의자들로부터 사람들을 그릇 인도하고 귀찮게 하는 교회법과 교령(敎令)들이 사람이 만든 법률과 규례들의 우글거리는 온갖 구더기들과 아울러 나올 것을 예견했던 것같다. 이러한 것들은 지금에 와서 온 세상을 먹어버렸고 이 서신과 성경 전체를 삼켜버렸을 뿐만 아니라 영의 역사를 방해하고 우리의 신앙을 파괴함으로써 그들의 하나님, 곧 배 이외의 다른 것은 하나도 남아 있지 않게 되었다. 여기서 바울은 그들을 배를 위하는 자들로 묘사한다. 하나님께서 우리를 그들로부터 구하시기를. 아멘.

로마서 1장

1장의 내용 : 사도는 로마에 있는 그리스도인들에 대한 자신의 사랑을 표
현하고, 정욕을 좇는 자들의 악덕들을 꾸짖는다.

예수 그리스도의 복음의 사신 성 바울

예수 그리스도의 종 바울은 사도로 부르심을 받아 하나님의 복음을 위하여 택
정함을 입었으니 이 복음은 하나님이 선지자들을 통하여 그의 아들에 관하여 성
경에 미리 약속하신 것이라 그의 아들에 관하여 말하면 육신으로는 다윗의 혈통
에서 나셨고 성결의 영으로는 죽은 자들 가운데서 부활하사 능력으로 하나님의
아들로 선포되셨으니 곧 우리 주 예수 그리스도시니라 그로 말미암아 우리가 은
혜와 사도의 직분을 받아 그의 이름을 위하여 모든 이방인 중에서 믿어 순종하게
하나니 너희도 그들 중에서 예수 그리스도의 것으로 부르심을 받은 자니라 로마
에서 하나님의 사랑하심을 받고 성도로 부르심을 받은 모든 자에게 하나님 우리
아버지와 주 예수 그리스도로부터 은혜와 평강이 있기를 원하노라 먼저 내가 예
수 그리스도로 말미암아 너희 모든 사람에 관하여 내 하나님께 감사함은 너희 믿
음이 온 세상에 전파됨이로다 내가 그의 아들의 복음 안에서 내 심령으로 섬기는
하나님이 나의 증인이 되시거니와 항상 내 기도에 쉬지 않고 너희를 말하며 어떻
게 하든지 이제 하나님의 뜻 안에서 너희에게로 나아갈 좋은 길 얻기를 구하노라
내가 너희 보기를 간절히 원하는 것은 어떤 신령한 은사를 너희에게 나누어 주어
너희를 견고하게 하려 함이니 이는 곧 내가 너희 가운데서 너희와 나의 믿음으로

말미암아 피차 안위함을 얻으려 함이라 형제들아 내가 여러 번 너희에게 가고자한 것을 너희가 모르기를 원하지 아니하노니 이는 너희 중에서도 다른 이방인 중에서와 같이 열매를 맺게 하려 함이로되 지금까지 길이 막혔도다 헬라인이나 야만인이나 지혜 있는 자나 어리석은 자에게 다 내가 빚진 자라 그러므로 나는 할수 있는 대로 로마에 있는 너희에게도 복음 전하기를 원하노라 내가 복음을 부끄러워하지 아니하노니 이 복음은 모든 믿는 자에게 구원을 주시는 하나님의 능력이 됨이라 먼저는 유대인에게요 그리고 헬라인에게로다 복음에는 하나님의 의가나타나서 믿음으로 믿음에 이르게 하나니 기록된 바 오직 의인은 믿음으로 말미암아 살리라 함과 같으니라(1:1-17).

전체 개관

인간 자신의 지혜와 행위로는 구원받지 못한다

이 서신의 목적은, 우리 눈이나 다른 사람들의 눈에 정말 중요해 보이고, 우리가 정말 진지하고 정성을 다해 사용하는 것이라 할지라도, 육에 속한 온갖 지혜와 행위를 멸하고, 그 대신에 우리의 소견에 정말 하잘것없이 보이거나 정말 많이 존재한다고 할지라도 죄, 곧 죄의식을 심어주고 심화시키고 증폭시키는 것이다. 이런 이유 때문에 성 아우구스티누스는 자신의 저서인 「영과 문자에 관하여」(*Concerning the Spirit and the Letter*)에서 사도는 "자신의 행위를 자랑하는 교만하고 오만한 사람들을 심하게 질타한다"고 말하고 있다. 유대인들과 이방인들 중에는, 남들에게 보이기 위해서나 사람들을 기쁘게 하기 위해서가 아니라 몇몇 철학자들의 경우에서 볼 수 있는 것처럼 오로지 진실된 한 마음으로 사용하기만 한다면, 구원을 받는 데는 미덕과 지혜만으로 충분하다고 믿는 사람들이 많았다. 하지만 그러한 사람들은 남들 앞에서 자신의 의(義)를 내세우거나 자랑하지 않고 미덕과 지혜에 대한 진정한 사랑으로 자신의 의를 좇았다고 할지라도(최고의 가장 진지한 사람들이 이에 속하였는데, 그렇지만 소크라테스 외에는 우리가 알고 있는 그런 부류의 사람들은 극소수이다), 그들의 사고 속에서는 아닐지라도 그들의 내면 깊은 곳에서는 스스로가 지혜롭고 의롭고 선하다는 자기만족과 자랑을 피할 수 없었다. 사도는 이런 사람들에 대하여 "스스로 지혜 있다 하나 어리석게 되어"(1:22)라고 말한다.

그러나 여기에서 우리는 정반대의 것이 진실이라는 것을 알게 되고, 교회에서 우리는 우리의 의와 지혜는 헛되기 때문에 거짓된 기만으로 우리의 의와 지혜를 상찬하거나 찬양해서는 안 된다고 선포한다. 우리의 마음과 우리의 자기만족적인 사고로부터 우리의 의와 지혜를 멸하고 뿌리째 뽑아내야 한다는 것이 모든 것의 중심축이다. 따라서 하나님은 예레미야를 통해서 이렇게 말씀하신다(렘 1:10): "내가 오늘 너를 여러 나라와 여러 왕국 위에 세워 네가 그것들 ― 즉, 우리에게 속하고 우리가 자랑하는 모든 것(모든 의) ― 을 뽑고 파괴하며 파멸하고 넘어뜨리며, (우리 외부에 있고 그리스도로부터 오는 모든 것, 즉 모든 의를) 건설하고 심게 하였느니라."

우리는 그리스도의 의로 구원 받는다

하나님은 분명히 우리 자신의 의를 통해서가 아니라 다른 누군가의 의와 지혜를 통해서, 또는 이 땅에서 유래하는 것이 아니라 하늘로부터 내려오는 의를 통해서 우리를 구원하고자 하신다. 따라서 우리는 모든 면에서 우리의 외부로부터 오고 우리에게 전적으로 낯설은 의를 가르쳐야 한다. 그리스도는 우리의 마음을 자유하게 하시고 우리 마음으로부터 우리 자신의 의와 지혜를 벗겨내어서 우리의 죄 때문에 우리가 두려워서 은혜를 거부하지 않고, 우리의 미덕 때문에 우리가 영광과 헛된 만족을 구하지 않게 되기를 바라신다.

우리는 그리스도로부터 와서 우리의 것이 된 의를 사람들 앞에서 자랑해서도 안 되고, 그리스도께서 우리에게 보내신 고난과 환난 때문에 의기

소침해져서도 안 된다. 참된 그리스도인이라면 모든 것들(모든 의와 지혜)
을 포기함으로써, 자기에게 오는 모든 영광은 의와 은혜의 선물들을 쏟아
부어주시는 그리스도께 속하고, 자기가 견뎌야 하는 모든 수치는 자기 안
에 계시는 그리스도께 가해지는 것이라는 확신을 가지고, 영광되거나 욕되
거나 항상 변함이 없어야 한다.

그러한 완전에 도달하기 위해서는 많은 영적 은혜만이 아니라 많은 경
험이 필요하다. 우리의 선천적이고 영적인 재능 때문에, 사람들은 우리를
지혜롭고 의롭고 선하다고 볼 수 있다. 그러나 하나님은 우리를 그렇게 보
지 않으신다. 특히 우리가 스스로를 그렇게 생각한다면, 더더욱 그렇다. 그
러므로 우리는 마치 우리가 현재로서는 아무것도 — 심지어 그리스도 안
에서의 의나 지혜조차도 — 가지지 않았고 그리스도 때문에 우리를 지혜
롭고 의롭다고 보시는 하나님의 온유한 긍휼을 여전히 기다리고 있는 것
처럼 그렇게 늘 겸손하지 않으면 안 된다.

사실 유대인들과 이단자들 중에는 하나님 때문에 현세에서의 축복들을
아무것도 아닌 것으로 여기고 기꺼이 그러한 것들을 포기하는 사람들이
많이 있다. 그러나 자신의 영적 재능들과 선한 행위들을 아무것도 아닌 것
으로 여기고 오로지 그리스도의 의만을 얻고자 하는 사람들은 극히 드물
다. 이것 없이는 구원을 얻을 수 없지만, 유대인들과 이단자들은 그렇게 할
수가 없다. 그들은 예외 없이 자기 자신의 것, 즉 자신의 의가 하나님으로
부터 인정을 받고 상 받기를 바라고 소망한다. 그러나 하나님의 판결은 영
원히 변함이 없다: "그런즉 원하는 자로 말미암음도 아니요 달음박질하는
자로 말미암음도 아니요 오직 긍휼히 여기시는 하나님으로 말미암음이니
라"(롬 9:16).

왜 사도는 이 서신을 썼는가

이 서신을 살펴보면, 나는 "하나님의 사랑하심을 받고" "성도로 부르심
을 받은" 자들로 호칭되고 있는 이 서신의 수신자들이 사도가 교회 내의

불화로 인하여 개입할 수밖에 없었고 그들 모두를 엄청난 죄인들로 여길 수밖에 없었던 그러한 상황에 처해 있었다고 믿지 않는다. 그들이 진정으로 그리스도인들이었다고 한다면, 그들은 신자로서 이것, 즉 화평과 일치의 필요성을 알고 있었을 것이다. 오히려 나는 그들이 그리스도교 신자들이었기 때문에 사도가 그들에게 서신을 쓴 것이라고 생각한다. 사도는 그들로 하여금 유대인들 및 이방인들과의 논쟁에서 위대한 사도가 쓴 그들의 신앙과 교리에 관한 증언을 갖게 할 생각이었을 것이다. 이들은 계속해서 불신앙 속에서 살았고, 신자들의 지혜를 경멸하고 그들 자신의 육체를 자랑하였는데, 신자들은 이들 가운데서 살아야 했고, 이들의 반대하는 목소리들을 들어야 했다. 따라서 사도는 고린도 교인들에게 이렇게 쓴다: "우리가 다시 너희에게 자천하는 것이 아니요 오직 우리로 말미암아 자랑할 기회를 너희에게 주어 마음으로 하지 않고 외모로 자랑하는 자들에게 대답하게 하려 하는 것이라"(고후 5:12).

참된 그리스도교 성직자

본문을 연구해 보면, 1-17절부터는 학문적으로 가르치는 것이 아니라 예를 들면서 가르치는 내용으로 되어 있다: 여기 서두에서 사도는 자기 자신을 예로 들어서 성직자가 교구민들을 상대로 어떻게 처신해야 하는가를 가르친다. 하나님의 지혜로운 성직자라면 스스로 자신의 직임을 존중하여 청중들로 하여금 그 직임에 마땅한 존중을 보이도록 할 필요가 있다. 믿음이 있는 하나님의 종으로서 성직자는 교만하여져서 자신의 사역의 테두리를 벗어나거나 그 사역을 남용해서는 안 되고, 교구민들의 복리와 유익을 위하여 그 사역을 수행해나가야 한다.

그러므로 그리스도의 종은 지혜로운 동시에 믿음이 있어야 한다. 지혜가 없다면, 방종한 건달이 되어서 그 고귀한 직임에 합당치 않게 된다. 그러한 사람은 하나님께서 그에게 맡긴 신성한 직임을 귀하게 높여야 함에도 불구하고 오히려 멸시를 받게 만들 것이다. 믿음이 없다면, 자신의 권한으로 사람들을 겁주고 약자를 괴롭히는 데서 즐거움을 찾는 독재자가 될 것이다. 이 두 가지 악덕에 이름을 붙이자면, 그것들은 각각 경박(frivolity)과 가혹(severity)이라고 할 수 있을 것이다. 경박에 관해서 스가랴는 이렇게 말한다(슥 11:17): "화 있을진저 양 떼를 버린 못된(idle) 목자여!" 가혹에 관해서 에스겔은 이렇게 쓴다(겔 34:4): "너희가 … 포악으로 그것들을 다스렸도다." 이것들은 목회와 관련된 다른 모든 범죄들의 원천이 되는 두 가지 으뜸가는 죄들이다. 이것들은 온갖 악의 뿌리들이다. 그러므로 이 두 괴물을 베어버리기 전에 성직을 받는 것은 매우 위험스러운 일이다. 더 많은 권력을 행사하면 할수록, 그들이 끼치는 해악도 더 커지게 된다.

바울이 자신의 성직을 높이는 이유

이 두 괴물에 맞서서, 사도는 로마서 서론 전체 또는 도입부에서 자신의 성직을 바람직한 모범으로 묘사한다. 청중들로부터 소심하다거나 경박하다고 멸시받는 일이 없도록 하기 위해서, 그는 자신의 사도직을 극히 위대하고 영광스러운 것으로 묘사한다. 또한 폭군이나 독재자처럼 보이지 않도록 하기 위해서, 그는 사람의 마음을 끄는 친밀감으로써 그들의 마음을 사로잡는다. 이 모든 것을 통해 바울은 그들이 존귀와 사랑으로써 복음에 기꺼이 따르도록 만든다.

사도의 모범을 따라 그리스도교 교회의 모든 성직자는, 자신의 교구민들의 복리와 구원을 증진시킨다는 일념으로 존귀와 사랑으로써 자신의 직임을 수행하기 위해서, 개인으로서의 자기 자신과 자신의 직임을 분명하게 구분하고, '종의 모양'과 '하나님의 모양'을 분명히 구분하여, 항상 자기 자신을 만물 중에 가장 미물인 자로 여겨야 한다. 사실, 자신의 직임이 자신의 교구민들의 유익을 위하여 자기에게 맡겨졌다는 것을 안다면, 성직자는 더 이상 유익을 줄 게 없게 되는 경우에 자신의 성직에 대한 장애물이 되지 말고 차라리 그 성직을 기꺼이 버려야 한다.

이 두 가지 악덕들 중 하나 또는 둘 때문에 자신의 직임이 열매를 맺지 못한다면, 그것은 분명히 그 성직자의 커다란 범죄가 된다. 이 경우에 청지기 역할을 얼마나 잘 했는가에 대한 최후의 회계(會計)에서 그는 참으로 참담한 처지가 될 것이다.

각 절의 주석

예수 그리스도의 종 바울(1:1). 이 구절은 겸손함과 위엄을 동시에 표현하고 있다. 이 구절이 겸손을 표현하고 있다고 하는 이유는 사도가 오만한 압제자들처럼 스스로를 주(lord)나 주인(master)으로 여기지 않고 있기 때문이다. 이 구절이 위엄을 표현하고 있다고 하는 이유는 사도가 주님의 종 된 것을 자랑하고 있기 때문이다. 황제의 종들에게 예를 갖추어 존대하지 않아도 이미 화가 미칠 것인데, 하물며 하나님의 종들에게 마땅한 예를 갖추어 영접하지 않는 자들에게는 어떤 화가 미치겠는가! "예수 그리스도의 종"이라는 표현은 정말 산천초목도 떨게 만들 만한 말이다. 여기서 말하고자 하는 것은 바울이 개인적으로 하나님을 경외하고 순복한다는 것이 아니라 그의 직임의 고귀한 위엄이다. 바울은 사도직을 하나님께로부터 받았다는 점을 특별히 고백하고서 스스로를 "종"이라 부른다.

그가 말하고자 하는 것은 아마도 이런 것이리라: 나는 복음을 설교하고, 교회를 가르치고, 세례를 주고, 진정으로 하나님의 것에 속하는 그 밖의 다른 목회 활동들을 한다. 그러나 나는 그러한 활동들을 주(Lord)로서 행하여 너희를 지배하는 것이 아니라 단지 그리스도께서 나로 하여금 너희 가운데서 행하기를 원하신다는 이유 때문에 종으로서 성직을 수행하는 것뿐이다. 하지만 이 말은 모든 신자들이 일반적으로 하나님의 종들로서 행하는 다른 사역에는 해당되지 않는다. 전자는 일부 사람들의 특별한 사역이고, 후자는 모든 신자들에게 적용되는 일반적인 사역이다.

사도로 부르심을 받아(1:1). 이 말씀은 바울의 사역을 더 자세하게 서술한다. 왜냐하면 실제로 예수 그리스도의 종이나 성직자는 많지만, 모두가 사도인 것은 아니기 때문이다. 하지만 사도는 모두 그리스도의 청지기로서

그리스도를 대신하여 사람들 가운데서 주님의 일을 해야 하는 종 또는 성
직자이기도 하다.

바울은 세 가지 부류의 사람들에 맞서서 이 말들을 사용한다. 첫 번째
부류는 마귀가 "곡식 가운데 가라지"(마 13:25)를 뿌렸기 때문에 당시에
도 무수히 일어났던 거짓 선지자들이다. 두 번째 부류는 이기적인 딴 속셈
을 품고 교구로 침투해 들어오는 자들이다. 그들은 참되고 바른 것을 가르
치며 사람들을 바르게 인도하기 때문에 거짓말하는 사도들은 아닐지 모른
다. 하지만 "사도로 부르심을 받아"라는 말들이 그들을 정죄한다. 왜냐하면
그들은 첫 번째 부류 같은 "절도며 강도"(요 10:1)는 아닐지 모르지만, 자
신의 유익만을 구하고 그리스도의 가르침을 장려하지 않는 삯군들이기 때
문이다. 세 번째 부류는 강제로 회중에 들어가거나, 사람들의 뜻에 반하여
사람들에게 강요하는 자들이다. 그들은 첫 번째 부류만큼 나쁘지는 않지만
두 번째 부류의 사람들보다는 더 나쁘다.

이렇게 성직은 너무도 고귀한 까닭에, 우리는 이 세상과 오는 세상에서
의 모든 다른 위험들보다 더 큰, 사실 존재하는 것들 중에서 가장 큰 이
위험, 즉 하나님의 부르심을 받지 않고 성직에 들어가는 것을 막아야 한다.
유다(눅 22:3), 사울(삼상 15:3), 다윗(삼하 11:2f.) 같이 하나님의 부르심
을 받은 자들 ― 게다가 사울과 다윗은 특별한 부르심을 받지 않았는가
― 조차도 성직에서 결코 안전하지 않을진대, 하나님의 부르심을 받지 않
고 자의로 목회직을 맡는 저 가련한 자들에게 화 있을진저!

"사도"라는 말을 통해서 바울은 자신의 성직의 위엄을 더 크게 부각시
켜서 교구민과 청중들에게 자신의 직임에 대한 공경하는 마음을 심어준다.
사실 우리는 하나님의 모든 종들을 우리 가운데서 주님의 일을 하는 자로
서 존중하는 마음을 가지고 대해야 한다. 그런데 하물며 사도에게랴! 사도
는 주님의 최고의 사신(使臣)이요 만군의 주님이신 예수 그리스도의 가장
위대한 사자(使者)이다. 너무도 풍부하게 우리에게 주어진 하나님의 다른
축복들 외에도, 우리는 하나님께서 한없는 긍휼하심으로 사람들에게 그분
의 사역자들이 되는 고귀한 특권을 주신 축복을 합당한 찬양과 깊은 감사

의 마음으로 인정하여야 한다. 왜냐하면 주님 자신이 몸소 또는 그의 천사들을 통하여 우리 가운데서 그의 일을 하신다면, 우리의 구원과 주님의 일은 우리의 지나친 두려움 때문에 방해를 받을 수 있기 때문이다. 그러나 지금 우리의 연약함을 살피는 신실한 의사처럼, 주님은 그의 일을 참으로 복되게 하고 가장 성공적으로 이끌기 위해서 우리가 전혀 두려워할 필요가 없는 피조물, 즉 우리와 똑같은 살과 피를 지닌 사람들을 선택하셨다.

옛날 시절에 선지자들은 하나님이나 천사로부터 말씀을 받을 때 아주 큰 두려움을 느꼈다. 모세조차도 이 엄청난 전율을 견디기 힘들었다. 말씀이 아직 육신이 되지 않은 때였기 때문에, 그들은 말씀의 풍부한 영광과 그들 자신의 커다란 연약함으로 인해서 말씀을 이해할 수가 없었다. 그러나 이제 말씀이 육신이 된 후에, 말씀은 사람들의 마음을 크게 사로잡게 되었고, 우리와 똑같은 살과 피를 지닌 사람들을 통해서 우리에게 전해진다. 하지만 그렇다고 해서 말씀을 덜 사랑하거나 덜 공경하는 마음으로 말씀을 대해서는 안 된다. 이 말씀은 전율이 아니라 사람을 사로잡는 사랑으로써 우리에게 오지만 예전과 동일한 그 말씀이다. 이 말씀을 사랑하고 존중하고자 하지 않는 사람들은 결국 훨씬 더 큰 고뇌를 겪게 된다.

하나님의 복음을 위하여 택정함을 입었으니(1:1). 이 구절은 두 가지 방식으로 이해할 수 있다. 첫째로는 사도행전 13:2의 의미로 이해할 수 있다: "성령이 이르시되 내가 불러 시키는 일을 위하여 바나바와 사울을 따로 세우라 하시니." 이런 의미로 이해한다면, 이 구절은 베드로와 그 밖의 사도들은 유대인들 가운데서의 사역을 위하여 택함 받았지만, 오직 바울만이 이방인들의 사도로 택함 받았다는 것을 의미한다. 이런 식으로 사도는 자신의 사역을 더 자세하게 설명한다. 왜냐하면 그는 단지 예수 그리스도의 종이자 하나님의 사도가 아니라 그 무엇보다도 특별한 방식으로 이방인들을 위한 사도로 택함 받았기 때문이다.

또한 이 구절은 갈라디아서 1:15, 16의 의미로 이해할 수도 있다: "내 어머니의 태로부터 나를 택정하시고 그의 은혜로 나를 부르신 이가 그의 아들을 이방에 전하기 위하여 그를 내 속에 나타내시기를 기뻐하셨을 때에." 이런 의미로 이해한다면, 이 구절은 그 무엇보다도 모태로부터 이방인들을 위한 사도로 택함 받았다는 것을 의미한다. 구약에도 이와 비슷한 유비(analogy)가 있는데, 예레미야 1:5에는 이렇게 나와 있다: "내가 너를 모태에 짓기 전에 너를 알았고 네가 배에서 나오기 전에 너를 성별하였고 너를 여러 나라의 선지자로 세웠노라." 이것은 문자 그대로 바울에게 해당하는 말이었다. 왜냐하면 하나님께서는 바울을 다른 직업과 일들로부터 빼내 와서 복음을 전파하는 오직 하나의 직임을 위해 택정하고 서임하고 성별하였기 때문이다. 나는 바로 이 의미를 택하고 싶다. 이와 관련하여, 바울은, 하나님의 사역을 하도록 임직되고 주님의 직임을 맡았음에도 불구하고 마치 세상에 속한 사람들인 양 세속적인 추구들을 뒤섞어 행하는 자들을 책망한다. 바울은 일반적인 어떤 일이 아니라 복음을 전파하는 오직 하나의 일을 위해 택함 받았다는 사실을 강조한다. 이런 의미에서 바울은 고린도전서 1:17에서 "그리스도께서 나를 보내심은 세례를 베풀게 하려 하심이 아니요 오직 복음을 전하게 하려 하심이로되"라고 쓰고 있다.

이 복음은 하나님이 … 미리 약속하신 것이라(1:2). 바울은 독자들이 자기가 전하는 복음이 우리의 공로에 대한 보상이라거나 인간의 지혜로 지어낸 이야기라고 생각하지 않도록 하기 위해서 이 구절을 덧붙인다. 복음이 진리라는 가장 설득력 있고 확신을 주는 증거는 복음이 율법과 선지자들의 증언을 받고 있다는 사실이다. 오늘날 복음은 하나님의 약속에 따라 선포하기로 되어 있었던 것만을 우리에게 선포한다. 이것은 하나님의 구원 계획이 실제로 효력을 발생하기 이전에 이미 상세하게 미리 예정되었다는 것을 입증한다. 따라서 이 가르침과 관련된 모든 영광은 하나님께 돌려져야 하고, 우리의 공로나 노력에는 그 어떤 영광도 돌려서는 안 된다. 이는 잠언 8:23의 증언에 따르면 우리가 존재하기 이전에, 복음은 이미 예정되었기 때문이다: "만세 전부터, 태초부터, 땅이 생기기 전부터 내가 세움을 받았나니." 교회를 출현시키고, 이 구절에서 하나님의 지혜가 그 자신을 높이며 찬양하는 가운데 말하고 있는 모든 것을 이루신 것은 다름 아닌 복음, 하나님의 지혜, 하나님의 능력이다(고전 1:24). 아모스 3:7에도 같은

말씀이 나온다: "주 여호와께서는 자기의 비밀을 그 종 선지자들에게 보이지 아니하시고는 결코 행하심이 없으시리라." 그래서 이사야 48:5에서도 이렇게 말씀한다: "내가 이 일을 예로부터 네게 알게 하였고 일이 이루어지기 전에 그것을 네게 듣게 하였느니라 그것을 네가 듣게 하여 네가 이것을 내 신이 행한 바요 내가 새긴 신상과 부어 만든 신상이 명령한 바라 말하지 못하게 하였느니라."

선지자들을 통하여 … 성경에(1:2). 이 말씀을 사도는 하나님께서 창세 전에 미리 정하신 약속과 대비하여 분명하게 말한다. 이 하나님의 영원한 약속에 관하여, 사도는 디도서 1:2에서 이렇게 쓰고 있다: "영생의 소망을 위함이라 이 영생은 거짓이 없으신 하나님이 영원 전부터 약속하신 것인데." 이 영원한 약속을 선지자들은 시간 속에서 인간의 언어로 알게 하였다. 하나님께서 이 영원한 약속을 인간의 언어로, 그것도 단지 말로만이 아니라 글로도 공표하셨다는 것이야말로 하나님의 은혜에 대한 놀라운 증거이다. 하나님께서 이렇게 행하신 것은 그 약속이 성취될 때 하나님이 자신의 미리 정해진 구원 계획에 따라 사람들을 대하셨음을 사람들이 깨닫도록 하기 위함이었다. 이것으로부터 우리는 그리스도교라는 종교가 순전한 우연이나 운명 때문에 생겨난 것이 아니라(일부 어리석은 자들은 이렇게 생각한다), 하나님의 미리 정하신 계획과 예정하신 목적으로 인해 생겨난 것이며, 이에 따라 그리스도교는 출현하지 않을 수 없었다는 것을 알게 된다. 또한 사도가 "그의 선지자들"이라는 구절에 "성경에"라는 구절을 덧붙이고 있는 것도 아주 의미심장하다. 그렇게 한 이유는 분명하다. 하나님께서 단지 "그의 선지자들을 통하여"라고만 말씀하셨다면, 일부 사람들은 이 구절이 이미 옛날에 다 죽어 없어진 사람들을 가리키기 때문에 그들의 예언들도 함께 모두 지나가 버린 것이라고 악의적으로 해석할 수도 있었을 것이다. 그러나 우리가 지금 보듯이, 하나님께서는 지금도 여전히 존재하는 선지자들의 성경을 우리에게 가리켜 보여주신다.

그의 아들에 관하여 말하면 육신으로는 다윗의 혈통에서 나셨고 성결의 영으로는 죽은 자들 가운데서 부활하사 능력으로 하나님의 아들로 선포되셨으니 곧 우리 주 예수 그리스도시니라(1:3, 4). 내 생각으로 이 구절의 의미는 이렇다: 복음의 내용 또는 대상, 또는 어떤 사람들의 표현을 빌리자면, 복음의 주제는 육신을 따라서는 다윗의 혈통에서 나셔서 지금은 그를 죽은 자들 가운데서 일으키신 성령을 따라 능력으로 만물의 왕과 주로 임명되신, 하나님의 아들 예수 그리스도이다.

단어들을 자세하게 연구해 보기로 하자. 복음은 하나님의 아들을 중심으로 하지만, 단지 하나님의 아들 자체가 아니라 그가 다윗의 혈통을 따라 성육신한, 즉 스스로를 비워 연약한 사람이 되신 하나님의 아들을 중심으로 한다. 만물 이전에 계셨고 만물을 창조하신 그가 스스로 하나의 시작을 떠맡아서 사람이 되셨다. 하지만 복음은 하나님의 아들의 겸비(humiliation), 즉 그가 스스로를 비우셨다는 것만을 다루는 것이 아니라 그가 자신의 겸비를 통해 인간의 본성을 따라 하나님으로부터 받은 위엄(majesty)과 통치권(sovereignty)도 다룬다. 하나님의 아들이 겸비와 스스로를 비우심을 통해 육신의 연약함 속에서 다윗의 아들이 되셨듯이, 이제 역으로 그는 전능하심과 영광을 지닌 하나님의 아들로 임직되고 임명된다. 그리고 그가 육신의 천함을 강화하기 위하여 스스로를 비워서 하나님의 형상을 버리고 세상에 태어났듯이, 이제 그는 종의 형상에서 온전한 하나님으로 높여져서 하늘로 승천하셨다. 이 대목에서 사도가 아주 특이하게 표현하고 있는 방식을 주의 깊게 살펴볼 필요가 있다. 왜냐하면 그는 "육신으로는 다윗의 씨가 되셨고(made)"라고 말하는 것과는 달리 "능력으로 하나님의 아들이 되셨고(made)"라고 말하고 있지 않기 때문이다. 그리스도께서 잉태된 바로 그 순간부터, 그의 인격 안에서의 두 본성의 공유로 인하여, "이 하나님은 다윗의 자손이다." "이 사람은 하나님의 아들이다"라고 말하는 것이 모두 옳다.

그러나 그가 하나님의 아들이 된 것이 아니고 사람의 아들이 되었지만, 그는 언제나 하나님의 아들이었고, 영원토록 하나님의 아들이다. 하지만 이러한 사실은 아직 사람들에게 온전히 알려져 있지 않았고 드러나지 않았다. 그는 이미 성육신을 통해서 만물에 대한 통치권을 받은 하나님의 아들이었지만, 그것을 행사하지는 않았다. 그러므로 그는 겸비의 상태에서는 아직 하나님의 아들로 여겨지지 않았다. 그것은 거룩의 영인 성령에 의해서 비로소 이루어졌다. 왜냐하면 그가 아직 높임을 받지 않은 동안에는 그를 영화롭게 할 성령은 아직 그에게 주어지지 않았기 때문이다. 그래서 그는 "그가 내 영광을 나타내리니"(요 16:14)라고 스스로 말씀하신다. 성령은 사도들을 통해서 예수 그리스도는 모든 피조물들이 복종해야 할 만물을 다스리는 주님, 하나님의 아들이고, 하나님 아버지께서는 그를 주와 그리스도가 되게 하셨다는 것을 확증하시고 알게 하셨다(행 2:36). 이것이 "능력으로 하나님의 아들로 인정되셨으니"라는 구절이 표현하는 내용이다. 육신으로는 다윗의 자손인 이 사람이 다윗의 자손으로서 연약함 속에서 만물에 복종한 후에 이제 공공연하게 능력을 지닌 하나님의 아들, 즉 만물을 다스리는 전능하신 주님으로 알려지게 된다. 그리고 이 모든 것은 성령을 좇아 이루어졌다. 왜냐하면 앞에서 얘기했듯이 그리스도를 영화롭게 하신 분은 성령이기 때문이다. 하지만 이 일을 성령은 부활 후에야 이루었다. 이런 이유로 사도는 "죽은 가운데서 부활하여"라는 말을 덧붙인다.

사도는 "거룩한(holy) 영" 대신에 "거룩(holiness, 성결)의 영"이라는 표현을 사용하지만, 여기에 어떤 별다른 의미가 있는 것은 아니다. 왜냐하면 이 둘은 "거룩한 영" 또는 "거룩의 영"으로 불리지만 하나님의 일을 수행하는 서로 동일한 영이기 때문이다. "능력으로"라는 구절은 선지자의 말에 따르면 만물을 다스리는 하나님의 전능성을 의미하는 것으로 이해하여야 한다: "이 아들을 만유의 상속자로 세우시고"(cf. 시 8:1ff.와 히 1:2). 그러니까 복음은 먼저 스스로를 낮추셨다가 후에 성령을 통해 영화롭게 되신 하나님의 아들 그리스도의 기쁜 소식이다. 그러므로 복음은 마태, 마가, 누가, 요한이 쓴 것만이 아니라, 이 절에서 보여주듯이, 사람이 되셔서 고난 받으시고 영화롭게 되신 하나님의 아들에 관한 말씀이다.

그로 말미암아 우리가 은혜와 사도의 직분을 받아 그의 이름을 위하여 모든 이방인 중에서 믿어 순종하게 하나니(1:5). 여기서 바울은 이성과 경험에 의한 논거들을 통해서 먼저 입증되어야 하는 그런 지혜에 대한 순종이 아니라

"믿음에 대한 순종"을 말한다. 자기가 말하고 있는 내용을 증명하려는 마음을 바울은 전혀 갖고 있지 않다. 그는 독자들에게 자기가 하나님에 의한 권위를 갖고 있음을 믿어줄 것을 암묵적으로 요구한다. 또한 그는 청중들에게 믿음, 즉 그들이 믿어야 할 것을 놓고 논쟁하기를 원하지 않는다. 그리스도의 교회에서 성직자는 자기 자신을 위하여 임직되지 않고, 다른 사람들을 위하여, 즉 다른 사람들로 하여금 복음에 순종케 하기 위하여 임직된다.

너희도 그들 중에서 예수 그리스도의 것으로 부르심을 받은 자니라 로마에서 하나님의 사랑하심을 받고 성도로 부르심을 받은 모든 자에게 하나님 우리 아버지와 주 예수 그리스도로부터 은혜와 평강이 있기를 원하노라(1:6-7). 이 절에서 우리는 부르심(calling)이 거룩케 하심(sanctification)보다 선행하는 것과 마찬가지로 하나님의 사랑이 죄인들을 부르심보다 선행한다는 것을 알게 된다. 바울은 청중들에게 그들 자신의 어떤 공로 때문이 아니라 하나님의 사랑하심과 부르심 때문에 자기들이 성도가 되었음을 깨달아야 한다고 말함으로써, 모든 것(그들의 구원 전체)을 하나님의 덕분으로 돌린다. 사실 하나님께서 부르시지 않는다면, 그 누구도 신자나 성도가 되지 못한다. 그러나 "청함을 받은 자는 많되 택함을 입은 자는 적으니라"(마 22:14).

먼저 내가 예수 그리스도로 말미암아 너희 모든 사람에 관하여 내 하나님께 감사함은 너희 믿음이 온 세상에 전파됨이로다(1:8). 예수 그리스도는 우리의 유일한 중보자이시고, 그리스도인이 하나님을 찬양하는 참된 방식은 단지 사람들을 칭찬하는 것이 아니라 우선 무엇보다도 사람들 안에 계신 하나님을 찬양하고 그분에게 모든 영광을 돌리는 것이다. 또한 그리스도를 통해서 하나님을 찬양해야 바른 찬양이 되는데, 이는 우리가 모든 축복들을 그리스도를 통하여 하나님께로부터 받듯이, 우리도 그리스도를 통하여 그 축복들 모두를 하나님의 것으로 인정하여야 하기 때문이다. 그리스도만이 홀로 하나님의 보좌 앞에 나가서 우리의 제사장으로서 우리를 위해 중보할 자격이 있기 때문이다. 끝으로, 우리는 우리가 칭찬하는 사람들로 하여금 그들이 교만해지지 않도록 하기 위해 그리스도인의 신앙에 있어서 한층 더한 진보를 이루어 나가야 할 것과 더 굳어져야 할 것을 분명하게 알게 하여야 한다. "너희 믿음이 온 세상에 전파됨이로다"라는 구절과 관련해서는, 그리스도인의 사랑은 다른 사람들 속에서 보는 모든 선한 것, 특히 그들의 영적 축복들을 기뻐하고 그러한 것들에 대하여 하나님께 감사하는 모습으로 나타난다고 말할 수 있겠다. 반면에 시기는 다른 사람들에게 있는 선한 것 때문에 슬퍼하고 그 사람이 악해지기를 바라는 모습으로 나타난다.

내가 그의 아들의 복음 안에서 내 심령으로 섬기는 하나님이 나의 증인이 되시거니와 항상 내 기도에 쉬지 않고 너희를 말하며(1:9). 그리스도인의 기도는 단지 우리 자신을 위해서가 아니라 모든 이들의 공통의 선을 위해 중보기도할 때에만 비로소 완성된다. 따라서 교제(fellowship)의 기도가 있어야 한다. 사도는 청중들을 위하여 항상 쉬지 않고 기도를 한다. 별로 중요치 않은 일들을 하나님 앞에서 기도와 중보기도로써 시작할진대, 영적인 문제들은 더욱더 이런 식으로 기도와 중보기도로써 수행하는 것은 당연한 일이다.

어떻게 하든지 이제 하나님의 뜻 안에서 너희에게로 나아갈 좋은 길 얻기를 구하노라 내가 너희 보기를 간절히 원하는 것은 어떤 신령한 은사를 너희에게 나누어 주어 너희를 견고하게 하려 함이니 이는 곧 내가 너희 가운데서 너희와 나의 믿음으로 말미암아 피차 안위함을 얻으려 함이라(1:10-12). 사도는 로마에 있는 신자들을 만나보기를 간절히 원했다. 이러한 열망은 양들이 소유하고 있는 것을 탐내지 않고 오직 양들 자체만을 구하는 모든 신실한 목자들에게서 찾아볼 수 있는데, 그러한 소원은 오로지 사랑에 의해 발동된다. "너희 보기", 즉 호기심에 의해 발동된 사람들이 그러하듯이 로마라는 도시 또는 그 어떤 다른 사람들을 보는 것이 아니라 오직 믿는 너희들, 그리스도인들인 너희들을 보기를 간절히 원한다는 사도의 말에 유의하라. 바울은 "어떤 신령한 은사를 너희에게 나누어 주어 너희를 견고하게 하려 함이니"라고 쓴다. 육적인 호기심은 다른 사람들을 만나봄으로써 자기 자신의 욕망들을 충족시키고자 한다. 그러나 영적인 사람은 심지어 자신의 직업과 관련된 일에서조차 다른 사람들의 행복을 추구한다. 여기에서 사도는 자신의 예를 통해 목회자가 어떤 목적을 가지고 교구민들을 심방해야 하는지 또는 왜 한 그리스도인이 다른 그리스도인을 심방해야 하는지를 아주 생생하게 가르친다.

형제들아 내가 여러 번 너희에게 가고자 한 것을 너희가 모르기를 원하지 아니하노니 이는 너희 중에서도 다른 이방인 중에서와 같이 열매를 맺게 하려 함이로되 지금까지 길이 막혔도다 헬라인이나 야만인이나 지혜 있는 자나 어리석은 자에게 다 내가 빚진 자라 그러므로 나는 할 수 있는 대로 로마에 있는 너희에게도 복음 전하기를 원하노라(1:13-15). 여기서 바울은 은밀하게 그에 맞서 제기되었을 두 가지 반대에 부딪친다. 먼저 그는 헬라어 지역들을 넘어서서 라틴어를 사용하던 지역들에까지, 실제로는 그 지역들을 넘어서까지 그의 사도적 사역을 확장했다는 이유로 교만하다(arrogance)는 비난을 들었을 것이다. 또 어떤 사람들은 바울을 로마에 있는 그리스도인들처럼 이미 지혜롭고 신앙으로 교육받은 사람들을 주제넘게(presumption) 가르치려 한다고 비난했을 것이다. 마찬가지로 그는 자신의 가르침을 이 세상의 지혜로운 자들에게 강요한다는 이유로 뻔뻔스럽다(boldness)는 비판을 받았을 것이다. 이러한 반대들에 대하여 그는 이렇게 대답한다: 나는 기분 내키는 대로 이런 일을 하는 것이 아니라 내가 진 빚을 갚기 위해 이런 일을 하는 것이다.

"그러므로 나는 할 수 있는 대로 로마에 있는 너희에게도 복음 전하기를 원하노라"는 말로써, 서론은 끝나고, 서신은 본격적으로 시작된다. 바울의 서론은 독자들로 하여금 자신의 말에 기꺼이 귀를 기울여 듣게 하기 위한 목적으로 씌어졌다. 그는 자신의 직임과 하나님의 말씀의 영광을 높임으로써 독자들의 주의를 끈다. 그는 그들의 사역자이자 빚진 자로서 오로지 그들의 구원에 봉사하겠다고 약속함으로써 독자들로 하여금 그의 말을 듣고자 하는 마음이 생기게 만든다.

내가 복음을 부끄러워하지 아니하노니 이 복음은 모든 믿는 자에게 구원을 주시는 하나님의 능력이 됨이라 첫째는 유대인에게요 또한 헬라인에게로다(1:16).
복음은 복음을 믿는 모든 자를 구원하는 능력이다. 또는 복음을 의지하는
모든 자를 구출하는 능력이 있는 것은 하나님의 말씀이다. 사실 이것은 하
나님을 통해서 이루어지고, 하나님으로부터 온다! "하나님의 능력"이라는
말은 하나님 자신이 전능하신 하나님으로서 가지고 계시는 능력이 아니라
하나님이 어떤 사람 또는 어떤 대상을 능력 있거나 힘 있게 만드는 그러
한 능력으로 이해해야 한다. "하나님의 선물"이라고 말하듯이, "하나님의
능력", 즉 하나님께로부터 오는 능력이라고 말할 수 있다. "오직 성령이 너
희에게 임하시면 너희가 권능을 얻고"라고 말씀하고 있는 사도행전 1:8도
그러한 의미이고, "지극히 높으신 이의 능력이 너를 덮으시리니"라고 말씀
하는 누가복음 1:35도 마찬가지다.

복음은 사람의 능력과 구별해서 하나님의 능력으로 불린다. 사람의 능력
은 사람이 자신의 육적인 소견을 따라 자기 자신의 힘으로 구원을 얻고
육에 속한 것들을 수행하는 능력이다. 그러나 이 능력을 하나님은 그리스
도의 십자가를 통해서 이미 완전 무효로 선언하고, 이제 영적인 자(신자)
를 구원 얻을 수 있게 해주는 하나님 자신의 능력을 우리에게 주신다. 인
간 자신의 능력은 철저히 멸해져야 한다. 그렇지 않으면 하나님의 능력이
우리 안에 계시지 못하게 될 것이다. 왜냐하면 성경에 "가난한 자에게 복
음이 전파된다"(눅 7:22)고 기록된 대로 부한 자들과 힘 있는 자들은 복
음을 받아들이지 않고, 따라서 하나님의 능력도 받아들이지 않기 때문이
다.

믿지 않는 자들은 누구나 최소한 자신의 마음과 행동 속에서 복음을 부
끄러워하고 반박한다는 것은 오늘날에 이르러서도 여전히 사실이다. 왜냐
하면 육과 세상에 속한 것에서 기쁨을 찾는 자는 영적이고 하나님께 속한
것에서 기쁨을 찾을 수 없기 때문이다. 따라서 그런 자는 빛을 미워하고
어둠을 사랑하기 때문에, 복음을 전파하기를 부끄러워할 뿐만 아니라 개인
적으로 복음에 맞서 싸우고 복음으로 변화받기를 거부한다. 이렇게 해서
복음은 그런 자에게 어리석은 것이 된다. 고린도전서 2:14에 따르면, 실제

로 그런 자에게 복음은 정말 우둔한 것으로 보인다: "육에 속한 사람은 하나님의 성령의 일을 받지 아니하나니 저희에게는 미련하게 보임이요 또 깨닫지도 못하나니 이런 일은 영적으로라야 분변함이니라." 또한 로마서 8:7에서는 "육신의 생각은 하나님과 원수가 되나니 이는 하나님의 법에 굴복치 아니할 뿐 아니라 할 수도 없음이라"고 말씀한다.

따라서 다음과 같은 평결이 유효하다. 고린도전서 1:25 이하에 씌어있는 대로, 복음을 믿는 자는 하나님의 능력과 지혜에 있어서 강하고 지혜롭기 위해서 사람들 앞에서 약하고 어리석게 되어야 한다: "하나님의 미련한 것이 사람보다 지혜 있고 하나님의 약한 것이 사람보다 강하니라 … 육체를 따라 지혜 있는 자가 많지 아니하며 능한 자가 많지 아니하며 문벌 좋은 자가 많지 아니하도다 그러나 하나님께서 세상의 미련한 것들을 택하사 지혜 있는 자들을 부끄럽게 하려 하시고 세상의 약한 것들을 택하사 강한 것들을 부끄럽게 하려 하시며."

복음에는 하나님의 의가 나타나서 믿음으로 믿음에 이르게 하나니 기록된 바 오직 의인은 믿음으로 말미암아 살리라 함과 같으니라(1:17). 하나님의 의는 우리를 하나님의 크신 구원을 받을 만하게 만드는 의로서 오직 이 의를 통해서만 우리는 하나님 앞에서 의롭다 여기심을 받게 된다. 사람인 선생들은 인간의 의, 즉 자기 자신의 소견과 다른 사람들의 소견에 누가 의롭고, 어떻게 해야 사람이 의롭게 되는가를 되풀이해서 가르친다. 오직 복음만이 하나님의 의, 즉 누가 의롭고, 어떻게 사람이 하나님 앞에서 의로워지는지, 즉 하나님의 말씀을 믿는 믿음으로만 된다는 것을 밝혀준다. 마가복음 16:16에는 이렇게 되어 있다: "믿고 세례를 받는 사람은 구원을 얻을 것이요 믿지 않는 사람은 정죄를 받으리라."

하나님의 의는 우리의 구원의 근거(cause)이다. 하지만 이 의는 하나님 자신이 하나님으로서 의롭다는 의미에서의 의가 아니라 복음을 믿는 믿음을 통해서 하나님이 우리를 의롭다고 하신다는 의미에서의 의이다. 이것은 행위들로부터 오는 사람의 의와 구별하여 하나님의 의라 불린다. 행위들에 의한 이러한 사람의 의를 아리스토텔레스는 그의 저서인 「윤리학」

(*Ethics*) 제3권에서 분명하게 서술한다. 그의 견해에 따르면, 의는 사람의 행위들에 수반되는 것으로서 그 행위들에 의해 생겨난다는 것이다. 하지만 하나님의 판단은 이와 달라서, 그 판단에 의하면, 의(칭의)는 행위에 선행하고, 선행들은 그 의로부터 점차 생겨난다.

"믿음에서 믿음으로"라는 구절은 여러 가지 방식으로 해석되어 왔다. 어떤 이들은 이 구절을 '구약의 조상들의 믿음으로부터 신약의 믿음에 이르기까지'라고 설명한다. 이러한 해석은 비록 이의가 있을 수도 있지만 받아들여질 수도 있다: 왜냐하면 의인들은 지나간 세대들의 믿음으로 살지 않고, 성경에 씌어진 대로 "의인은 오직 (자신의) 믿음으로 살기" 때문이다. 조상들은 현재 우리가 갖고 있는 것과 동일한 복음을 믿었다. 그 복음이 오늘날의 우리에게처럼 그들에게도 분명했던 것은 아니겠지만, 어쨌든 오직 하나의 믿음만이 존재하기 때문이다. 이 구절은 분명히 다음과 같은 것을 의미한다: 하나님의 의는 모두 믿음에서 오지만, 고린도후서 3:18에 씌어 있는 대로, 계속해서 자라고 계속해서 더 분명해진다: "우리가 … 저와 같은 형상으로 화하여 영광으로 영광에 이르니."

따라서 "믿음에서 믿음으로"라는 말은 신자의 믿음이 점점 더 자라서 의롭다 여기심을 받은 이가 자신의 삶 속에서 점점 더 의로워진다는 것을 의미한다. 이미 이루었기 때문에(빌 3:13) 계속해서 성화(聖化)를 이루어 가지 않아도 된다고 아무도 생각하지 못하도록, 이 말을 사도는 덧붙여 놓는다. 성화를 멈추는 것은 곧 후퇴하기 시작한다는 것을 의미하기 때문이다. 성 아우구스티누스는 자신의 저서인 「영과 문자에 대하여」 제11장에서 이 구절을 이렇게 설명한다: "그것을 입으로 고백하는 자들의 믿음에서 실제로 그것을 순종하여 행하는 자들의 믿음으로."

왜 죄악 된 사람에게 그리스도의 복음이 필요한가

하나님의 진노가 불의로 진리를 막는 사람들의 모든 경건하지 않음과 불의에 대하여 하늘로부터 나타나나니 이는 하나님을 알 만한 것이 그들 속에 보임이라 하나님께서 이를 그들에게 보이셨느니라 창세로부터 그의 보이지 아니하는 것들 곧 그의 영원하신 능력과 신성이 그가 만드신 만물에 분명히 보여 알려졌나니 그러므로 그들이 핑계하지 못할지니라 하나님을 알되 하나님을 영화롭게도 아니하며 감사하지도 아니하고 오히려 그 생각이 허망하여지며 미련한 마음이 어두워졌나니 스스로 지혜 있다 하나 어리석게 되어 썩어지지 아니하는 하나님의 영광을 썩어질 사람과 새와 짐승과 기어다니는 동물 모양의 우상으로 바꾸었느니라 그러므로 하나님께서 그들을 마음의 정욕대로 더러움에 내버려 두사 그들의 몸을 서로 욕되게 하게 하셨으니 이는 그들이 하나님의 진리를 거짓 것으로 바꾸어 피조물을 조물주보다 더 경배하고 섬김이라 주는 곧 영원히 찬송할 이시로다 아멘 이 때문에 하나님께서 그들을 부끄러운 욕심에 내버려 두셨으니 곧 그들의 여자들도 순리대로 쓸 것을 바꾸어 역리로 쓰며 그와 같이 남자들도 순리대로 여자 쓰기를 버리고 서로 향하여 음욕이 불 일듯 하매 남자가 남자와 더불어 부끄러운 일을 행하여 그들의 그릇됨에 상당한 보응을 그들 자신이 받았느니라 또한 그들이 마음에 하나님 두기를 싫어하매 하나님께서 그들을 그 상실한 마음대로 내버려 두사 합당하지 못한 일을 하게 하셨으니 곧 모든 불의, 추악, 탐욕, 악의가 가득한 자요 시기, 살인, 분쟁, 사기, 악독이 가득한 자요 수군수군하는 자요 비방하는 자요 하나님께서 미워하시는 자요 능욕하는 자요 교만한 자요 자랑하는 자요 악을 도모하는 자요 부모를 거역하는 자요 우매한 자요 배약하는 자요 무정한 자요 무자비한 자라 그들이 이같은 일을 행하는 자는 사형에 해당한다고 하나님께서 정하심을 알고도 자기들만 행할 뿐 아니라 또한 그런 일을 행하는 자들을 옳다 하느니라(1:18-32).

하나님의 진노가 불의로 진리를 막는 사람들의 모든 경건하지 않음과 불의에 대하여 하늘로부터 나타나나니(1:18). 여기서 사도는 사람의 지혜와 의(즉, 행위의 의)가 헛되고 사람에게는 그리스도의 의가 필요하다는 것을 깨우치기 위해서 모든 사람이 죄와 어리석음 속에서 산다는 것을 보여주기 시작한다. 사도는 먼저 이교도들의 도덕적 상황을 서술함으로써 이것을 예시한다. 사도는 일차적으로 이 세상의 지혜로운 자들과 힘 있는 자들을 염두에 두고 있다. 만일 그들이 복음에 굴복한다면, 그들의 신하들, 평범한 사람들은 쉽게 복음을 받아들이게 될 것이다. 또 사도가 이렇게 하는 이유는 그들이야말로 그리스도의 십자가의 복음과 말씀을 가장 격렬하게 반대하고 다른 사람들을 선동하여 복음과 맞서도록 하였기 때문이다. 그래서 그는 마치 그들이 유일한 행악자들인 것처럼 그들을 죄(sin) 및 죄책(guilt)으로 고소하고, 그들에게 하나님의 진노를 선포한다. 그 누구보다도 이 세상의 지혜로운 자들과 힘 있는 자들에게 복음은 철저하게 어리석어 보이는데, 이는 복음이 그들의 생각과 정면으로 배치되기 때문이다.

19절에서 "하나님을 알 만한 것"이라는 말은 이를테면 '하나님을 아는 지식' 같이 추상적인 표현으로 번역하는 것이 가장 좋을 것이다.

하나님께서 이를 그들에게 보이셨느니라(1:19). 이 말은 땅에 있는 모든 것들은 하나님께서 주신 것임을 선언한다. 왜냐하면 여기에서 사도는, 뒤에 나오는 보충 설명하는 말들이 입증해주듯이, 하나님을 아는 자연적인 지식을 말하고 있다: "창세로부터 그의 보이지 아니하는 것들이 … 분명히 보여 알려졌나니." 이 말씀은 우리에게 창세로부터 하나님의 보이지 아니하는 것들이 이 세상에서의 하나님의 활동들에 대한 합리적인 인식을 통해 언제나 인식되어 왔다고 말해준다. 따라서 모든 사람들, 구체적으로 모든 우상숭배자들은 하나님, 특히 하나님의 신성(神性)과 전능하심을 분명히 알고 있었다. 그들은 자기들이 만든 우상들을 '신들', 심지어는 '하나님'이라 부름으로써 이것을 입증해 주었고, 그들은 그 우상들을 영원하고 전능한 존재로, 적어도 자기들을 도울 수 있을 만큼 강한 존재로 숭배했다. 이 것은 그들의 마음 속에 만물을 다스리는 신의 존재에 대한 지식이 있었음을 보여준다. 만약 그들에게 그러한 특질들이 진정으로 하나님에게 속한다는 확신이 없었다면, 어찌 돌이나 돌로 상징되는 신에게 신적인 속성들을 부여할 수 있었겠는가! 하나님이 힘 있고 눈에 보이지 않으며, 의롭고 불멸하며 선하다는 것을 그들은 명백하게 알고 있었다. 그러나 그들은 오로지 참 하나님에게만 속하는 신적인 속성들을 자기들이 만든 우상들에게 돌리는 잘못을 범하였다.

창세로부터(1:20). 이 구절은 세상이 존재하게 된 때로부터 하나님이 항상 알려져 있었다는 사실을 강조한다. 하나님의 보이지 않는 것들은 언제나 볼 수 있었고, 하나님이 만드신 것들을 통해 깨달아 알 수 있었다.

본문에서 사도는 로마 사람들만이 아니라(어떤 사람들은 이렇게 생각한다), 이교 세계 전체를 꾸짖는다. 이것은 로마서 3:9에서 사도가 말하고 있는 것을 보면 분명하다: "유대인이나 헬라인이나 다 죄 아래에 있다고 우리가 이미 선언하였느니라." 따라서 사도는 "다"라고 분명하게 말하고 있는 데서 알 수 있듯이 한 사람의 예외도 인정하지 않는다. 그럼에도 불구하고 그는 로마 사람들과 그들의 지혜로운 자들을 훨씬 더 혹독하게 판단한다. 왜냐하면 그들은 패권, 통치권, 철학을 통해서 전 세계를 주도했기 때문이다. 부수적으로 본문은 우리에게 복음의 사역자들은 무엇보다도 먼저 백성의 통치자들과 사상가들을 잘못되고 혼돈된 마음에서 나오는 그들 자신의 말로서가 아니라 그들이 얼마나 하나님의 뜻에 반하여 행동하며 죄 짓고 있는지를 보여주는 복음을 사용해서 책망해야 한다는 것을 가르쳐준다. 하지만 이런 증인들은 사실 극소수에 불과하다!

미련한 마음이 어두워졌나니(1:21). 돈을 찾고서도 그 돈을 취하여 자기 것으로 만들려하지 않고 단지 바라만보고 있다면, 그는 미련한 사람인 것과 마찬가지로, 이교도들은 하나님을 알면서도 그저 하나님을 아는 것만으로 만족하고 그것만을 자랑하였다. 그들은 하나님께 대한 예배, 구체적으로 말하면 그들이 알고 있는 하나님에 대한 내적인 헌신을 전혀 생각하지 않았다.

스스로 지혜 있다 하나 어리석게 되어(1:22). 이것은 사람들이 하나님에 대한 의무를 다하지 못하는 모든 경우들에 적용되는 황금률이다. 왜냐하면 특수한 경우에 적용되는 것은 일반적인 경우에도 적용되기 때문이다. 물론 영감 받은 사도가 아닌 다른 사람의 입에서 이 말이 나왔다면, 문제는 완전히 달랐을 것이다. 진정으로 스스로를 어리석다고 여기는 사람들, 즉 경건하고 겸손한 신자들은 사실은 지혜로운 자들이다. 역으로 자기가 힘 있고 영향력 있고 고상하다고 뽐내는 자들은, 비록 사람들 앞에서는 그러한 재능들을 뽐낼 수 있고, 바로 그런 이유 때문에 그들이 자기의 재능과 선한 자질들을 자랑하는 것이지만, 하나님 앞에서는 연약하고 흉측하며 천한 자들이다.

썩어지지 아니하는 하나님의 영광을 썩어질 사람 … 의 우상으로 바꾸었느니라(1:23). 달리 말하면, 그들은 자기들이 알고 있는 하나님께 영광을 돌린 것이 아니라 하나님에 관한 그들 자신의 생각을 존중하였다. 나는 이 해석을 지지한다. 왜냐하면 이스라엘 자손들조차도 바알과 금송아지에게 하나님에게나 합당한 영광을 돌린 죄를 범하였기 때문이다. 물론 그들은 이러한 우상들 아래에서 참 하나님을 예배하고자 했던 것이긴 하지만 말이다. 그러나 그들이 그렇게 하는 것을 하나님은 금지하였었다.

선한 일을 빠뜨리고 하지 않는 죄는 결국 명백하게 악한 짓을 범하는 죄로 이어진다. 이런 이유 때문에 사도는 어떻게 이교도들이 참 하나님에 대한 예배를 등한시하여 죄를 범하였는가를 보여준 후에 이제는 어떻게 그들이 거짓된 신들에 대한 숭배, 즉 우상숭배를 공고히 하여 적극적으로 죄를 범하였는지를 보여준다. 사람의 마음은 천성적으로 참된 하나님으로부터 등을 돌리면 반드시 우상숭배에 탐닉하게 되어 있다. 창조주를 거부하는 자는 피조물을 숭배하지 않을 수 없게 된다.

또한 사람은 그의 영혼에 관한 한 '썩어지지 않는다.' 그러나 이교도들은 심지어 하나님을 최소한 그들 안에 있는 영혼과 동일한 정도로도 취급하지 않음으로써 하나님을 욕되게 하였다. 그들은 하나님을 '썩어지는' 사람의 육체적 외관이나 육신의 모양과 동일하게 취급하였다.

새와 짐승과 기어 다니는 동물 모양(1:23). 이교도들의 책들을 읽어본 사람들은 여기에 나오는 이 모든 것들을 잘 알고 있다. 사도는 별들이나 천체, 그 밖의 다른 비슷한 것들을 언급하지 않는다. 왜냐하면 사람이 만든 대상들을 숭배하는 자들이 하나님이 만드신 것들도 숭배할 것은 당연하기 때문이다. 이런 식으로 사도는 넌지시 덜 상식적인 것과 좀 더 상식적인 것으로부터 논증을 수행한다. 사실 하나님이 요구하시는 대로는 아니지만 하나님에 관한 그들의 사색을 따라 하나님을 숭배하는 자들이 여전히 많이 있는데, 오늘날 널리 퍼져 있는 어리석은 이상한 미신적인 관습들이 그 증거다. 사람들이 하나님이 요구하시는 것을 무시하고, 하나님을 자신의 말씀 속에서 스스로를 계시한 그런 하나님과 다른 분처럼 취급하여, 하나님이 그들의 생각과 원하는 것들을 따라줄 것이라고 생각하고, 자기들이 스스로 선택한 행위들을 통해 하나님을 숭배하는 것이야말로 하나님의 영광을 우상 또는 마음에서 지어낸 것으로 바꾸어 버리는 것임에 틀림없다. 이런 이유로 하나님은 오늘날에도 많은 사람들을 그들의 헛된 생각들과 부패한 마음들 가운데 그대로 내버려두신다.

본문에서 이교도들의 타락의 단계 또는 국면들을 눈여겨 보라. 우상숭배의 첫 번째 단계는 배은망덕, 즉 감사치 아니하는 마음(ingratitude)이다: 그들은 감사할 줄 몰랐다. 그래서 사탄은 타락하기 전에 자기를 만드신 창조자에 맞서 배은망덕한 태도를 보였다. 하나님의 선물들을 자기가 은혜로 받은 것이 아닌 양 그 주신 자를 잊어버린 채 즐기는 자들은 이내 자기만족에 푹 빠져 있게 될 것이다. 다음 단계는 허영(vanity)이다: "그 생각이 허망하여"졌다. 이 단계에서 사람들은 자기 자신 및 피조물들을 기뻐하고, 자기들에게 이로운 것들을 즐긴다. 이런 식으로 그들의 생각, 즉 그들의 모든 계획, 노력, 열심들은 허망하여진다. 그러한 것들을 통해서 그들은 자기가 원하는 것을 구한다. 그럼에도 불구하고 오직 자기 자신, 곧 그들의 영광, 만족, 유익만을 구하기 때문에 그들의 모든 노력들은 여전히 헛되다. 세 번째 단계는 맹목(blindness)이다. 왜냐하면 진리를 잃고 허영에 경도되면, 하나님으로부터 완전히 떠나있게 되어서, 그 사람의 감정과 생각의 전체는 필연적으로 눈이 멀게 된다. 네 번째 단계 또는 국면은 하나님과의 총체적 결별(total departure)이고, 이것은 최악의 상황이다. 왜냐하면 사람이 하나님을 떠나면, 하나님은 그가 사탄의 뜻을 따라 온갖 형태의 부끄러운 일과 악덕을 하도록 내버려두는 것 외에 달리 하실 수 있는 일이 없기 때문이다.

또한 위에서와 동일한 방식으로 사람은 좀 더 고상한 종류에 속하는 영적 우상숭배에 빠지는데, 이러한 영적 우상숭배는 오늘날 광범위하게 퍼져 있다. 감사치 아니하는 마음과 허영(자기 자신의 지혜나 의, 또는 흔히 애기하듯이, 자신의 '선한 의도' 같은)에 대한 사랑이 사람을 철저하게 뒤틀어지게 만들어서, 그는 책망받기를 거부한다. 왜냐하면 이제 그는 자신의 행동이 선하고 하나님을 기쁘시게 하는 것이라고 생각하기 때문이다. 그는 이제 자기가 긍휼하신 하나님을 섬기고 있다고 생각하지만, 실제로는 전혀 그렇지 않다. 사실 그는 살아계신 하나님보다 자신의 이성이 지어낸 허구를 더 독실하게 섬기는 것이다. 아, 감사치 아니하는 마음이 얼마나 큰 악인지! 그것은 헛된 것들에 대한 소원을 낳고, 이는 다시 맹목을 낳고, 맹목은 우상숭배를 낳고, 우상숭배는 악덕들의 범람을 가져온다. 역으로 감사하는 마음은 하나님을 향한 사랑을 간직하고, 따라서 그 마음이 하나님께 계속해서 붙어있어 밝아진다. 빛에 충만해서, 그는 오직 살아계신 하나님만을 섬기고, 그러한 참된 예배는 즉각적으로 무수한 미덕들을 낳는다.

그러므로 하나님께서 그들을 마음의 정욕대로 더러움에 내버려 두사(1:24). 하나님이 거짓의 영에게 아합을 꼬드겨서 하나님의 뜻에 거스려 행하도록 만들라고 명령하셨다고 되어 있는 열왕기상 22:23에서 분명하게 알 수 있듯이, 이 구절에 나오는 내버려두심은 하나님이 그렇게 되도록 허용하셨다는 것을 넘어서서 하나님의 뜻이요 명령이다. 사무엘하 16:10을 비롯한 그 밖의 구절들에서도 동일한 내용을 볼 수 있다. 하나님은 악한 것을 막으시는 분이기 때문에 그 누구도 악한 것에 넘겨주시지 않는다는 반론에 대하여, 우리는 하나님의 사랑이라는 관점에서 판단할 때 그 말이 옳다고 대답할 수밖에 없다. 그러나 하나님이 자신의 엄격한 정의를 따라 행악자들을 다루실 때, 하나님은 좀 더 가혹한 처벌을 하기 위해서 사악한 죄인으로 하여금 자신의 계명들을 극히 사악하게 어기도록 내버려두신다. 내버림을 당한 죄인의 입장에서 보면, 이것은 사실 하나님 편에서의 '허용'이다. 하나님이 자신의 구원의 손길을 그에게서 거두시고 그를 버리신 것이기 때문이다. 그러나 이런 일은 하나님의 의로우신 판단에 따라 일어난다. 왜냐하면 죄인을 하나님이 가장 미워하는 자, 즉 마귀에게 넘겨주는 것은 하나님의 가장 가혹한 처벌이기 때문이다.

이것을 근거로, 비록 이런 일이 하나님의 처벌하시고자 하는 뜻에 따라 일어나고 있긴 하지만, 어쨌든 하나님이 죄를 원하신다는 결론을 내려서는 안 된다. 반대로 이것은 하나님이 죄를 극도로 미워하신다는 것을 보여준다. 하나님은 결코 죄 자체를 원하지 않지만, 죄로 하여금 마땅히 처벌받아야 할 자들에 대한 하나님의 처벌적 심판을 집행하도록 허용하신다. 하지만 처벌은 그 자체로 죄가 아니고 죄와 결부된 호된 질책이다.

모든 우상숭배자들이 다 이와 같은 엄청난 악덕들을 저질렀다고 말하려는 것이 사도의 의도인 것은 분명 아니다. 말할 것도 없이, 많은 사람들은 이 악덕들 중 일부만을 저질렀다. 어떤 사람들은 이런 방식으로, 어떤 사람들은 저런 방식으로 범죄했지만, 하나님의 심판은 그들 모두에 대하여 집행되었다. 예를 들면, 로마의 몇몇 집정관들처럼, 분명히 여기에서 서술된 그러한 악덕들에 내버려두어지지 않았던 많은 사람들이 있었다. 사실 높은 덕과 정절을 지니고 있었던 사람들도 많았을 것이다. 그러나 그럼에도 불구하고 그들은 모두 우상숭배자들이었다.

또한 우리는 바울이 "하나님께서 … 내버려두사"라는 표현을 적절한 순서를 따라 세 번 사용해서 표현하고 있는 세 가지 악덕을 통해서 하나님의 처벌이 모든 죄인들에게 동일한 방식으로 집행되었다는 것을 말하고자 했다고 생각해서는 안 된다. 하나님이 자신의 심판을 통해 선고한 대로, 어떤 자들은 이 세 가지 악덕 모두에 내버려졌을 것이고, 어떤 자들은 오직 한 가지에만 내버려졌을 것이며, 또 어떤 자들은 두 가지 악덕에 내버려졌을 것이다. 사도가 보여주고자 하는 것은 모두가 다 죄인이고 그리스도의 은혜를 필요로 한다는 사실이다.

그들의 몸을 서로 욕되게 하셨으니(1:24). 아주 조심스럽게 그리고 완곡한 표현을 사용해서, 사도는 이교도들의 타락상들을 말하고, 그들을 "더러움," "욕" 같은 용어들로써 꾸짖는다. 고린도전서 6:9, 10에서 사도는 좀 더 분명하게 이렇게 쓰고 있다: "미혹을 받지 말라 음행하는 자나 우상 숭배하는 자나 간음하는 자나 탐색하는 자나 남색하는 자 … 들은 하나님의 나라를 유업으로 받지 못하리라." 또한 에베소서 5:3과 고린도후서 12:21

에도 그런 말씀들이 나온다. 몸을 존귀히 여긴다는 것(적어도 여기서 말하는 측면에 있어서)은 정절을 지키고 정숙하다는 것 또는 몸을 합당하게 사용한다는 것을 의미하기 때문에, 그 자연적인 용도를 바꿔서 몸을 학대하는 것은 몸을 욕되게 하는 것이 된다. 간음이나 이와 비슷한 부정(不貞)한 행위들만이 몸을 아주 사악하게 욕되게 하고 타락시키는 것이 아니다. 오히려 여기에 열거된 타락한 행위들이 더욱더 몸을 욕되게 하고 타락시킨다.

통상적으로 한 젊은이가 그의 마음 속에 더 이상 하나님에 대한 경외심이 조금도 없이, 하나님을 전혀 아랑곳하지 않은 채 아무런 제약도 받지 않고 제멋대로 살아간다면, 그가 계속해서 정절을 지키며 살아가리라고는 거의 기대할 수 없을 것이다. 그 사람 안에서 육 또는 영 어느 쪽이 살아 있다면, 그 육 또는 영이 우세할 것임은 당연하다.

주는 곧 영원히 찬송할 이시로다 아멘(1:25). 사도가 이 축복을 덧붙인 것은 그의 유대인적 경건 때문임이 분명한데, 이는 가야바가 "네가 찬송 받을 이의 아들 그리스도냐"(막 14:61)라고 물었던 것에서 알 수 있듯이 유대교 랍비들은 하나님을 언급할 때마다 '거룩하신 이', '찬송 받을 이' 같은 말들을 덧붙이기 때문이다. 그러나 슬프게도 오늘날에도 아주 많은 사람들이 하나님에 관하여 전혀 합당치 않은 생각들을 품고, 하나님이 이러저러하다는 등 뻔뻔스럽고 오만하게 단언을 한다. 그들은 영광스러운 하나님이 그들의 이성과 판단을 뛰어넘어 지극히 높이 계시다는 것을 인정함으로써 하나님께 존귀를 돌리는 것이 아니라 하나님에 관한 자기 자신의 소견들을 지극히 높여서, 한 형편없는 구두 제조공의 가죽을 판단하듯이 아무런 거리낌이나 두려움 없이 하나님을 판단한다. 그들은 하나님의 의와 긍휼이 자기들이 이럴 것이라고 상상하는 그런 것이라고 생각한다. 그들에게는 하나님의 깊은 것들조차 아시는 성령이 없지만, 오만함 속에서 그들은 마치 그들이 성령으로 충만한 것처럼 자랑한다. 이단자들, 유대인들, 그리고 자랑하는 마음을 지닌 모든 이들, 사실 하나님의 은혜 밖에 있는 모든 자들이 그렇게 행한다. 성령이 없는 자가 하나님을 바르게 판단할 수 없다는 것은 자명하다. 하나님의 의에 관해서든 긍휼에 관해서든, 그들 자신에 관해서든 다른 사람들에 관해서든, 성령 없이는 바르게 판단하거나 가르칠 수 없다(롬 8:16).

그들이 마음에 하나님 두기를 싫어하매(1:28). 이것이 하나님께서 그들을 여러 다양한 악덕들에 내버려 두신 이유이다. 왜냐하면 악덕들은 사실, 사도가 여기에서 보여주고 있듯이, 아주 다양해 보인다. 이러한 악덕들 모두 또는 일부에 하나님은 이교도, 아니 일부 이교도들을 넘기셨다. 모두가 살인자들이라거나 여기에 열거된 그 밖의 다른 모든 범죄들에 빠져 있지는 않았다. 사람들이 비슷한 방식으로 죄를 범한다고 할지라도, 처벌을 함에 있어서 하나님은 모든 죄인들을 비슷한 방식으로 내버려두시지는 않는다. 그 이유는 하나님의 감춰진 심판에서 찾을 수 있겠지만, 어떤 죄인은 그래도 어느 정도 선한 일을 하는 데 반해 어떤 죄인은 선을 전혀 행하지 않거나 거의 하지 않는 상황에서 찾을 수도 있겠다. 어쨌든 하나님은 그 누구도 하나님에게 어떤 규칙을 따라 죄를 벌하고 선행에 보상하라고 규정하지 못하도록 하기 위해서 모든 교만한 입을 막으신다. 그러므로 하나님은 사람들이 동일한 방식으로 죄를 범하는 것을 허용하시지만, 어떤 이들에게는 긍휼을 베풀어 용서하시고, 어떤 이들에 대해서는 마음을 모질게 먹어 단죄하신다. 마찬가지로 하나님은 어떤 사람들이 외적으로 선을 행하여 의로운 삶을 영위해 나가도록 허용하시지만, 어떤 이는 거부하여 내치시고 어떤 이는 받아들여 높이신다.

모든 불의 … 가 가득한 자요(1:29). 히브리어에 대한 연구 결과가 보여주듯이, 성경에서 불의(unrighteousness)와 범죄(iniquity)는 서로 다르다. (라틴어로는 각각 iniustitia와 iniquitas이다) 믿는 자는 의롭고, 믿지 않는 자는 불의하다고 말하는 예에서 알 수 있듯이, 불의(옳은 것에 들어맞지 않음)는 불신앙의 죄, 믿음에서 흘러나오는 의의 결여이다(cf. 롬 1:17; 막 16:16). 믿지 않는 자는 불순종하고, 불순종하는 자는 불의하다. 범죄(옳은 것의 위반)는 사람들이 경건에 대한 스스로의 어리석은 열심 속에서 스스로에 대하여 갖는 자기 의(self-righteousness)라는 죄이다. 또한 범죄는 사람이 마땅히 해야 할 의무는 소홀히 하고, 하나님의 말씀에 반하여 자기 소견에 선하게 보이는 것을 행하는 것이라고 할 수도 있다. 하지만 옳은 행실은 사람이 자기가 보기에 선한(그러나 하나님의 말씀에 어긋나는) 것을 제쳐두고 자기가 마땅히 해야 할 일을 하는 것으로 나타난다. 물론 세속적인 의의 분야에서는 이와는 다른 규칙들이 적용된다.

악의가 가득한 자요(1:29). 악의(maliciousness)는 자기가 선대를 받았음에도 불구하고 악을 행하고자 하는 비뚤어진 인간의 심성이다. 사실 사람은 하나님께서 자기에게 주신 선한 것들조차도 악을 행하는 데에 악용한다. 역으로, 선의(goodness)는 자기의 노력이 그에게 해코지를 하는 자들에 의해 방해를 받거나 견제를 당한다고 할지라도 선을 행하는 인간의 바른 성품이다. 모든 일이 잘 되어가고 어떠한 방해도 받지 않는 상태에서 단지 선을 행하는 사람이 있다면, 그는 기독교적 의미에서 선하다고 할 수 없다. 오직 세상적인 의미에서만 선한 자들은 마태복음 7:18에 나와 있듯이 이러한 기독교적 의미에서 선하다고 할 수 없다: "좋은 나무가 나쁜 열매를 맺을 수 없고 못된 나무가 아름다운 열매를 맺을 수 없느니라."

'후의'(benevolence)와 '악의'(malevolence), 이 두 가지 말도 위에서와 비슷한 대조를 보여준다. 후의는 남들을 기꺼이 돌보고자 하고 선을 행하고자 하는 진심에서 우러나오는 소원이다. 후의는 두 종류가 있다. 기독교적인 완전한 후의는 남이 감사를 하든 안 하든 상관없이 언제나 변함이 없다. 인간적이고 현세적인 불완전한 후의는 남들로부터 인정을 받을 때에만 지속되고, 남들이 감사를 하지 않거나 그에게 해를 가하면 중단된다. 마태복음 5:48에서는 "그러므로 하늘에 계신 너희 아버지의 온전하심과 같이 너희도 온전하라"고 말씀하고 있고, 누가복음 6:35에서는 "오직 너희는 원수를 사랑하고 선대하며 아무것도 바라지 말고 꾸어 주라 그리하면 너희 상이 클 것이요 또 지극히 높으신 이의 아들이 되리니 그는 은혜를 모르는 자와 악한 자에게도 인자하시니라"고 말씀하고 있다. 이와는 반대로 악의는 남을 해치거나 해코지를 하려고 하는, 미움에 찬 비뚤어진 심성이다. 사람은 전적으로 타락해 있어서 악한 자들에게만이 아니라 감사하고 선한 사람들에게조차 해를 가한다. 그것은 정말 야수 같은 악의이다. 그리스도인의 후의에 대하여 갈라디아서 5:22에서는 "성령의 열매는 … 자비와 양선"이라고 되어 있다.

악독이 가득한 자요(1:29). 악독은 고의적으로 선한 일을 안 하고 악한 일을 훼방하는 비뚤어진 심성이다. 시기 때문에 이런 식으로 행동하는 사람들도 있고, 높은 하늘에까지 다다르는 뻔뻔스러움에서 이렇게 행동하는 사람들도 있다. "수군수군하는 자"(1:29)와 "비방하는 자"(1:30)는 비방하는 자는 다른 사람들의 좋은 평판을 깎아내리는 반면에, 수군수군하는 자는 여기서 이 말을 듣고 은밀하게 저기에 옮기고, 저기서 저 말을 듣고 여기에 은밀하게 옮겨서 화합을 해치고 불화를 조장한다는 점에서 서로 구별된다고 하겠다.

로마서 2장

2장의 내용 : 사도는 유대인들의 죄를 꾸짖고, 그들도 이교도들과 동일한 죄악된 상태에 있다는 것을 드러내 보인다. 사실 어떤 의미에서 유대인들은 이방인들보다 더 악하다.

모든 죄인들에 대한 하나님의 심판

그러므로 남을 판단하는 사람아, 누구를 막론하고 네가 핑계하지 못할 것은 남을 판단하는 것으로 네가 너를 정죄함이니 판단하는 네가 같은 일을 행함이니라 이런 일을 행하는 자에게 하나님의 심판이 진리대로 되는 줄 우리가 아노라 이런 일을 행하는 자를 판단하고도 같은 일을 행하는 사람아, 네가 하나님의 심판을 피할 줄로 생각하느냐 혹 네가 하나님의 인자하심이 너를 인도하여 회개하게 하심을 알지 못하여 그의 인자하심과 용납하심과 길이 참으심이 풍성함을 멸시하느냐 다만 네 고집과 회개하지 아니한 마음을 따라 진노의 날 곧 하나님의 의로우신 심판이 나타나는 그 날에 임할 진노를 네게 쌓는도다 하나님께서 각 사람에게 그 행한 대로 보응하시되 참고 선을 행하여 영광과 존귀와 썩지 아니함을 구하는 자에게는 영생으로 하시고 오직 당을 지어 진리를 따르지 아니하고 불의를 따르는 자에게는 진노와 분노로 하시리라 악을 행하는 각 사람의 영에는 환난과 곤고가 있으리니 먼저는 유대인에게요 그리고 헬라인에게며 선을 행하는 각 사람에게는 영광과 존귀와 평강이 있으리니 먼저는 유대인에게요 그리고 헬라인에게라 이는 하나님께서 외모로 사람을 취하지 아니하심이라 무릇 율법 없이 범죄한 자는 또한 율법 없이 망하고 무릇 율법이 있고 범죄한 자는 율법으로 말미암아 심판을 받으리라 하나님 앞에서는 율법을 듣는 자가 의인이 아니요 오직 율법을 행하는 자라야 의롭다 하심을 얻으리니 (율법 없는 이방인이 본성으로 율법의 일을 행할 때에는 이 사람은 율법이 없어도 자기가 자기에게 율법이 되나니 이런 이들은 그 양심이 증거가 되어 그 생각들이 서로 혹은 고발하며 혹은 변명하여 그 마음에 새긴 율법의 행위를 나타내느니라) 곧 나의 복음에 이른 바와 같이 하나님이 예수 그리스도로 말미암아 사람들의 은밀한 것을 심판하시는 그 날이라(2:1-16).

　그러므로 남을 판단하는 사람아, 누구를 막론하고 네가 핑계하지 못할 것은 남을 판단하는 것으로 네가 너를 정죄함이니 판단하는 네가 같은 일을 행함이니라(2:1). 스스로 죄를 범하면서도 남들을 정죄하는 이러한 잘못을 그리스도 밖에 있는 모든 사람들이 범한다. 왜냐하면 의인들(참된 신자들)은 으레 생각과 말과 행위에 있어서 자기 자신을 탓하는 반면에, 불의한 자들(믿지 않는 자들)은 늘 적어도 마음 속으로는 남들을 탓하고 판단하는 법이기 때문이다. 이러한 사실에 대해서는 약간의 설명이 필요하다. 의인들은 늘 자신의 잘못을 살피고 남의 잘못을 못 본 체하려고 한다. 또한 의인들은 남들의 좋은 점들을 보려고 하고, 자기 자신의 좋은 점들은 아무것도 아닌 것으로 치부해 버린다. 반면에 불의한 자들은 자기 자신 속에서는 좋은 점들을, 남들에게서는 나쁜 점들을 찾아낸다.

　이런 까닭에 사도가 실제로 위에서 서술한 심한 죄악들을 범하는 이교도들을 말한 후에 스스로를 그들보다 더 낫다고 생각하는 그런 사람들도 동일한 부류의 범죄 가운데 있음을 보인 것은 참으로 잘한 일이다. 그들의 유죄 상태로부터 사도는 그들, 곧 유대인들도 그리스도와 그의 의를 필요로 한다고 결론짓는다. 왜냐하면 그리스도 밖에 있는 자는 모두 그들의 위선과 경건의 겉모양에도 불구하고 필연적으로 이와 동일한 죄들을 범하지 않을 수 없기 때문이다. 유대인들이 기고만장한 것은 사도가 열거하고 있는 많은 악덕들을 유대인들은 범하지 않는 것들이어서, 유대인들은 자기들이 이와 다른 죄들, 사실인 즉 사도가 언급하고 있는 그러한 죄들, 그리고 이교도들이 범하지 않는 죄들을 범하고 있다는 것을 깨닫지 못하고, 단지 이교도들이 사도가 열거한 많은 악덕들을 범하고 있다고 비난하는 데 그 이유가 있다.

좀 더 일반적인 적용예를 들어 예시해 보자: 높은 이자를 받고 돈을 꾸어주는 수전노들은 보통 자신의 죄는 잊어버리고 간음한 자들을 비난하고 정죄한다. 또한 간음한 자들은 수전노들을 마찬가지로 비난하고 정죄한다. 마찬가지로 자기는 지극히 오만하면서도 남의 잘못은 곧잘 지적하는 사람들도 있다. 이런 까닭에 이와 같은 악한 판단자들은 그리스도를 통하여 의롭게 되지 않는 한 죄 없다고 하기는 불가능하다. 이 말은 이교도들에게도 그대로 적용되지만, 유대인들은 한층 더 그러하다. 그래서 사도는 2장 첫머리에서 자신의 고소가 주로 유대인들을 염두에 두고 있음을 강조한다. 오늘날에는 법률가들, 사제들, 그리고 스스로를 죄인으로 보지 않은 채 서로 다투고 남을 판단하는 자들을 이 유대인들에 견주어 볼 수 있다. 사실 이런 자들은 자기들이 옳다고 자랑하고, 자신의 대적들에게 하나님의 진노가 내리기를 기원하기까지 한다. 여기서 사도는 당시 로마에 살던 사람들만을 염두에 두고 있지 않았음이 분명하다.

이런 일을 행하는 자에게 하나님의 심판이 진리대로 되는 줄 우리가 아노라 이런 일을 행하는 자를 판단하고도 같은 일을 행하는 사람아, 네가 하나님의 심판을 피할 줄로 생각하느냐(2:2, 3). 사도가 여기서 남을 판단하는 유대인들을 쳐서 말하는 내용은 나중에 그가 "이는 하나님께서 외모로 사람을 취하지 아니하심이니라"(11절)고 쓰고 있는 것처럼 분명한 사실이다. 만약 남들이 행하면 저주를 받아 지옥에 떨어질 그런 일들을 스스로도 행하는 자들이 하나님의 심판을 피할 수 있다면, 그것은 정말 유대인들이 생각하는 대로 되는 것이다. 그러나 바로 여기에 대부분의 사람들이 범하는 착각이 있다. 다른 죄인들이 벌을 받으면, 사람들은 기뻐하면서 "암, 지당한 일이지! 그 형벌은 의로워! 그런 행악자는 그런 벌을 받아 마땅하지!"라고 말한다. 하지만 사실 그러면 안 되고 오히려 두려워하면서 "그 사람이 어제 벌을 받았으니, 내일은 내 차례가 되겠구나"라고 고백해야 마땅하다. "사냥개를 겁주기 위해 강아지를 벌준다"는 격언처럼 말이다.

오늘날 사도의 이러한 말씀은 우선 적절한 근거도 없이 국민들에게 터무니없이 높은 세금을 매기거나 통화량을 변경하고 평가절하함으로써 국민들의 재산을 강탈하면서도 국민들이 욕심이 많고 탐욕스럽다고 비난하는 위정자들에게 적용된다. 또한 누구나가 다 아는 것보다 더 큰 잘못들은 아니라 할지라도 이와 비슷한 죄들을 범하는 눈먼 교계 지도자들은 이보다 더 악하다. 월권행위들, 심한 허영, 자기 과시, 시기, 탐욕, 게걸스러움, 그 밖의 죄악들을 범하면서도, 그들은 자기들이 판단 밖에 있는 것으로 생각한다. 또한 사도의 말씀은 마음이나 입으로 남을 판단하는 자들, 남들을 판단하면서도 자기들도 똑같이 악한 그런 자들에게도 해당된다. 또한 자기들이 판단하는 사람들과는 다른 죄들을 범하면서도 단지 그들이 범하는 것과 똑같은 죄악들을 범하지 않는다는 이유로 스스로를 의롭고 거룩하다고 여기는 자들에게도 이 말씀은 적용된다. 그러나 그런 죄인들을 가르치고 교정하기란 정말 어려운 일이다.

혹 네가 하나님의 인자하심이 너를 인도하여 회개하게 하심을 알지 못하여 그의 인자하심과 용납하심과 길이 참으심이 풍성함을 멸시하느냐(2:4). 사도가 여기에서 보여주고 있는 것처럼, 하나님께서 죄인들에게 수여하시는 세 가지 특별한 호의가 있다: 인자하심, 용납하심, 길이 참으심. 그리고 이러한 것들을 하나님은 아주 풍성하게, 즉 충만하고 풍부하게 수여하신다. 하나님의 풍성한 인자하심은 육체와 영혼의 축복들, 하나님이 창조하신 것들을 거저 사용하게 하시는 것, 그 피조물들이 인간에게 행하는 봉사들, 거룩한 천사들의 보호 등등과 같은 하나님이 주시는 현세적이고 영적인 은택들의 지극히 풍성함에 있다. 하나님의 풍성한 용납하심은 하나님의 축복들을 배은망덕으로 되갚고, 아울러 너무도 많고 큰 죄들을 범함으로써 선을 악으로 갚는 자들을 참으시는 하나님의 풍성한 관대하심에 있다. 하나님의 풍성한 길이 참으심은 그토록 배은망덕한 죄인들에 대한 의로운 심판을 믿을 수 없을 정도로 기나긴 세월 동안 연기하시고 하나님의 인자하심을 따라 그들이 회개하기를 기다리시는 것으로 나타난다.

그러나 악한 자들의 눈먼 상태는 너무도 심해서, 그들은 하나님께서 그들의 선을 위해서 그들에게 수여하시는 바로 그 축복들을 스스로에게 해로운 방식으로 악용을 한다. 반면에 의롭고 경건한 자들 속에서는 빛이 아주 밝게 비취기 때문에, 그들은 사람들이 그들을 해치기 위하여 꾸며내는 바로 그 악을 스스로에게 선이 되도록 활용한다. 경건치 않은 자들은 하나님의 인자하심이 그들을 회개로 이끌고 있다는 것을 깨닫지 못한다. 반대로 의인들은 하나님의 가혹하심조차도 결과적으로는 그들에게 반드시 선이 된다는 것을 안다. 왜냐하면 하나님은 상처를 주시지만 다시 치유해 주시고, 죽이시지만 다시 살리시는 분이기 때문이다.

다만 네 고집과 회개하지 아니한 마음을 따라 진노의 날 곧 하나님의 의로우신 심판이 나타나는 그 날에 임할 진노를 네게 쌓는도다(2:5). 하나님의 길이 참으심이 더 크면 클수록, 하나님의 인자하심을 받아들이지 않는 경우에는 그 심판도 더욱더 커질 것이다. 따라서 사도는 "네 고집과 회개하지 아니한 마음을 따라 … 임할 진노를 네게 쌓는도다"라고 쓰고 있다. 사도는 단지 "네가 진노를 받으리라"고 말하는 것이 아니라 "네가 엄청난 양의 진노를 쌓고 있구나" 또는 "네가 스스로를 위해 진노의 충만한 양, 아니 흘러넘치는 양을 쌓고 있구나"라고 말한다. 여기에서 우리는 고집스런 마음, 즉 하나님의 인자하심, 용납하심, 길이 참으심을 멸시하는 마음이 진정으로 무엇인지를 알게 된다. 그런 마음은 헤아릴 수 없는 축복들을 받음에도 불구하고 셀 수 없이 많은 죄들을 범하고, 그 악한 길들을 고칠 생각을 추호도 하지 않는다.

진노의 날 곧 하나님의 의로우신 심판이 나타나는 그 날에(2:5). 사도는 마음을 완악하게 가지는 자들을 향하여 훨씬 더 가혹하게 말을 하는데, 이는 예를 들면 남들을 부당하게 정죄하는 자들 같이 그 마음이 비뚤어진 자들을 고치기가 훨씬 더 어렵기 때문이다. 그러한 자들은 자기의 죄를 깨닫고 남을 판단하기를 그만두게 되지 않는 한 회개하기가 불가능하다. 잠언 26:12에 씌어 있는 대로, 그들은 스스로를 지혜롭다고 생각하는 바보들이요, 스스로를 의롭다고 생각하는 죄인들이다: "네가 스스로 지혜롭게 여기

는 자를 보느냐 그보다 미련한 자에게 오히려 희망이 있느니라." 그러한
행악자들은 자신의 의도와 행위는 선하고 옳다고 확신하기 때문에, 점점
더 마음을 완악하게 가지고 계속해서 회개치 않는 상태에 있게 된다. 왜냐
하면 그들은 자기들이 선하다고 생각하는 것을 회개한다는 것은 말이 안
된다고 생각하고, 그 어떤 권면으로도 그들을 악한 길에서 돌아서게 할 수
없기 때문이다.

심판의 날은 진노의 날이자 긍휼의 날, 재앙의 날이자 평화의 날, 저주의
날이자 영광의 날로 불린다. 그날에 악한 자들은 벌을 받고 부끄러움에 처
해질 것인 반면에, 의인들은 상을 받고 영광의 면류관을 쓰게 될 것이다.

(루터는 2:6-10에 대하여 다음과 같은 전체적인 주석을 행한다): 인내
와 끈기야말로 극히 필수적인 것인 까닭에, 인내와 끈기가 없는 행위는 선
할 수 없다. 세상은 전적으로 타락해 있고, 사탄은 극악무도하기 때문에 사
람들이 선행을 하는 꼴을 그냥 두고 보지를 못하고 반드시 핍박을 한다.
하지만 바로 이런 방식을 통해서, 기이한 지혜를 지닌 하나님은 어떤 일이
선하고 하나님을 기쁘시게 하는 일인가를 밝혀내신다. 여기에는 다음과 같
은 원칙이 적용된다: 우리가 선을 행하는데 반대와 미움, 온갖 종류의 불
쾌하고 손해나는 일들을 겪지 않는다면, 우리는 그 선행이 아직 하나님을
기쁘시게 하는 일이 아닐 수도 있다는 것을 염려해야 한다. 왜냐하면 아직
그 일은 인내와 끈기로 행해지고 있는 일이 아니기 때문이다. 그러나 우리
의 선행이 핍박을 받는다면, 기뻐함과 동시에 그 일이 하나님을 기쁘시게
하는 일임을 확신하자. 그리고 그 일이 하나님께로부터 온 일임을 확신하
자. 왜냐하면 하나님께 속한 일들은 그 무엇이나 세상에 의해 못 박히게
되어 있기 때문이다. 십자가를 짊어지는 가운데, 즉 수치와 멸시를 받는 가
운데 그 속에서 인내로써 계속해 나가는 것이 아니라면, 그 일은 하나님의
일이라 할 수 없다. 하나님의 아들조차도 여기에서 예외가 아니었으니 자
기가 행한 선 때문에 고난을 받아 이 점에 있어서 우리에게 본을 남기셨
다. 그분은 마태복음 5:10, 12에서 친히 우리에게 이렇게 말씀하신다: "의
를 위하여 박해를 받은 자는 복이 있나니 천국이 그들의 것임이라 … 기

뻐하고 즐거워하라 하늘에서 너희의 상이 큼이라 너희 전에 있던 선지자들도 이같이 박해하였느니라."

선을 행하다가 고난을 당한다고 하여 불평하고 원통해 하는 사람들은 이로써 그들의 선행이 하나님께 속한 것이 아니라 자기만족에서 나왔음을 드러내는 것이다. 그러한 사람들은 명예와 영광을 구하기 위해서 또는 선을 행하지 않으면 자기에게 비방과 중상모략, 미움이 돌아올 것을 염려하여, 자기 자신을 위해 선을 행한다. 고난을 당할 때 그들이 원통해 하는 것은 그들이 진정한 겸손과 사랑으로부터 하나님을 위하여서가 아니라 좋은 평판을 위해서 또는 은밀한 자기애와 교만으로부터 스스로를 위하여서 선을 행하였음을 극명하게 보여주는 것이다.

하나님을 위하여 사랑과 겸손의 마음으로 선을 행하는 사람들은 칭찬을 들으면 "칭찬받기 위해서 시작한 일이 아니듯이, 칭찬받기 위해서 이 일을 계속하는 게 아닙니다"라고 말할 것이고, 책망을 받으면 "비판받기 위해서 시작한 일이 아니듯이, 비판 때문에 일을 여기서 그만두지는 않을 겁니다"라고 말할 것이다. 따라서 그런 사람들은 하나님을 향한 사랑 때문에 계속해서 선을 행하고, 아첨과 비판이라는 두 가지 위험으로부터 안전하게 된다. 히브리서 10:36에서는 "너희에게 인내가 필요함은 너희가 하나님의 뜻을 행한 후에 약속하신 것을 받기 위함이라"고 말씀하고 있다.

"칭찬을 받는 것에 비례해서 미덕이 늘어간다"라는 키케로가 말한 이교적인 격언을 교회는 무시하고 거부하여야 한다. 왜냐하면 사도는 고린도후서 12:10에서 그 정반대가 참이라고 밝히 말하고 있기 때문이다: "내가 그리스도를 위하여 약한 것들과 능욕과 궁핍과 박해와 곤고를 기뻐하노니 이는 내가 약한 그 때에 강함이라." 사실 육적인 미덕은 칭찬을 구하는 것이기 때문에 칭찬을 받으면 더 자라난다. 하지만 기독교적 미덕은 비판과 고난을 받으며 자라나는 반면에, 칭찬을 받으면 그 마음이 아첨을 좋아하게 되어 그 미덕은 파괴된다. 칭찬을 받고 늘어가는 육적인 미덕은 비판을 받게 되면 분노와 절망으로 변한다.

하나님께서 각 사람에게 그 행한 대로 보응하시되 … 영광과 존귀(2:6, 7). 성 아우구스티누스는 요한복음 17장에 대한 주석에서 "예전의 고전적인 의미에서 영광을 얻는다는 것은 그 사람의 명성이 널리 알려진다는 것이다"라고 평한다. 「하나님의 도성」(*City of God*) 제5권에서 그는 "사람들로부터 큰 존경을 받고 아주 좋은 평판을 들을 때 영광이 있는 것이다"라고 쓴다. 아리스토텔레스에 의하면, 존귀는 사람들이 어떤 사람의 능력을 인정하여 그에게 나타내 보이는 존경 또는 사람들이 어떤 사람의 미덕들로 인해 말과 행위와 눈에 보이는 증거를 통해 그에게 나타내 보이는 존경이다. 그러니까 영광과 존귀는 서로 다르다. 영광은 한 사람으로부터 나와서 다른 사람들을 향하여 흘러나가고, 존귀는 다른 사람들로부터 나와서 (존귀를 받는) 사람에게로 향한다. 또는 영광은 한 사람으로부터 나오고, 존귀는 한 사람을 향하여 간다.

당을 지어 진리를 따르지 아니하고 불의를 따르는 자에게는 진노와 분노로 하시리라(2:8). 나는 이 말들이 죄인의 몸과 영혼을 벌하실 때의 하나님의 진노어린 분노를 표현하는 것으로 본다. 그것은 하나님의 가장 격심한 분노이다.

악을 행하는 각 사람의 영에는 환난과 곤고가 있으리니(2:9). 이 말들은 앞 절을 더 자세하게 설명한 것으로서, 이 말들 간에도 내적인 연관이 존재한다. 나는 이 말들을 사도가 어떤 유의 환난이 아니라 곤고와 결합된 그런 환난을 염두에 두고 있다는 것을 의미하는 것으로 해석한다. 그러니까 이것은 더 이상의 어떤 출구, 빠져나갈 그 어떤 소망도 전혀 존재하지 않고, 따라서 이 환난 속에 더 이상의 위로도 존재하지 않는다는 것을 의미한다. 그리스도인들도 마찬가지로 환난을 당하는 것이 사실이지만, 사도가 고린도후서 1:4에서 쓰고 있듯이, 그들은 환난 속에서 위로를 받는다: "우리의 모든 환난 중에서 우리를 위로하사." 하나님을 소망하고 의지하기 때문에, 신자에게는 그러한 위로가 있지만, 하나님께 버림받은 죄인들은 환난 속에서 절망으로 심한 고통을 당한다. 그들은 구속하시는 하나님에게 소망을 두지 않기 때문에, 의지하거나 소망할 그 어떤 것도 없다.

이는 하나님께서 외모로 사람을 취하지 아니하심이라 무릇 율법 없이 범죄한 자는 또한 율법 없이 망하고 무릇 율법이 있고 범죄한 자는 율법으로 말미암아 심판을 받으리라 (하나님 앞에서는 율법을 듣는 자가 의인이 아니요 오직 율법을 행하는 자라야 의롭다 하심을 얻으리니)(2:11-13). 여기에서 사도는 유대인들과 이방인들의 핑계를 예상하고 선수를 친다. 사도는 앞에서 유대인이든 이방인이든 상관없이 "하나님께서 각 사람에게 행한 대로 보응하시되"(6절)라고 말했었다. 이러한 단언에 대해서 유대인들은 이렇게 대꾸하였을 것인데, 사실 그들의 사고방식은 이렇게 대꾸하도록 되어 있었다: "우린 율법을 알고 순종한다. 우린 시내 산에서 맺어진 율법 계약을 통해 하나님의 선민이 되었기 때문이다." 그리고 이방인들은 이렇게 말할 것이다: "우린 율법을 몰랐고, 따라서 율법에 대한 무지를 이유로 우린 용서받아야 한다." 이 두 반론에 대하여 사도는 "결코, 그렇지 않다!"고 대답한다. 그는 먼저 자기들이 받은 율법을 자랑했고, 자랑한 대로 율법에 주의를 기울여 순종했던 오만한 유대인들에게 말을 건다. 그들의 주장대로라면, 하나님은 유대인들에게는 오직 선한 것만을 돌리고, 이교도들은 악한 것으로 비난하여야 마땅하다. 유대인들은 자기들은 아브라함의 자손이므로 아브라함이 받을 상을 함께 받아야 한다고 추론하였다. 따라서 모든 시기에 그리고 모든 점에서 유대인들은 하나님을 외모를 취하시는 분으로 만들고자 하였다.

마찬가지로 사도는 자기들은 율법을 몰랐기 때문에 하나님의 진노를 받을 이유가 없다는 변명을 의기양양하게 들고 나온 이교도들의 교만도 분쇄한다. 바울은 그들에게 그들도 또한 율법 없이는 구원받지 못하는 것과 마찬가지로 "아, 그렇지 않다! 그들은 율법 없이 망할 것이다"라고 말한다. 이교도들은 자기들이 지니고 있던 율법, 즉 창조 때부터 그들의 마음판에 새겨진 율법을 지켜야 했다. 계시된 율법이 유대인들에게 맡겨진 것과는 달리 율법이 그들에게 주어지지는 않았지만, 전승과는 상관없이 그들이 알고 있던 율법은 문자로 씌어져 그들에게 주어진 것은 아니지만 그들 속에 살아 있었다.

이 장 전체에서 "율법"은 하나님과 이웃에 대한 사랑을 명하고 있는 십계명으로 요약된 모세 율법 전체를 뜻하는 것으로 이해해야 한다. "율법

없이"라고 할 때의 "율법"은 사도가 나중에 "그 마음에 새긴 율법의 행위를 나타내느니라"(2:15)고 말할 때의 율법을 의미한다. 이교도들은 모세 율법에 속한 계명들과 율례들을 받지 않았지만, 그들에게는 모세 율법의 계명과 율례의 도덕적 의미를 나타낸 영적 율법이 있었다. 이 율법은 유대인이든 이방인이든 모든 사람들의 마음 속에 새겨져 있어서, 모든 사람을 구속한다. 이 율법에 대해서 우리 주님은 마태복음 7:12에서 이렇게 말씀한다: "무엇이든지 남에게 대접을 받고자 하는 대로 너희도 남을 대접하라 이것이 율법이요 선지자니라."

하나님의 은혜의 도우심을 받아 마음과 생각과 의지가 하나님에 의해 율법을 지키는 쪽으로 향하지 않는다면, 율법은 죄를 범할 기회가 된다. 사람의 의지는 천성적으로 항상 율법을 거스르는데, 비록 겉으로는 율법이 명하는 것을 행하는 것 같아도 할 수만 있다면 율법이 요구하는 것들의 정반대를 행하려고 한다. 율법이 지배하고 있는 곳마다, 사람은 율법을 성취하려는 쪽으로 움직이는 것이 아니라 율법 자체에 의해서 죄를 범하는 쪽으로 움직여진다. 따라서 어떤 시인(Ovid, *Amores*, III, 4, 17, 18)은 이렇게 말한다: "우리는 항상 금지된 것을 구하고, 우리에게 부인된 것을 얻으려고 손을 뻗친다"; "이런 식으로 아픈 사람은 그에게 금지된 물을 원한다"; "허용된 것이라면 우리는 원치 않지만, 우리에게 허용되지 않는 것에 대해서는 우리는 그것을 얻으려고 더욱더 격렬하게 불타오른다"; "나를 따르는 것으로부터는 나는 도망치고, 나에게서 도망치는 것은 내가 뒤쫓는다." 성 아우구스티누스는 「영과 문자에 관하여」 제5장에서 "우리가 원하는 것이 금지되어 있는 경우에는 더욱더 우리를 유혹하는 이유를 난 모르겠다"라고 쓰고 있다. 같은 책 제8장에서 그는 이렇게 말한다: "하나님의 은혜의 도우심 없이 율법이 명하는 것을 행하는 자는 형벌이 두려워서 그것을 행하는 것이지 옳은 것에 대한 사랑 때문에 행하는 것이 아니다. 따라서 사람의 의지 속에는 일의 외적인 수행만을 보는 사람에게는 보이고 존재하는 것이 하나님 앞에서는 결여되어 있다." 유대인들이 외적으로 율법을 지키는 것은 바로 그러한 성격을 지니고 있었는데, 이에 대해서 그리스도께서는 마태복음 5:20에서 이렇게 말씀하신다: "너희 의가 서기관과 바리새인보다 더 낫지 못하면 결코 천국에 들어가지 못하리라." 구체적인 예를 든다면, 유대인들은 마음 속에 품은 분노는 죄가 아니고 실제로 살인을 저질러야 죄가 된다고 말했다.

　율법 없는 이방인이 본성으로 율법의 일을 행할 때에는 이 사람은 율법이 없어도 자기가 자기에게 율법이 되나니 이런 이들은 그 양심이 증거가 되어 그 생각들이 서로 혹은 고발하며 혹은 변명하여 그 마음에 새긴 율법의 행위를 나타내느니라(2:14-15). 성 아우구스티누스는 "율법 없는 이방인이 본성으로 율법의 일을 행할 때에는"라는 구절을 두 가지로 설명한다. 그의 두 번째 해설에 따르면, 이 구절은 악한 삶을 영위하고 진정으로 바르게 하나님을 섬기지는 않지만 그럼에도 불구하고 이런저런 선행을 하는 이교도들을 두고 하는 말이라고 한다. 그런 까닭에 그들이 율법이 요구하는 것을 어느 정도 하고 있다거나 적어도 율법에 대해 어느 정도 알고 있다고 말하는 것이 옳다는 것이다. 그러므로 이교도들에 대해서는 오직 제한적으로만 그들이 율법에 담겨 있는 것들을 본성적으로 행한다는 말을 할 수 있다. 이런 의미로 이해한다면, 이 구절의 의미는 분명하고, 성 아우구스티누스의 설명도 타당할 수 있다: 왜냐하면 그렇게 이해한다면 사도는 여기서 이교도들이 유대인들과 마찬가지로 율법을 거의 지키지 않았기 때문에 이교도들을 언급하고 있는 것이 되기 때문이다. 그러므로 아무리 많은 선을 행했다고 할지라도, 유대인이나 이방인이나 둘 다 죄인들이다: 유대인들은 율법을 오직 그 문자를 따라 준수했기 때문에 죄인이고, 이방인들은 오직 부분적으로만 율법을 준수했고, 그 영을 따라서는 전혀 율법을 따르지 않았기 때문에 죄인이다. 바울이 스스로 3:9에서 보여주고 있듯이, 2장 전체가 유대인이든 이방인이든 모든 사람이 죄인이고, 따라서 하나님의 은혜가 필요하다는 점을 지적하는데 그 초점이 모아져 있다는 점에서, 나는 이 해석에 찬성한다.

　그러나 이방인들은 율법의 일이 그들의 마음 속에 새겨져 있다는 것을 어떻게 보여주는가? 첫째로 다른 사람들에 있어서는 율법이 요구하는 것을 행함을 통해서이고, 둘째로, 자기 자신에 있어서는 지금과 심판의 날에 증언을 하는 자기 양심을 통해서이다. 이 증언은 선한 행실들에 대해서는 유리할 것인데, 이는 그런 경우에는 그들의 생각들이 그 선한 행실들을 변명하거나 옹호해주기 때문이다. 악한 행위들을 할 때에 그 증언은 정죄하는 증언이 되는데, 이는 그때에는 그들의 생각들이 그 악한 행위들을 고소하고, 그들의 양심이 그들을 심하게 괴롭히기 때문이다. 이 모든 것은 그들이 본성적으로 율법을 알고 있다는 것을, 또는 그들이 선과 악을 분간할 수 있다는 것을 입증해준다.

양심이 완전히 잘못되었거나 완전히 방치되어 무디어지지 않았다면, 악한 일을 행할 때 사람의 양심은 신음하고 아우성을 친다. 그러나 키케로가 "사람이 잘 산 인생으로부터 받는 만족은 기쁨으로 가득 찬 기억들을 수반한다"고 얘기한 대로(*Cato Maior*, 3, 9), 선한 일을 행하면 평강이 찾아온다. 따라서 이렇게 그들의 생각들은 이방인들이 자기들이 무엇을 해야 하고 하지 말아야 할지를, 달리 말하면, 하나님의 율법을 어떻게 지켜야 하는지를 알고 있음을 보여준다.

곧 나의 복음에 이른 바와 같이 하나님이 예수 그리스도로 말미암아 사람들의 은밀한 것을 심판하시는 그 날이라(2:16). 사람은 마지막 날에 자기를 유죄라고 고소하거나 자기가 행한 선을 따라 자기를 변호해주는 자신의 생각들에 따라 심판을 받게 될 것이다. 왜냐하면 그때에 말이나 행위는 속일 수 있지만, 자기 자신의 가장 내밀한 생각들은 지금에 있어서 자기 속에서 자기가 어떤 존재이며 무엇을 행해 왔는지를 말해주면서 증언하듯이 그때에도 자기에 대하여 증언할 것이기 때문이다.

하나님이 그 은혜를 통해 우리 속에서 효력을 발휘하지 않는다면, 우리의 행위들은 하나님 앞에서 헛되기 때문에, 우리 자신의 죄악 된 양심으로부터는 분명히 오직 고소하는 생각들만이 나올 수 있다. 물론 우리가 우리자신을 변명하기는 쉬울 수 있다. 그러나 그렇다고 해서 그것이 우리가 하나님을 만족시켰다거나 하나님의 율법을 다 지켰다는 것을 의미하지는 않는다. 그러면 대체 누구로부터 우리는 진정으로 우리를 변명해주는 생각들을 얻을 수 있단 말인가? 이는 오직 그리스도로부터, 그리고 그리스도 안에서만 가능하다. 왜냐하면 그리스도를 믿는 자의 양심이 그를 행악자로 고소하고 정죄한다면, 그는 재빨리 자기 자신으로부터 몸을 돌려서 그리스도를 향하여 이렇게 말하면 되기 때문이다: "그가 내 죄를 구속하셨다. 그는 의로우시고, 나를 위해 죽으셔서 나를 의롭게 만드신 분이다. 그는 그의 의를 내 것으로, 내 죄들을 그의 것으로 삼으셨다. 그가 내 죄들을 그의 것으로 삼으셨을진대, 난 더 이상 그 죄들을 갖고 있지 않고 그 죄들로부터 자유롭다. 그가 그의 의를 나의 것으로 삼으셨을진대, 그의 의로 인하여 나는 의롭다. 그는 하나님이시고 영원히 복된 분이시기 때문이다."

이렇게 "하나님은 우리 마음보다 크시"다(요일 3:20). 나를 변호하시는 하나님은 나를 고소하는 양심보다 훨씬 더 크시다. 아니 무한히 크시다. 하나님은 나의 변호자시고, 나의 마음은 나의 고소자이다. 아, 얼마나 복된 관계인가! "누가 능히 하나님의 택하신 자들을 송사하리요"(롬 8:33ff.). 아무도 할 수 없다! 왜? "의롭다 하신 이는 하나님이시니 누가 정죄하리요." 아무도 할 수 없다! 왜? "죽으실 뿐 아니라 다시 살아나신 이는 그리스도 예수시니 그는 하나님 우편에 계신 자요 우리를 위하여 간구하시는 자시니라." 요컨대, "만일 하나님이 우리를 위하시면 누가 우리를 대적하리요."

유대인들에 대한 하나님의 심판

유대인이라 불리는 네가 율법을 의지하며 하나님을 자랑하며 율법의 교훈을 받아 하나님의 뜻을 알고 지극히 선한 것을 분간하며 맹인의 길을 인도하는 자요 어둠에 있는 자의 빛이요 율법에 있는 지식과 진리의 모본을 가진 자로서 어리석은 자의 교사요 어린 아이의 선생이라고 스스로 믿으니 그러면 다른 사람을 가르치는 네가 네 자신은 가르치지 아니하느냐 도둑질하지 말라 선포하는 네가 도둑질하느냐 간음하지 말라 말하는 네가 간음하느냐 우상을 가증히 여기는 네가 신전 물건을 도둑질하느냐 율법을 자랑하는 네가 율법을 범함으로 하나님을 욕되게 하느냐 기록된 바와 같이 하나님의 이름이 너희 때문에 이방인 중에서 모독을 받는도다 네가 율법을 행하면 할례가 유익하나 만일 율법을 범하면 네 할례는 무할례가 되느니라 그런즉 무할례자가 율법의 규례를 지키면 그 무할례를 할례와 같이 여길 것이 아니냐 또한 본래 무할례자가 율법을 온전히 지키면 율법 조문과 할례를 가지고 율법을 범하는 너를 정죄하지 아니하겠느냐 무릇 표면적 유대인이 유대인이 아니요 표면적 육신의 할례가 할례가 아니니라 오직 이면적 유대인이 유대인이며 할례는 마음에 할지니 영에 있고 율법 조문에 있지 아니한 것이라 그 칭찬이 사람에게서가 아니요 다만 하나님에게서니라(2:17-29)

모든 이방인들이 죄인임을 보여준 후에, 사도는 이제 특별하고 아주 강조적인 방식으로 유대인들도 특히 율법을 겉으로만, 영을 따라서가 아니라 문자를 따라서만 지키기 때문에 죄 가운데 살아간다는 것을 보여준다.

그러면 다른 사람을 가르치는 네가 네 자신은 가르치지 아니하느냐(2:21). 그러나 스스로 가르침 받기를 거절해서 율법을 바르게 지키는 법에 대해서 아무것도 모른다면, 유대인이라 해도 어떻게 율법을 가르칠 수 있겠는가? 이러한 책망을 통해서 사도는 문자를 따라 남들을 가르치는 자들이 알고자 하지 않는 율법에 대한 영적인 지식과 이해를 자기가 얘기하고 있음을 분명히 보여준다. 그들은 율법이 명하고 있는 행위들을 자원하는 마음과 성심을 다해서 행해야 한다는 것을 자기 자신이나 남들에게 가르치지 않는다. 그래서 사도는 이렇게 계속해서 말한다:

도둑질하지 말라 선포하는 네가 도둑질하느냐 간음하지 말라 말하는 네가 간음하느냐(2:22). 여기서 사도는 유대인들이 그 의지(생각)에 있어서 또는 은밀하게 도둑질한다고, 즉 가능만 하다면 도둑질하고자 한다고 밝히 말한다. 그런데 그러한 악한 의지를 하나님께서는 이미 행해진 행위로 보신다. 또한 이런 식으로 유대인들은 마음으로 하나님 앞에서 그 마음의 죄악 된 정욕을 통해서 간음을 범한다. "네가 도둑질하느냐?"라는 말은 무력이나 공개적인 강도질을 통해서가 아니라 자기들을 고분고분 듣지 않는 사람들을 냉대하고 위협하거나 그 사람들이 어려움에 처해 있을 때에 그들을 돕지 않음으로써 자신의 신민들의 재산을 빼앗는 이 세상의 위정자들과 독재자들에게도 적용된다. 그들은 "우리가 그들에게 압력을 가한 것이 아니라, 그들이 자발적인 의지로 이 물건들을 우리에게 주었다"고 말한다. 분명히 그들은 직접적으로 사람들을 강제하지는 않았지만, 그들에 대한 보호를 거두어감으로써 사람들을 강제하였다. 사람의 마음이 이토록 악하다!

율법을 자랑하는 네가 율법을 범함으로 하나님을 욕되게 하느냐(2:23). 사도는 이 구절을 "겉으로만 유대인인 사람은 유대인이 아니다"라는 의미로 해석하기를 바라고 있음이 분명하다. 사도는 유대인들이 율법을 겉으로만 지킬 뿐 내면으로 자발적으로 지키지는 않는다고 공공연하게 인정한다. 구주께서 마태복음 5:28에서 "음욕을 품고 여자를 보는 자마다 마음에 이미 간음하였느니라"고 말씀하고 있듯이, 사도는 이 고소를 이렇게 이해한다: 너희는 너희가 판단하는 자들이 범하는 것과 동일한 잘못을 행하고 있다: 왜냐하면 너희는 사람들 앞에서 공개적으로는 아니지만 적어도 하나님 앞에서 마음 속으로는 악을 행하기 때문이다. 따라서 사도가 여기서 "도둑질하느냐," "간음하느냐" 등등과 같은 말을 통해서 표현하고자 하는 것은 마음의 내적인 죄악 된 정욕들임이 분명하다. 누가 그러한 죄들을 범하려는 마음을 가지고 있다면, 하나님 보시기에 그는 이미 온전한 의미에 있어서 범법자이다. 그런데도 그러한 범법자들은 이러한 말들을 믿지도 않고, 자기들이 그런 범죄자들인 것을 인정하지도 않는다. 이런 까닭에 사도는 자기가 율법을 영적으로 지키는 것을 얘기하고 있다는 것을 분명히 하기 위하여 계속해서 이렇게 말한다.

네가 율법을 행하면 할례가 유익하나(2:25). 자기들은 율법을 지키고 있다는 유대인들의 반론에 대하여 사도는 이렇게 대답한다: 물론 너희는 지키고 있다, 하지만 오직 겉으로만. 너희는 육체에 할례를 행했을 뿐 영적으로 할례 받은 것은 아니다. 사도는 이렇게 설명한다: "표면적 육신의 할례가 할례가 아니니라." 이 말을 통해 사도는 단지 문자를 따른 모든 의는 불충분한 것으로 기각하고 있는데, 이는 또한 그가 유대인들을 그들의 악한 마음으로 범한 내면적 죄들 때문에 고소하였음을 입증해 준다.

그러나 다음과 같이 말하는 사람이 있을 수 있다: "사도가 요구하는 영에 받는 할례는 오직 은혜에 의해서만 이루어질 수 있다. 왜냐하면 위에서 밝혀졌듯이 사람의 본성은 온갖 악에 이끌리고, 선을 행할 수 없으며, 선하라고 강제하고 악한 것을 억제하는 율법에 대한 미움으로 가득 차 있어서 율법을 사랑할 수 없기 때문이다. 따라서 사람은 율법에 저항하는 자신의 악한 정욕에 끊임없이 포로로 남아 있게 된다. 겉으로는 형벌이 두려워서 또는 세속적인 이득을 위하여 아주 잘 율법을 지키는 것처럼 보인다고 해도, 사람은 늘 악한 욕망들에 푹 잠겨있다. 사람은 하나님으로부터 도움을 받기 전까지는 계속해서 이러한 악한 상태에 있게 된다."

이에 대하여 나는 이렇게 대답한다: 교만한 자들을 낮추시고, 그들로 하여금 자신의 악한 상태를 온전히 알게 하고, 그들에게 하나님의 은혜가 필요하다는 것을 가르치고, 그들 자신의 의를 멸함으로써 깊은 겸비 속에서 그리스도를 찾아 자신의 죄를 고백하고 은혜를 받아들여 구원 받는 것이 바로 사도와 주님의 목적이다.

그런즉 무할례자가 율법의 규례를 지키면 그 무할례를 할례와 같이 여길 것이 아니냐(2:26). 여기서 사도는 그리스도를 믿는 이방인들을 거론하면서, 그들을 자신의 의를 자랑하는 유대인들과 대비시킨다. 그리스도에 대한 믿음이 없다면, 이방인들은 율법을 바르게 지키지 못하게 될 것이다. 내면적 유대인(29절), 즉 그리스도를 믿는 유대인만이 진정한 유대인이다.

무릇 표면적 유대인이 유대인이 아니요 표면적 육신의 할례가 할례가 아니라 오직 이면적 유대인이 유대인이며 할례는 마음에 할지니 영에 있고 율법 조문에 있지 아니한 것이라 그 칭찬이 사람에게서가 아니요 다만 하나님에게서니라(2:28, 29). 이러한 말로써 사도는 유대인들이 죄인이라는 고소를 단단히 마무리한다. 사실 이 말을 통해서 사도는 위에서 그가 말해 왔던 모든 것에 대한 동기를 제시한다. 아울러 사도는 유대인들의 반론에 직면한다: "우리는 율법을 지킨다. 왜냐하면 우리는 할례를 받은 유대인이기 때문이다." 이에 대하여 사도는 "그것은 결코 율법을 지키고 있는 것이 아니다. 왜냐하면 율법은 영적인 것이기 때문이다"라고 대답한다. 유대인들은 단지 겉으로만 문자를 따라 율법을 지켰다. 성 아우구스티누스는 이렇게 말한다: "바울에 따르면, 마음의 할례는 사람의 깨끗해진 의지, 즉 모든 불법적인 욕망들로부터 깨끗해진 의지이다. 이것은 고압적으로 요구하고 위협하는 문자에 의해서가 아니라 도움을 주고 치유하는 성령에 의해서 이루어진다. 이런 까닭에 사람들이 칭찬받는 바 그 칭찬은 사람에게 속한 것이 아니라 은혜로써 그 칭찬을 허락하신 하나님에게 속한 것이다. 따라서 시편 기자는 '내 영혼이 여호와로 자랑하리니'(시 34:2)라고 말한다."

사도는 여기에서 우리 주님께서 마태복음 23:5에서 행위에 의한 의에 관하여 말씀하신 것을 가르친다: "그들의 모든 행위를 사람에게 보이고자 하나니." 하지만 외면적인 의에 대한 칭찬은 사람들로부터 올 뿐이고 하나님으로부터는 책망을 받는다. 그렇지만 내면적인(영적인) 의에 대한 칭찬은 하나님으로부터 오고, 사람들로부터는 거부당하고 핍박을 받는다. 그리스도에 대한 믿음에 의해 이루어지는 영적인 의는 물론 사람들에게 어리석어 보이고 불합리해 보인다. 그러나 육신의 외면적인 의는 하나님께서 우둔한 것으로 여기시고, 또한 이중적인 불의, 즉 그 자체로의 불의와 공로를 알아주도록 요구한다는 점에서의 불의로 여기신다.

로마서 3장

3장의 내용 : 사도는 유대인들이 이방인들에 비해 이점을 갖고 있지만 유대인이나 이방인이나 모두 그리스도의 은혜가 필요하다는 것을 보여준다.

율법은 사람을 구원하지는 못하고
단지 사람이 하나님 앞에서 유죄라는 것만을 선언할 뿐이다

그런즉 유대인의 나음이 무엇이며 할례의 유익이 무엇이냐 범사에 많으니 우선은 그들이 하나님의 말씀을 맡았음이니라 어떤 자들이 믿지 아니하였으면 어찌하리요 그 믿지 아니함이 하나님의 미쁘심을 폐하겠느냐 그럴 수 없느니라 사람은 다 거짓되되 오직 하나님은 참되시다 할지어다 기록된 바 주께서 주의 말씀에 의롭다 함을 얻으시고 판단 받으실 때에 이기려 하심이라 함과 같으니라 그러나 우리 불의가 하나님의 의를 드러나게 하면 무슨 말 하리요 (내가 사람의 말하는 대로 말하노니) 진노를 내리시는 하나님이 불의하시냐 결코 그렇지 아니하니라 만일 그러하면 하나님께서 어찌 세상을 심판하시리요 그러나 나의 거짓말로 하나님의 참되심이 더 풍성하여 그의 영광이 되었다면 어찌 내가 죄인처럼 심판을 받으리요 또는 그러면 선을 이루기 위하여 악을 행하자 하지 않겠느냐 어떤 이들이 이렇게 비방하여 우리가 이런 말을 한다고 하니 그들은 정죄 받는 것이 마땅하니라 그러면 어떠하냐 우리는 나으냐 결코 아니라 유대인이나 헬라인이나 다 죄 아래에 있다고 우리가 이미 선언하였느니라 기록된 바 의인은 없나니 하나도 없으며 깨닫는 자도 없고 하나님을 찾는 자도 없고 다 치우쳐 함께 무익하게 되고 선을 행하는 자는 없나니 하나도 없도다 그들의 목구멍은 열린 무덤이요 그 혀로는 속임을 일삼으며 그 입술에는 독사의 독이 있고 그 입에는 저주와 악독이 가득하고 그 발은 피 흘리는데 빠른지라 파멸과 고생이 그 길에 있어 평강의 길을 알지 못하였고 그들의 눈 앞에 하나님을 두려워함이 없느니라 함과 같으니라 우리가 알거니와 무릇 율법이 말하는 바는 율법 아래에 있는 자들에게 말하는 것이니 이는 모든 입을 막고 온 세상으로 하나님의 심판 아래에 있게 하려 함이라 그러므로 율법의 행위로 그의 앞에 의롭다 하심을 얻을 육체가 없나니 율법으로는 죄를 깨달음이니라(3:1-20).

　그런즉 유대인의 나음이 무엇이며 할례의 유익이 무엇이냐 범사에 많으니 우선은 그들이 하나님의 말씀을 맡았음이니라 어떤 자들이 믿지 아니하였으면 어찌하리요 그 믿지 아니함이 하나님의 미쁘심을 폐하겠느냐 그럴 수 없느니라 사람은 다 거짓되되 오직 하나님은 참되시다 할지어다 기록된 바 주께서 주의 말씀에 의롭다 함을 얻으시고 판단 받으실 때에 이기려 하심이라 함과 같으니라(3:1-4). 지금까지 육신을 따라 유대인들인 자들과 외면적으로 육신에 행한 할례를 정죄해 왔기 때문에(2:28), 마치 사도가 할례를 전혀 쓸모없는 것으로, 유대인들에게 할례를 행하라는 하나님의 명령을 무의미한 것으로 여긴 것처럼 보였을지 모른다. 그러나 결코 그렇지 않다. 따라서 사도는 이 장에서 할례와 유대인은 전반적으로 어떤 목적에 기여하는가를 보여준다.

　이방인들에 대한 유대인들의 이점은 무엇보다도 "그들이 하나님의 말씀을 맡았"다는 데 있다. 이는 유대인들이 할례와 결부된 하나님의 약속을 믿었고, 그 성취를 기다렸기 때문에 할례가 유대인들에게 가치가 있었다는 말이 된다. 이방인들에게는 하나님이 그러한 복음의 약속을 주지 않았고, 때가 차서 하나님이 은혜로써 이방인들을 유대인들과 동일한 위치에 두기를 기뻐하신 것은 순전히 하나님 편에서의 긍휼이었다. 그러나 유대인들에게는 하나님이 스스로를 나타내신 것은 단순히 긍휼 때문이 아니라 약속에 대한 신실하심 때문이었다. 왜냐하면 하나님은 그리스도 안에서 유대인들에게 약속하셨던 긍휼들을 그들에게 실제로 이루어주셨기 때문이다. 이런 까닭에 로마서 15:8, 9에서처럼 성경에서는 진실하심(신실하심)과 긍휼하심은 흔히 나란히 등장한다: "내가 말하노니 그리스도께서 하나님의 **진실하심**을 위하여 할례의 수종자가 되셨으니 이는 조상들에게 주신 약속들을 견고케 하시고 이방인으로 그 **긍휼하심**을 인하여 하나님께 영광을 돌리게 하려 하심이라."

어떤 자들이 믿지 아니하였으면 어찌하리요(3:3). 하나님은 유대인들이 원하든 원치 않든 약속된 유업을 얻어야 하는 그런 식으로 약속을 주시지도 않았고, 유대인들은 하나님의 약속을 그런 식으로 믿지도 않았다. 어떤 이들은 그 약속을 믿지 않았고, 따라서 그 약속을 받지도 않았다. 잘못은 오직 그 약속의 성취를 얻고자 하지 않았던 자들에게 있었다. 그러나 일부 유대인들의 그러한 잘못이 하나님의 진실하심을 방해하지는 못했다. 하나님이 약속을 할례 받은 자들에게 주셨더라도, 할례 받은 자들의 자손들이 그 약속을 받고자 하지 않았다면, 아무도 하나님을 신실치 못하다고 탓할 수 없다. 하나님은 거짓말 하실 수 없는 분이기 때문에, 유대인들 모두가 아니라 일부, 즉 택함 받은 자들만이 약속을 받는 방식으로 유대인들에 대한 약속을 하나님은 성취하셨다. 따라서 하나님은 자신의 말씀들이나 약속들에서 의롭다 하심을 받는다.

"하나님이 의롭다 하심을 받다"와 "하나님이 자신의 말씀들이나 행위들에 있어서 의롭다 하심을 받다"라는 이 두 가지 표현은 서로 차이가 있다: 왜냐하면 하나님은 사실 의(義)요 영원한 율법이요, 심판이요, 진리이시므로 사람에 의해서 의롭다 하심을 받을 수 없는 분이기 때문이다. 그러나 우리가 하나님의 말씀을 의롭고 진실하다고 인정하고 받아들이게 되면, 하나님은 그의 말씀들에 있어서 의롭다 하심을 받는 것이 된다. 이런 일은 우리가 하나님의 말씀인 복음을 믿을 때 일어난다. 역으로 사람들이 하나님의 말씀을 거짓되고 오류인 것으로 여기게 되면, 하나님은 자신의 말씀들에 있어서 판단을 받는 것이 된다. 따라서 하나님은 자신의 말씀들에 있어서 대적들에 의해서까지 의롭다 하심을 받는다. 왜냐하면 하나님의 말씀은 모든 것에 맞서 이기기 때문이다. 어떤 이들에게는 그리스도가 흥함을 위해 세워졌고, 어떤 이들, 즉 그를 비방 받는 표적으로 삼는 이들에게는 그리스도가 망함을 위해 세워졌다(눅 2:34). 그러한 사람들은 사실 그를 판단하지만, 그들의 판단은 헛되다. 마가복음 16:16에 의하면, 하나님이 자신의 말씀에 있어서 판단 받으신다면, 의롭다 하심을 받는 자는 바로 우리 믿는 자들이고, 하나님이 판단 받고 정죄 당하신다면, 판단 받고 정죄 받는 이는 바로 믿지 않는 그들이다: "믿지 않는 사람은 정죄를 받으리라."

이와 관련하여 "하나님의 미쁘심"(3절)이라는 표현을 신실하심 또는 믿을 만하심이라는 의미로 해석해야 한다는 것은 바울의 논증을 보면 분명하다: 하나님은 신실하시기 때문에, 불신앙이 하나님의 믿을 만하심을 무효로 만들 수 없다. 약속들을 주시고, 모든 사람들에게가 아니라 적어도 약속의 자손들에게 그 약속들을 이루신 하나님은 거짓말쟁이가 아니다. 그러나 하나님의 복음 약속을 믿지 않는 자들은 모두 거짓말쟁이이다.

그러나 우리 불의가 하나님의 의를 드러나게 하면 무슨 말 하리요 (내가 사람의 말하는 대로 말하노니) 진노를 내리시는 하나님이 불의하시냐 결코 그렇지 아니하니라 만일 그러하면 하나님께서 어찌 세상을 심판하시리요 그러나 나의 거짓말로 하나님의 참되심이 더 풍성하여 그의 영광이 되었다면 어찌 내가 죄인처럼 심판을 받으리요 또는 그러면 선을 이루기 위하여 악을 행하자 하지 않겠느냐 (어떤 이들이 이렇게 비방하여 우리가 이런 말을 한다고 하니) 그들은 정죄 받는 것이 마땅하니라(3:5-8). 여기서 사도는 잠시 주제에서 벗어났다가 9절에 가서 "그러면 어떠하냐 우리는 나으냐"라고 질문하는 것으로 그 주제를 재개한다. 하나님의 의는 우리의 불의를 벌하심으로써 그 진가가 발휘되는데, 이는 오직 그때에야 하나님의 의는 불의에 대한 징벌을 통해 분명히 드러나기 때문이라고 말하는 사람들이 있다. 이 말은 옳지만, 사도가 여기에서 다루는 주제와는 아무 상관이 없다. 왜냐하면 사도는 하나님은 스스로 의로우신 분이라는 의미에서 하나님의 의, 즉 하나님의 본질적인 의 또는 의로우심을 말하고 있기 때문이다. 오히려 사도는 하나님의 의가 우리의 불의를 통해 더 분명하게 드러난다는 주장을 부정한다. 하나님의 의를 드러내는 것은 하나님이 항상 미워하시고 하나님의 위엄에 상반되는 우리의 불의 자체가 아니라 우리의 불의에 대한 인정과 고백이다. 왜냐하면 이러한 인정과 고백을 통해서 하나님의 의가 얼마나 꼭 필요하고 유익한가가 분명해지기 때문이다. 하나님의 의는 우리를 낮추시고, 그분의 발 앞에 우리를 던져 놓고, 우리로 하여금 그분의 의를 열망하게 만든다. 우리가 그리스도에 대한 믿음을 통해서 하나님의 의를 받자마자, 우리는 하나님을 너그러우신 수여자로 영광을 돌리며, 하나님을 찬양하고 사랑하게 된다.

우리의 의는 하나님의 의를 세 가지 방식으로 드러낸다고 말할 수 있다. 첫 번째로 하나님이 불의한 자들을 벌하실 때, 이렇게 하심으로써 하나님의 의로우심이 드러나는데, 하나님의 의는 우리의 불의를 벌하심으로써 명백해진다. 두 번째는 대비에 의한 것인데, 하나님의 의가 더 크게 드러나면 날수록, 우리의 불의는 더욱더 악함이 드러난다. 마지막으로 하나님의 의는 하나님이 우리 안에서 행하시는 역사(役事)를 통해 드러난다. 이는 우리가 우리 자신의 공로로는 의롭다 하심을 받을 수 없기 때문에 우리를 의롭게 하실 수 있는 하나님께 호소하여야 한다는 것을 의미한다. 우리에게는 우리의 죄를 처리할 힘, 곧 우리 자신을 우리의 죄들로부터 깨끗케 할 힘이 없다고 고백하면, 하나님은 하나님의 말씀(복음 약속)에 대한 믿음을 통해서 우리를 의롭다 하신다. 그러한 믿음을 통해서 하나님은 우리를 의롭다 하신다. 즉 하나님은 그리스도를 인하여 우리를 의롭다고 선언하신다. 이것이 믿음에 의한 의이고, 하나님이 우리 안에서 이루시는 진정한 하나님의 의이다.

그럼에도 불구하고 사도는 우리의 의가 하나님의 의를 드러낸다고 말하지 않는다. 반대로 사도는 이를 부인하지만, 그러한 결론을 도출해낼 수 있다고 생각한 사람들이 던지는 반문(3:5)을 인용하고 나서, 이런 자들에 대하여 "저희가 정죄 받는 것이 옳으니라"(3:8)고 말한다. 이 구절은 사도가 이 장에서 자기들의 죄를 자랑하는 그런 자들이 아니라 스스로를 의롭다고 생각하고 자신의 행위에 의지해서 구원을 얻고자 하는 그런 자들과 맞서고 있음을 분명하게 보여준다. 사도는 이런 자들을 권유하여 하나님의 은혜를 찬양하고 영광을 돌리도록 하고자 애쓴다. 하지만 하나님의 은혜는 먼저 사함 받을 죄가 얼마나 엄청난 것인가를 깨닫고 인정한 후에야 비로소 크게 보이는 법이다.

유대인이나 헬라인이나 다 죄 아래에 있다(3:9). 이미 살펴본 대로, 유대인들은 이방인들에 비하여 이점을 갖고 있긴 하지만, 하나님 앞에서 그 형편이 결코 더 낫지 않고, 죄 아래 있기는 이방인들과 마찬가지다. 반면에 이방인들은 "본성으로 율법의 일을 행"한다는 사도의 말에도 불구하고 단지 부분적이고 율법적인(외면적인) 의만을 지니고 있을 뿐이고, 오직 그리스도에 대한 믿음을 통해서만 얻어질 수 있는 완전하고, 영원하며, 전적으로 하나님께 속한 참된 의를 지니고 있지는 않다.

"다 죄 아래에 있다"라는 표현은 영적인 의미로 해석되어야 한다. 이는 사람들, 곧 자기 자신이나 남들의 눈에 보이는 대로가 아니라 사람들이 하나님 앞에 섰을 때의 의미로 해석되어야 함을 말하는 것이다. 사람들이 보기에 명백한 범죄자들인 사람들이나 자기 자신이나 남들이 보기에 의로워 보이는 사람들이나 모두 다 죄 아래 있다. 겉으로 선한 행위들을 하는 사람들은 형벌이 두려워서 또는 이득과 영광을 구하여서, 아니면 어떤 것에 대한 쾌락 때문에 하는 것이지 자발적이고 자원하는 마음에서 하는 것이 아니다. 이런 식으로 사람은 끊임없이 외면적으로 선한 행위들을 수행하지만, 내면적으로는 선한 행위들과 상반되는 죄악 욕망들과 악한 정욕들에 완전히 젖어 있다. 그러한 외면적인 선한 행위들은 이중으로 악하다: 첫째는 그 행위들이 선한 의지로부터 흘러나오지 않아서 그 자체로 악하고, 둘째로 엄청난 오만으로 그 행위들이 선한 것으로 주장되고 옹호되기 때문에 악하다. 사람들의 의지가 하나님이 예전에 약속하셨고 이제 그리스도를 믿는 자들에게 나눠주시는 하나님의 은혜에 의해 거룩해지지 않은 상태에서 자발적이고 기쁜 마음으로 하나님의 뜻을 행함으로써 하나님을 기쁘시게 해드리겠다는 일념으로 율법이 요구하는 행위들을, 형벌에 대한 두려움과 그 행위에 대한 이기적인 애착에서 완전히 해방되어 행하지 않는다면,

사람들은 항상 죄 아래 있다.

의인은 없나니 하나도 없으며(3:10). 사도가 여기에서 말하는 타락상은 정말 너무도 깊어서 영적인 신자들조차도 잘 이해하지 못할 정도이다. 이런 까닭에 진정으로 의로운 자들은 자신의 의지가 악하다는 것을 알기 때문만이 아니라 자신의 타락의 말로 다 할 수 없을 정도의 깊이를 결코 온전히 다 알 수 없다는 것을 알기 때문에 사력을 다해 기도하고 하나님의 은혜를 간구한다. 그래서 그들은 스스로를 낮추고 자기를 완전히 거룩하게 해달라고(하지만, 이런 일은 죽어서나 가능하다) 하나님께 열렬히 구한다. 이렇게 우리는 다 "많은 것들에서" 죄를 범한다(약 3:2); 그리고 "만일 우리가 죄가 없다고 말하면 스스로 속이고 또 진리가 우리 속에 있지 아니할 것이요"(요일 1:8). 사람이 선을 행하고 악을 피한다고 스스로 생각한다고 할지라도, 오직 하나님만이 그것을 결정적으로 아실 수 있는데, 그 행한 일이 과연 선한지 어떤지를 사람이 어찌 알 수 있겠는가? 사실 선을 행하고 악을 행하지 않는 의지를 갖고 있다고 생각하는 것 자체가 사람의 아주 위험스러운 오만이다. 사람은 본성적으로 자기에게 이득이 있는 것만을 이기적으로 구한다. 사람은 자기 자신만을 사랑할 수 있을 뿐이다; 그리고 그것이 모든 범죄의 골자요 실체다. 이렇게 자기만족적인 사람들은 경건과 미덕을 좇을 때조차도 스스로를 기쁘게 하고 남들로부터 칭찬을 받기만을 구할 뿐이다.

깨닫는 자도 없고(3:11). 하나님의 지혜(복음)는 감춰져 있어서, 세상이 알지 못한다. 그래서 사람들은 그리스도를 오직 하나님의 계시를 통해서만 알 수 있다. 그러므로 오직 세상 일들에 지혜로운 자들 — 믿지 않는 모든 자들 및 하나님과 영생에 관하여 거의 아는 게 없는 자들 — 은 스스로 지혜 있다고 생각할지라도 통찰력과 이해력이 없고 어리석으며 눈이 먼 자들이다. 하지만 이러한 사실을 통해서 그들은 스스로가 바보들임을 입증한다. 그들이 갖고 있는 것은 감춰진 하나님의 지혜(고전 2:7)가 아니라 인간적인 수단을 통해서 얻어질 수 있는 지혜이다.

하나님을 찾는 자도 없고(3:11). 이 말은 하나님을 전혀 아랑곳하지 않는 자들이나 하나님을 구하는 자들, 아니 스스로 하나님을 구한다고 생각하는 자들, 두 부류 모두에게 해당된다. 그들은 인간의 지혜나 탐구를 통해서가 아니라 믿음과 겸손을 통해서 찾아지고 발견되고자 하시는 그런 하나님을 구하는 것이 아니다. 사도는 먼저 깨닫는 자가 하나도 없다고 말한 후에, 하나님을 찾는 자도 하나도 없다고 말한다. 왜냐하면 깨닫는 것이 의지를 발휘하여 행하는 것보다 선행하기 때문이다. 사람이 하나님을 진심으로 찾으면, 헌신과 순종이 뒤따르게 되는데, 이 모든 것에 선행하는 것이 바로 하나님에 대한 바른 깨달음이다. 행함이 없는 믿음은 죽은 것이어서 약동도 하지 않고 의로움을 가져다주지도 않는 것처럼, 깨달았다고 하면서도 하나님을 찾지 않는다면, 그 깨달음은 죽은 것이다.

사도가 여기서 말하는 깨달음은 다름 아닌 믿음 자체 또는 눈으로 볼 수 없고 믿어야만 하는 것들에 대한 영적인 이해이다. 그것은 "나로 말미암지 않고는 아버지께로 올 자가 없느니라"는 요한복음 14:6 말씀처럼 사람이 스스로 알 수 없는 것에 대한 깨달음이다. 이러한 깨달음을 갖고 있었던 베드로에 대해서 그리스도는 마태복음 16:17에서 "이를 네게 알게 한 이는 혈육이 아니요 하늘에 계신 내 아버지시니라"고 말씀하셨다. 내면으로 하나님을 원하고 찾는다는 것은 하나님을 진정으로 사랑한다는 것이고, 따라서 이것이 신자들을, 이 영적인 깨달음이 그들에게 알게 해준 것들을 열망하고 사랑하게 만든다. 현세에서 사람들은 그러한 완전에 도달하지 못하기 때문에 하나님을 온전히 알지는 못하지만, 끊임없이 하나님을 찾아야 한다: 시편 기자가 시편 105:4에서 "여호와 … 을 구할지어다 그의 얼굴을 항상 구할지어다"라고 말하고 있듯이, 우리는 하나님을 항상 찾아야 한다. 하나님을 찾는 일에 진보를 보이지 않는 사람들은 퇴보할 수밖에 없다. 사실 찾지 않는 자들은 이미 그들이 얻었던 것까지 잃을 것이다. 하나님을 찾는 데 있어서 결코 정체(停滯)가 있어서는 안 된다.

다 치우쳐 함께 무익하게 되고(3:12). 여기서 "다"는 아직 믿음을 통해서 하나님의 자녀가 되지 않은 자들, 또는 아직 "물과 성령으로"(요 3:5) 거듭나지 않은 자들을 가리킨다. 이런 자들 가운데 일부는 길을 벗어나 좌편으로 치우치는 자들인데, 즉 재물과 존귀, 쾌락, 그리고 이 세상의 영광을 섬기는 자들이다. 또 일부는 길을 벗어나 우편으로 치우치는 자들인데, 즉 자기 자신의 의, 미덕, 지혜를 꼭 붙잡고 있는 자들이다. 이 두 부류는 어느 쪽도 하나님의 의에 아랑곳하지도 않고, 하나님께 순종하지도 않으며, 오직 영적인 가면과 겸손의 겉모습을 하고 하나님의 진리에 맞서 싸울 뿐이다.

"함께"라는 말은 다 무익하게 되었다는 것, 즉 유익이 되지 못하는 것들을 헛되이 쫓아 다녔다는 의미로 해석해야 한다. 무익한 것들을 찾는 자들은 헛된 것들과 연루됨으로써 스스로 무익하고 헛되게 된다. 그들이 하나님께도 사람에게도 도움이 되지 못한다는 관점에서도 그들은 무익하다고 할 수 있다: 그러나 사도는 여기서 그들이 하나님의 진리와 의로부터 떨어져 나와서 자신의 악한 길을 가고 있다는 것을 지적하고자 한다는 점에서, 첫 번째 해석이 더 낫다. 그러므로 이 대목이 절정을 이룬다: 의인은 없나니 하나도 없으며: 깨닫는 자도 없고; 하나님을 찾는 자도 없고; 선을 행하는 자는 없나니 하나도 없도다. 그러한 범죄자들은 겉으로는 선을 행한다고 할지라도, 진심으로 행하는 것이 아니다. 왜냐하면 그들이 선을 행하는 것은 하나님을 구하는 것이 아니라 그들 자신의 영광, 이득, 또는 적어도 징벌로부터의 자유를 구하는 것이기 때문이다. 반면에 참된 믿음 속에서 하나님을 찾는 자들은 오로지 하나님을 위하여 감사하고 기뻐하는 마음으로 선을 행하지, 이 땅에서의 어떤 영적이거나 현세적인 복리를 얻기 위해서 선을 행하는 것이 아니다.

그들의 목구멍은 열린 무덤이요(3:13). 다음 세 절을 통해서 사도는 그러한 불의한 자들이 다른 사람들을 상대로 어떻게 범죄하는가를 보여준다. 그들 자신이 하나님에게서 떠났듯이, 그들은 다른 사람들을 자기에게로 이끌어서 하나님에게서 떠나도록 만들고자 한다. 무덤이 죽은 자를 삼키듯이, 그들의 목구멍 또는 가르침은 이미 그렇게 철저하게 죽어 있어서 하나님의 특별한 권능에 의한 개입 없이는 저주받는 것에서 돌이킬 수 있는 소망이 전혀 없는 자들을 삼킨다. 그들의 목구멍은 "그들의 말은 악성 종

양이 퍼져나감과 같은데"라는 디모데후서 2:17의 말씀과 같이 많은 사람들을 삼키고 잘못 이끌기 때문에 "열린" 무덤이다. 그러한 악한 속이는 자들은 의로운 사람들도 삼킨다. 그러나 의로운 자들의 믿음을 타락시킬 수는 없기 때문에, 그들은 핍박을 통해서 의인들의 육신을 멸한다. 그러므로 그들의 목구멍은 정말 열린 무덤이다. 그들은 속이는 거짓된 가르침을 베풀어서 아주 많은 사람들을 삼킨다. 그리고 그들은 그 거짓된 가르침이 거룩하고 구원으로 충만하고 하나님으로부터 온 것처럼 보이게 선포한다. 그들은 스스로 속아서 자기들이 하나님의 음성, 곧 하나님의 입에서 나오는 가르침을 듣고 있다고 믿는다. 그들의 모든 말들은 사람의 지혜와 의를 기뻐하는 자들의 마음을 만족시키기 때문에, 그들은 말과 행위로써 "우리에게 바른 것을 보이지 말라 우리에게 부드러운 말을 하라 거짓된 것을 보이라"(사 30:10)고 말한다. 그들은 십자가의 도(그리스도의 복음)를 무척 싫어하고, 그들의 허영심을 만족시켜주는 것들만을 듣고자 한다.

아, 이 얼마나 무시무시한 정죄의 말인가! "그 입술에는 독사의 독이 있"어서, 그들은 자신의 가르침을 듣는 자들을 멸망시킨다. 독사는 뱀이고, 그 독은 사람을 확실하게 죽인다. 따라서 그러한 거짓 선지자들에 의해 잘못된 길로 들어선 사람들은 영적인 삶으로 회복될 수 없다. "그 입술에는"이라는 표현이 암시해주듯이, 이 정말 가련한 자들은 그 독도 깨닫지 못하고, 자기 영혼이 죽은 것도 깨닫지 못한다. 이 거짓 교사들의 가르침은 그들에게 겉보기에는 생명과 진리를 주고 있는 것 같지만, 죽음이 숨어서 기다리고 있다.

그 입에는 저주와 악독이 가득하고(3:14). 여기에서 우리는 그러한 거짓 교사들이 자기 말을 듣지 않고 오히려 맞서서 그들을 멸망으로부터 구원하기 위하여 하나님의 진리를 가르치고자 하는 사람들에게 어떤 식으로 대응하는지를 알게 된다. 아, 얼마나 악하게 그들은 이 사람들에게 되갚는지를 보라! 이 사람들을 향하여 그들의 입은 저주로 가득 차 있다. 그들은 이 사람들을 사람들 앞에서 욕설을 퍼붓고, 저주하고, 비방하고, 온갖 더러운 말로 헐뜯는다. 또한 그들은 마음이 별로 내키지 않는 가운데 이렇게 하는 것이 아니라 불타는 열심을 가지고 그렇게 하는 것이다. 왜냐하면 그들의 입은 저주로 "가득"하기 때문이다. 그들은 극렬하게 저주한다. 또한 그들의 입은 증오심에 불타서 남을 헐뜯는 "악독"으로 가득하다. 그들은 의인들이 듣는 앞에서만 비방하는 것이 아니라, 자기들끼리 모여 있을 때에도 아주 상스러운 욕을 해서 의인들을 시궁창으로 처박는다.

그 발은 피 홀리는 데 빠른지라(3:15). 이 구절 또한 매우 생생한 묘사이다. 악한 교사들은 언제나 자기들이 착수한 일을 다 이루는 것은 아니지만, 항상 자신의 불경건한 계획들을 실행에 옮길 기회를 노리고 있다. 비방과 중상모략으로 진리의 사자들을 물리칠 수 없을 때에는 최후로 그들은 자신의 악한 가르침이 무너지지 않도록 하기 위해서 그 사자들을 죽여서 제거하는 조치를 취한다. 사도행전에서 알 수 있듯이, 유대인들은 바로 이 길을 참으로 끈질기게 따랐다. 그러나 오늘날에도 하나님의 진리에 대항하는 모든 원수들은 자신의 거짓된 가르침을 유지하기 위하여 동일한 방식으로 행동한다. 왜냐하면 그들은 자기가 '선한 의도'를 지니고 '하나님을 향한 사랑'으로 행하고 있다고 믿기 때문이다.

파멸과 고생이 그 길에 있어(3:16). 여기서 사도는 그러한 악한 교사들의 최후를 묘사한다. 그들은 파멸에 의해 추격을 당한다. 즉, "악인들은 그렇지 아니함이여 오직 바람에 나는 겨와 같도다"(시 1:4)라는 말씀에서 알 수 있듯이, 그들은 그 육신과 영혼이 내동댕이쳐져서 분쇄되고 비천하게 된다. 또한 그들은 결국 비참한 처지가 된다. 그리스도인들이 항상 성공하듯이, 그리스도를 반대하는 자들은 무슨 일을 하든지 결국 성공하지 못한다. 또한 이 교훈을 우리는 유대인들로부터 배운다. 왜냐하면 그들의 악이 성할수록, 그들은 많은 불행을 당해 비천해지기 때문이다.

평강의 길을 알지 못하였고(3:17). 왜 그들은 평강의 길을 모르는가? 평강은 영적이고, 많은 환난 아래 숨겨져 있어서, 그들에게 감춰져 있기 때문이다. 그리스도인이 날마다 고난을 당하고 자신의 명성과 좋은 평판, 심지어 생명까지 잃음으로써 이 땅에 사는 동안 평강이 아니라 십자가와 고난을 자신의 운명으로 여겨야 하는 모습을 볼 때, 아무도 이것을 평강이라고 생각하는 사람은 없다. 그러나 바로 이러한 환난 아래에서, 믿고 체험한 사람들만이 아는 숨겨진 평강이 있다. 그러나 악한 자들은 믿기를 원치 않고, 믿음의 체험을 무척 싫어한다. 이 모든 것의 배후에는 그들을 하나님의 평강에 대하여 둔감하게 만드는 교만이 있다. 악한 자들은 스스로 속고 있기 때문에 평강의 길을 알지 못한다. 그리고 그들은 하나님을 두려워하지 않기 때문에 스스로 속임을 당하고 있다. 만약 그들이 하나님을 두려워한다면, 오직 그리스도의 의와 진리를 통해서만 심판을 피할 수 있다는 것을 알게 될 것이다. 우리를 그리스도를 통해 진정으로 의롭다 하시고 심판을 피하도록 하기 위해서, 이 모든 것을 그리스도 안에서와 그리스도를 통하여 우리에게 주신 하나님께 영원토록 찬양과 영광이 있으라.

그들의 눈앞에 하나님을 두려워함이 없느니라(3:18). 하나님을 두려워하는 것이 없게 되면, 사람들은 교만하고 주제넘게 되지만, 하나님을 두려워하는 것이 있게 되면, 사람들은 겸손하고 경건해진다. 그럼에도 불구하고 악한 자들은 자기들이 하나님을 두려워한다고, 그것도 최고로 경외한다고 생각한다. 그들은 온갖 미덕들, 특히 의와 통찰력을 지니고 있다고 자랑한다. 그들은 특히 하나님을 찾고, 하나님을 두려워하며, 온갖 선한 행위를 하고 있다고 자랑한다 — 이러한 것들은 바로 사도가 그들에 대하여 부정하고 있는 것들이다. 시편 14:3에 나오는 성령의 말씀(12절에 인용된)을 참된 믿음으로 받아들이지 않는다면, 아무도 하나님 앞에서 의로울 수 없다. 또한 진정으로 의로운 사람이라면 이렇게 참으로 의롭게 되는 것이 자기 힘으로 가능하다고 생각할 수 없다. 그러므로 우리는 여기에서 말씀하고 있는 것은 모든 사람들에 관한 하나님의 진리요, 우리 각자에게 해당된다는 것을 항상 믿어야 한다. 왜냐하면 본성적으로 우리는 불의하고 하나님을 두려워하지 않기 때문이다. 그러므로 우리는 하나님 앞에서 스스로를 철저히 낮추고, 우리의 타락과 무지를 고백함으로써 하나님께서 우리를 의롭다고 할 만하다고 생각하시게 해야 한다.

무릇 율법이 말하는 바는(3:19). 여기서 사도는 "우린 의롭기 때문에, 그가 말한 것은 우리에게 해당되지 않는다"라는 유대인들의 핑계에 직면한다. 그러나 결코 그렇지 않다! 그리고 그들의 핑계는 로마서 3:12에 인용된 시편 14:3이 주로 유대인들을 가리키는 것으로 이해해야 한다는 것을 분명하게 입증해 준다. 왜냐하면 이방인들은 계시된 율법을 가지고 있지 않았으므로, 시편 기자가 여기에서 적어도 이방인들을 주된 대상으로 얘기하고 있는 것은 아니기 때문이다.

이는 모든 입을 막고 온 세상으로 하나님의 심판 아래에 있게 하려 함이라 (3:19). 율법이 모든 사람이 불의하다고 선언하는 것은 바로 이러한 판단을 통해서 모든 사람이 스스로가 불의하다는 것을 고백하고, 더 이상 스스로를 의롭다고 여기거나 자신의 의를 자랑하지 않고, 하나님 앞에서 스스로가 죄 있음을 인정하게 하기 위함이다. 하나님을 찬양하고 영광을 돌린다는 것은 우리가 하나님 앞에서 입을 다물고, 우리 자신이나 우리의 선한 행위들을 높이지 않고, 오히려 우리가 어쩔 수 없는 죄인임을 믿는 것을 의미한다.

여기에서 다음과 같은 의문이 생긴다: 율법의 행위 없이 어떻게 사람이 의롭다 하심을 받을 수 있는가? 또는, 그러한 칭의가 어떻게 우리의 행위로부터 흘러나오지 않을 수 있는가? 성 야고보도 "사람이 행함으로 의롭다 하심을 받고 믿음으로만은 아니니라"(약 2:24)고 말하고, 성 바울도 "사랑으로써 역사하는 믿음"(갈 5:6)을 얘기하고, "율법을 행하는 자라야 의롭다 하심을 얻으리니"(롬 2:13)라고 말하고 있지 않은가. 이에 대해서 우리는 이렇게 대답한다: 사도가 율법과 믿음, 문자와 은혜를 구별하듯이, 또한 사도는 그러한 것들로부터 나오는 행위들을 구별한다. 사도는 믿음과 하나님의 은혜 없이, 형벌에 대한 두려움이나 보상을 바라는 마음에서 단지 율법이라는 이유 때문에 행해지는 그러한 행위들을 "율법의 행위들"이라 부른다. 그러나 사도는 그리스도인의 자유 속에서 행해지고 하나님에 대한 사랑으로부터 흘러나오는 그러한 행위들을 믿음의 행위들이라 부른다. 이러한 행위들은 믿음으로 말미암아 의롭다 하심을 얻은 자들에 의해서만 행해질 수 있다. 하지만 율법의 행위들은 어떤 식으로든 의롭다 하심을 얻는 것을 진척시키지 못하고, 오히려 방해한다. 왜냐하면 율법의 행위들은 사람이 스스로를 불의하다고 여기지 못하게 만들고, 따라서 의롭다 하심을 얻을 필요를 못 느끼게 만들기 때문이다. 야고보와 바울이 사람은 행위로 의롭다 하심을 얻는다고 말한 것은 의롭다 하심을 얻는 데에는 행위는 없어도 되고 믿음만으로 충분하다고 생각하는 자들의 그릇된 소견을 반박하기 위한 것이었다. 바울은 믿음에서 나오는 합당한 행위들이 없는 참된 믿음이 존재한다고 말하지 않는다. 왜냐하면 그러한 행위들 없이는 참된 믿음이란 것이 존재하지 않기 때문이다. 그러나 바울은 우리로 하여금 의롭다 하심을 얻게 해주는 것은 행위들이 아니라 오직 믿음뿐이라고 말한다. 그러므로 칭의는 율법의 행위들을 전제하는 것이 아니라, 갈라디아서 5:6의 말씀처럼 그 합당한 행위를 수반하는 살아 있는 믿음을 전제한다.

율법으로는 죄를 깨달음이니라(3:20). 죄는 두 가지 방식으로 깨달아진다. 첫 번째는 "율법이 탐내지 말라 하지 아니하였더라면 내가 탐심을 알지 못하였으리라"는 로마서 7:7의 말씀처럼 율법에 대한 묵상을 통해서이다. 두 번째는 체험을 통해서, 즉 율법을 지키고자 애쓰는 것을 통해서, 다시 말하면 우리가 그 의무들을 지키는 것이 당연하다고 생각하는 바로 그 율법을 통해서이다. 그러면 율법은 우리에게 죄를 지을 기회가 될 것이다. 왜냐하면 악의 성향을 지니고 있는 사람의 부패한 의지는 율법이 선을 행하라고 강요하면 더욱더 선을 행하고자 하는 마음이 없어지고 선을 행하는 데 끌리지 않기 때문이다. 사람의 의지는 자기가 사랑하는 것으로부터 떼내져서 끌려나가는 것을 싫어하는데, 창세기 8:21에서 알 수 있듯이, 사람이 사랑하는 것이란 바로 죄이다. 그러나 바로 그럴 때에 사람은 율법의 강제에 못 이겨서 마지못해 율법에 복종하면서 자신의 영혼 속에 죄와 악이 얼마나 깊이 뿌리박고 있는지를 깨닫게 된다. 만약 율법이 없어서 율법을 따르려고 하지 않았다면, 사람은 이것을 전혀 깨닫지 못했을 것이다. 사도는 이 문제를 5장과 7장에서 더 자세하게 다룰 생각으로 여기서는 잠깐 언급만 하고 넘어간다. 단지 여기서 사도는 율법의 행위들이 사람을 의롭게 하지 못한다면 율법은 소용없는 게 아니냐는 반론에만 대답할 뿐이다.

믿음으로 말미암는 그리스도의 의가
우리를 구원하고 율법을 굳게 세운다

이제는 율법 외에 하나님의 한 의가 나타났으니 율법과 선지자들에게 증거를 받은 것이라 곧 예수 그리스도를 믿음으로 말미암아 모든 믿는 자에게 미치는 하나님의 의니 차별이 없느니라 모든 사람이 죄를 범하였으매 하나님의 영광에 이르지 못하더니 그리스도 예수 안에 있는 속량으로 말미암아 하나님의 은혜로 값없이 의롭다 하심을 얻은 자 되었느니라 이 예수를 하나님이 그의 피로써 믿음으로 말미암는 화목제물로 세우셨으니 이는 하나님께서 길이 참으시는 중에 전에 지은 죄를 간과하심으로 자기의 의로우심을 나타내려 하심이니 곧 이 때에 자기의 의로우심을 나타내사 자기도 의로우시며 또한 예수 믿는 자를 의롭다 하려 하심이라 그런즉 자랑할 데가 어디냐 있을 수가 없느니라 무슨 법으로냐 행위로냐 아니라 오직 믿음의 법으로니라 그러므로 사람이 의롭다 하심을 얻는 것은 율법의 행위에 있지 않고 믿음으로 되는 줄 우리가 인정하노라 하나님은 다만 유대인의 하나님이시냐 또한 이방인의 하나님은 아니시냐 진실로 이방인의 하나님도 되시느니라 할례자도 믿음으로 말미암아 또한 무할례자도 믿음으로 말미암아 의롭다 하실 하나님은 한 분이시니라 그런즉 우리가 믿음으로 말미암아 율법을 파기하느냐 그럴 수 없느니라 도리어 율법을 굳게 세우느니라(3:21-31).

이제는 율법 외에 하나님의 한 의가 나타났으니(3:21). 성 아우구스티누스는 「영과 문자에 관하여」 제9장에서 "사도는 하나님이 의로우시다는 의미에서의 하나님의 의를 말하는 것이 아니라 하나님이 불경건한 자들을 의롭다고 하시면서 사람에게 덧입히시는 그런 하나님의 의를 말하고 있다"고 쓰고 있다. 또한 제11장에서 그는 이렇게 평한다: "그러나 이제는 율법 없는 하나님의 의가 나타났다: 즉 하나님이 그 의를 율법의 행위 없이 또는 율법의 도움 없이 은혜의 성령을 통해 믿는 자에게 나눠주신다. 율법을 통해서 하나님은 사람의 눈을 여셔서, 사람이 스스로 어찌할 수 없음을 깨닫고 믿음으로 말미암아 하나님의 긍휼하심에 의탁하여 치유를 받게 하신다." 그러므로 사도는 하나님이 본질적으로 의로우시다는 의미에서의 하나님의 의가 아니라 오직 그리스도에 대한 믿음으로 말미암아서만 얻을 수 있는 의(죄인을 의롭다 하시는 의)를 묘사한다.

율법과 선지자들에게 증거를 받은 것이라(3:21). 이에 대한 전형적인 예는 하박국 2:4이다: "의인은 그의 믿음으로 말미암아 살리라." 성 아우구스티누스는「영과 문자에 관하여」제13장에서 "행위의 율법이 위협하며 명하는 것을 믿음의 법은 믿음을 통해서 이룬다"고 말한다. 제19장에서 그는 이렇게 평한다: "은혜를 구하도록 하기 위해서 율법이 주어졌다. 율법을 성취하도록 하기 위해서 은혜가 주어졌다. 율법이 성취되지 않는 것은 율법의 잘못이 아니라 인간의 육적인 마음이 잘못이다. 하나님의 은혜를 통해서 치유 받을 수 있도록 하기 위해서, 율법은 바로 이러한 인간의 죄 된 상태를 분명하게 드러내지 않으면 안 된다."

곧 예수 그리스도를 믿음으로 말미암아 모든 믿는 자에게 미치는 하나님의 의니(3:22). 이 구절은 사도가 다음과 같이 말하며 반론을 제기하는 오만한 자들의 패역한 마음을 겨냥하여 던지는 아주 중요한 말이다: "그렇다면, 좋다, 우리가 불의함을 우리도 안다. 그리고 우리가 악에 이끌리며 내면적으로 하나님의 원수라는 것도 안다. 그래서 우리는 하나님 앞에서 의롭다 하심을 얻어야 한다고 생각한다. 하지만 우리는 우리의 기도와 회개와 고백을 통해서 그러한 의를 얻고자 한다. 그리스도 없이도 하나님은 우리에게 하나님의 의를 주실 수 있기 때문에, 우리는 그리스도를 원하지 않는다." 이에 대하여 사도는 이렇게 대답한다: 그러한 악한 요구를 하나님은 들어주시려 하지도 않고 들어주실 수도 없다. 왜냐하면 그리스도는 하나님이시기 때문이다. 의롭다 하심을 위한 의는 오직 예수 그리스도에 대한 믿음을 통해서만 우리에게 주어진다. 하나님은 그렇게 하시기를 원하셨고, 그렇게 하시기를 기뻐하시며, 결코 그것을 바꾸시지 않을 것이다. 하나님의 뜻을 거스를 자가 누가 있는가? 하지만 이것이 사실일진대, 그리스도에 대한 믿음으로 말미암아 의롭다 하심을 얻고자 하지 않는 것보다 더 큰 오만함은 없다.

모든 사람이 죄를 범하였으매 하나님의 영광에 이르지 못하더니(3:23). 사람은 하나님 앞에서 자랑할 만한 미덕을 조금도 가지고 있지 않다. "이는 아무 육체도 하나님 앞에서 자랑하지 못하게 하려 하심이라"는 고린도전서 1:29의 말씀처럼, 사람에게는 하나님 앞에서 자랑할 만한 의가 전혀 없다. 로마서 4:2에서 사도는 "만일 아브라함이 행위로써 의롭다 하심을 받았으면 자랑할 것이 있으려니와 하나님 앞에서는 없느니라"고 말한다. 자기 의를 지닌 유대인들은 사람들 앞에서 자신의 행위들을 자랑할 이유를 갖고 있을 수 있다. 그러나 하나님 앞에서는 자랑할 것이 하나도 없다. 하나님 앞에서 진정으로 자랑할 만한 것은 의, 지혜, 영적 힘인데, 이 모든 것들은 하나님으로부터 오고, 하나님의 은혜로 인해 우리에게 값없이 주어진다. 바로 이런 것들을 우리는 주신 자이신 하나님 안에서와 하나님과 관련해서 자랑한다.

그리스도 예수 안에 있는 속량으로 말미암아 하나님의 은혜로 값없이 의롭다 하심을 얻은 자 되었느니라(3:24). 하나님은 그 은혜로 말미암아 우리를 값없이 의롭다고 하시지만, 우리의 속죄를 위하여 아무런 대가도 지불하지 않으신 것이 아니었다. 하나님은 우리의 죄를 속량하기 위하여 우리를 위해 예수 그리스도를 죽음에 넘겨주셨다. 그래서 이제 하나님은 자기 아들로 말미암아 구속된 자들을 자신의 은혜로써 값없이 의롭다고 하신다(사도가 "그리스도 예수 안에 있는 속량으로 말미암아"라고 덧붙이고 있듯이).

이 예수를 하나님이 그의 피로써 믿음으로 말미암는 화목제물로 세우셨으니(3:25). 이 구절은 헷갈리기 쉽고 난해한 본문으로서, 다음과 같이 설명하고 이해하여야 한다: 하나님은 영원 전부터 그리스도를 우리의 죄를 위한 화목제물로 예정하셨고 세우셨는데, 하지만 이는 그리스도를 믿는 자들만을 위한 것이었다. 그리스도는 오직 그의 피를 통해서 우리를 위한 화목제물이 되기를 원하셨다. 즉, 그리스도는 먼저 자신의 피 흘림을 통해서 우리를 위해 변상을 하지 않으면 안 되었다. 그리고 하나님이 이 모든 일을 행하신 것은 "자신의 의를 드러내기" 위해서, 그러니까 모든 사람이 죄인이며 하나님의 의를 필요로 한다는 것을 알게 하기 위해서였다. 그리스도께서 우리를 위하여 고난을 겪으셨고, 그 고난을 통해서 우리를 위한 화목제물이 되셨다는 바로 그 사실은, 우리가 본성적으로 불의하며, 이제 그리스도의 구속으로 말미암아 우리의 죄에 대한 용서가 이루어져 있기 때문에, 그리스도께서 화목제물이 되신 목적인 우리는 오직 하나님으로부터 우리의 의를 얻어야 한다는 것을 입증해 준다. 하나님이 그리스도를 화목제물로 삼아 우리 죄를 용서하시고 믿음으로 말미암아 우리를 의롭다 하신다는 사실을 통해서, 하나님은 하나님의 의가 모든 사람에게 얼마나 꼭 필요한지를 보여준다. 그리스도 안에서 그 죄를 용서받지 못할 자는 하나도 없다.

전에 지은 죄를(3:25). 즉, 그리스도의 화목제물을 통하여 하나님의 의가 나타나기 이전의 죄들을 말한다. 이 죄들은 의롭다 하심을 받는 자들이 오직 그리스도에 대한 믿음을 통해서만 의롭다 하심을 얻는다는 것을 세상이 알기 전에 지은 죄들이다.

하나님께서 길이 참으시는 중에(3:25). 하나님이 죄인들을 인내를 가지고 참아주시지 않더라면, 그 어떤 죄 사함도, 하나님의 의에 대한 그 어떤 증거도 없었을 것이다. 하나님은 죄인들을 용서하시기 위하여 그토록 길이 참으신다. 하나님은 자기가 의롭다는 것을 나타내고 그리스도의 피에 대한 믿음을 통해서 죄인들을 의롭다고 하시기 위하여 죄인들을 용서하신다(사도가 "자기도 의로우시며 또한 예수 믿는 자를 의롭다 하려 하심이라"고 덧붙이고 있듯이).

"하나님께서 길이 참으시는 중에 전에 지은 죄를 간과하심으로"라는 말을 하나님이 옛 계약의 조상들에게 자신의 의를 보이셨다는 의미로 해석하는 사람들이 있다. 하나님이 길이 참으심을 통해서, 즉 그리스도에 의해 행해질 약속된 구속에 비추어서 조상들의 죄를 용서하셨다는 것이다. 그러나 나는 전에 지은 죄를 사하심으로써 하나님이 모든 사람을 의롭다고 하시는 분이심을 스스로 드러내셨다는 설명이 더 낫다고 생각한다. 하나님이 은혜로 죄를 사하신 것은 하나님이 의로우시고 하나님만이 의롭다고 하실 권능이 있으시다는 것을 입증해 준다. 또한 사도는 다음과 같은 어리석은 반론을 펴는 자들에게 이 말로써 대답을 한다: 하나님은 율법을 성취하셨다. 그러므로 이제부터 하나님은 더 이상 죄를 전가하지 않으실 것이다. 또한 하나님은 과거에 죄로 보셨던 것들을 죄로 보시지 않을 것이다. 그러므로 우리는 우리 마음대로 죄를 지어도 된다. 왜냐하면 예전에 죄였던 것이 이제는 더 이상 죄가 아니기 때문이다.

그런즉 자랑할 데가 어디냐 있을 수가 없느니라(3:27). 행위의 율법은 필연적으로 허영을 북돋고 증대시킨다. 율법을 지킴으로써 스스로를 의롭다고 여기는 사람은 반드시 교만하게 자랑할 것을 지니고 있기 때문이다. 이런 식으로 유대인들은 외면적으로 율법을 지킴으로써 스스로를 의롭다고 여긴다. 그러므로 그들은 그리스도에 대한 믿음으로 말미암아 은혜로 의롭다 여기심을 받고자 하지 않는다. 그들은 이미 의를 지니고 있다고 믿어 의심치 않기 때문에 그리스도의 의를 원하지 않는다. 율법에 속한 자들은 하나님께 "우리는 당신이 우리에게 명하신 것을 다 행하였습니다"라고 말한다. 반면에 믿음에 속한 사람들은 "우리는 당신이 우리에게 명하신 것을 행할 수 없고, 또한 그것을 행하지도 않았습니다. 하지만 당신이 우리에게 명하신 것을 우리가 행할 수 있도록 우리에게 은혜를 주옵소서"라고 말한다. 그러므로 율법에 속한 자들은 교만하고 자랑하는 반면에, 믿음에 속한 사람들은 겸손하고 자신의 의를 하찮게 여긴다.

그래서 하나님을 믿는 영적인 사람들은 일생 동안 마음과 입술과 모든 행실로써 자기들이 은혜로 의롭다 하심을 얻고 끝까지 믿음을 지킬 수 있도록 해달라고 기도한다. 또한 그들은 이미 얻었다고 생각해서 성화를 위하여 애쓰는 것을 그만두지 않도록 해달라고 기도한다. 끝으로 그들은 자신의 행위 때문에 삶의 의를 얻은 것으로 결코 생각하지 않도록 해달라고 기도한다. 그들의 삶은 여전히 죄로 괴롭힘을 당하지만, 항상 그들은 밖에서 계속해서 기다리고 있는 삶의 완전한 의를 구한다.

그러므로 사람이 의롭다 하심을 얻는 것은 … 믿음으로 되는 줄 우리가 인정하노라(3:28). "우리가 인정하노라"는 말은 마치 과거에는 믿음의 의에 대해서 어떤 의심이 있었다는 뜻에서 "우리가 생각하노라"는 의미로 해석해서는 안 된다. 그러한 의심은 악한 것이기 때문이다. 오히려 이 표현은 '우리는 확고부동하게 믿는다,' '정말 우리는 안다,' '우리는 하나님의 말씀을 듣고 죄인들이 믿음으로 말미암아 의롭다 하심을 받는다는 것을 믿는다' 등을 의미한다.

우리가 의롭다 하심을 얻는 것은 "율법의 행위에 있지 않고"라고 사도가 말할 때, 사도는 믿음과 은혜의 행위들을 말하고 있는 것이 아니다. 왜냐하면 그러한 행위들을 하는 자는 자기가 이러한 행위들을 행함으로써 의롭다 하심을 얻었다고 생각하지 않을 것이기 때문이다. 그러한 믿음의 행위들을 행하면서도, 믿는 자는 믿음으로 말미암아 의롭다 하심을 얻고자 한다. 사도가 말하는 "율법의 행위"는 자기 의를 지닌 자들이 마치 그러한 행위들을 행함으로써 자기들이 의롭다 하심을 얻고 자신의 행위 때문에 의로운 것인 양 의지하는 행위들이다. 달리 말하면, 선을 행하면서도, 그들은 의를 구하지 않고, 단지 자기들이 행위들을 통해서 이미 의를 얻었다는 것을 자랑하고자 할 뿐이다.

믿음으로 말미암아 의롭다 하실 하나님은 한 분이시니라(3:30). 우리 믿는 자들이 죄들을 기뻐하지 않는 한, 그리스도는 우리의 모든 죄를 담당하신다. 그러나 믿음으로 말미암아 그 죄들은 더 이상 우리의 죄들이 아니라 그리스도의 죄들이고, 대신에 그리스도의 의가 우리의 것이 된다.

우리가 … 율법을 굳게 세우느니라(3:31). 율법은 그 유효성과 권위가 부정당하면 무효가 되어서, 더 이상 의무적이 되지 못하고, 사람들은 율법을 범하게 된다. 죄인들은 율법에 의해서 의롭다 하심을 얻을 수 없고, 하나님의 의는 율법 없이 나타나서 사람들에게 주어진다고 사도가 말했기 때문에, 육적인 생각을 지닌 자들은 사도가 율법을 무효화하고 있다고 비난하였을 것이다. 반면에 율법의 요구나 금지명령들에 유의한다면, 율법은 굳게 세워지고 확증된다. 이런 의미에서 사도는 "우리가 … 율법을 굳게 세우느니라"고 말한다. 즉, 믿음을 통해서 율법을 순종하고 성취한다는 것이다. 그러나 당신이 믿음 없이 율법의 행위로 의롭다 하심을 얻을 수 있다고 가르친다면, 당신은 율법을 무효화시키는 것이 된다. 왜냐하면 당신은 율법을 순종하지 않기 때문이다. 사실 당신은 율법을 지킬 필요가 없다고 가르치고 있는 것이다. 우리가 율법을 자원해서 진심으로 지킬 때, 율법은 우리 안에서 굳게 세워진다. 그러나 믿음 없이는 아무도 그렇게 할 수가 없다. 그리스도를 믿는 자들에게 주어지는 하나님의 은혜가 없는 자들은 율법과 관련된 하나님의 계약을 파괴한다.

로마서 4장

4장의 내용: 사도는 아브라함의 예를 들어서 믿음은 구원을 위해 필수적이며 구약의 모세 율법은 구원을 위해 충분치 않았음을 보여준다.

믿음으로 말미암아 의롭다 하심을 얻은 아브라함

그런즉 육신으로 우리 조상인 아브라함이 무엇을 얻었다 하리요 만일 아브라함이 행위로써 의롭다 하심을 받았으면 자랑할 것이 있으려니와 하나님 앞에서는 없느니라 성경이 무엇을 말하느냐 아브라함이 하나님을 믿으매 그것이 그에게 의로 여겨진 바 되었느니라 일하는 자에게는 그 삯이 은혜로 여겨지지 아니하고 보수로 여겨지거니와 일을 아니할지라도 경건하지 아니한 자를 의롭다 하시는 이를 믿는 자에게는 그의 믿음을 의로 여기시나니 일한 것이 없이 하나님께 의로 여기심을 받는 사람의 복에 대하여 다윗이 말한 바 불법이 사함을 받고 죄가 가리어짐을 받는 사람들은 복이 있고 주께서 그 죄를 인정하지 아니하실 사람은 복이 있도다 함과 같으니라 그런즉 이 복이 할례자에게냐 혹은 무할례자에게도냐 무릇 우리가 말하기를 아브라함에게는 그 믿음이 의로 여겨졌다 하노라 그런즉 그것이 어떻게 여겨졌느냐 할례시냐 무할례시냐 할례시가 아니요 무할례시니라 그가 할례의 표를 받은 것은 무할례시에 믿음으로 된 의를 인친 것이니 이는 무할례자로서 믿는 모든 자의 조상이 되어 그들도 의로 여기심을 얻게 하려 하심이라 또한 할례자의 조상이 되었나니 곧 할례 받을 자에게뿐 아니라 우리 조상 아브라함이 무할례시에 가졌던 믿음의 자취를 따르는 자들에게도 그러하니라(4:1-12).

그런즉 … 아브라함이 무엇을 얻었다 하리요(4:1). 이 장에서는 행위로써 의롭다 하심을 얻으려고 한 믿지 않는 교만한 유대인들을 반박한다. 그들은 조상 아브라함이 행위에 의한 의의 본보기로 성경에 묘사되었다는 착각 속에서 행위로써 의롭다 하심을 얻으려고 애를 썼다. 그래서 사도는 아브라함이 행위가 아니라 오직 믿음으로 말미암아 의롭다 하심을 얻었음을 보여준다.

육신으로 우리 조상(4:1). 육신으로 아브라함이 유대인들의 조상이었다는 것 때문에, 아브라함이 "얻을" 수 있었던 것은 아무것도 없었다. 마찬가지로 우리도 육신을 따라서는 아무것도 얻지 못한다. 아브라함이 믿음으로 말미암아 우리의 조상이 되었듯이, 우리도 오직 믿음으로 말미암아서만 의롭다 하심을 얻는다.

아브라함이 하나님을 믿으매(4:3). 이 구절은 아브라함이 언제든지 하나님을 믿었다는 의미로 이해해야 한다. 그는 확고부동하게 하나님을 믿었다. 이 점은 아브라함을 불러 본토를 떠나 낯선 땅으로 가라고 명하신 하나님을 아브라함이 믿었다고 말하고 있는 창세기 12장과 13장에서 알 수 있다. 또한 창세기 22:1 이하에 의하면, 그는 아들 이삭을 죽이라는 등등의 명령을 받았을 때 하나님을 믿었다. 아브라함은 무슨 일이든지 믿음으로 했다고 사도는 히브리서 11:8-10에서 밝히 말한다. 따라서 본문(3절)에 나오는 것은 아브라함의 믿음 전반에 관한 것이지, 단순히 창세기 15:4-6에 기록된 한 약속과 관련된 것은 아니다. 하나님을 믿는다는 것은 언제나 어디서든 하나님을 신뢰한다는 것을 의미한다.

일하는 자에게는 그 삯이 은혜로 여겨지지 아니하고 보수로 여겨지거니와(4:4). 사도는 여기서 칭의가 행위를 통해서가 아니라 믿음으로 말미암아 된다는 결론을 내리고 또 그것을 입증하기 위해 인용된 구절(창세기 15:4-6)을 설명한다. 먼저 사도는 "이것이 저에게 의로 여기신 바 되었느니라"는 말의 의미를 설명한다. 이 말은 하나님이 죄인들을 그들의 행위 때문이 아니라 은혜로써 받아들인다는 것을 설명하는 말이다.

일을 아니할지라도 경건하지 아니한 자를 의롭다 하시는 이를 믿는 자에게는

(4:5). 합당하게 일한 사람은 삯을 받는데, 그가 받는 삯은 마땅히 받을 보수이지 은혜로 받는 것은 아니다. 반면에 자신의 행위에 의지하지도 못하고 스스로를 구원받을 만하다고 여길 수도 없는 자에게는 의는 하나님을 의뢰하는 믿음으로 말미암아 값없이 주어진다.

사람의 복에 대하여 다윗이 말한 바(4:6). 이 말씀은 "그의 믿음을 의로 여기시나니"라는 앞의 말씀과 결합되어야 하는데, 이런 의미에서 다윗도 하나님이 행위 없이 그들의 믿음을 의로 여기신 자들에게만 구원이 주어진다는 것을 인정한다. 하지만 "행위 없이"라는 말에서 "행위"는 그 행위들을 통해서 자기가 의를 얻을 수 있다고, 달리 말하면 하나님이 그들의 행위들로 말미암아 그들을 의롭다고 여기실 것이라고 믿는 그런 행위들만을 가리킨다. 이것은 사실이 아니다. 왜냐하면 하나님은 행위 때문에 그 사람을 받으시는 것이 아니라, 그 믿는 사람 때문에 그 행위를 받으시기 때문이다. 하나님은 먼저 그를 믿는 사람을 받으신 다음에 믿음으로부터 흘러나오는 행위들을 받으신다. 행위로 의롭다 하심을 얻고자 하는 자들은 결국 스스로를 더 이상 죄인으로 여기지 않는 반면에, 믿는 자들은 항상 스스로를 죄인으로 인정한다.

불법이 사함을 받는 사람들은 복이 있고(4:7). 믿는 자들은 내적으로 언제나 죄인들이다. 그러므로 그들은 항상 밖으로부터 의롭다 하심을 얻는다. 반면에 행위로 의롭다 하심을 얻으려 하는 위선자들은 내적으로 언제나 의롭다: 그러므로 그들은 항상 밖으로부터 죄인들이다. 여기서 '내적으로'라는 말은 우리 자신의 판단과 소견을 따라서를 의미하고, '밖으로부터'라는 말은 하나님과 그의 심판 앞에서를 의미한다. 우리의 의가 우리의 행위로부터 흘러나오지 않는다면, 우리는 '우리 자신의 외부에서' 의롭다. 그러나 그 의는 하나님이 자신의 의를 우리에게 전가하심으로써만 우리의 것이 된다. 하지만 호세아 13:9에서 선지자가 "이스라엘아 네가 패망하였나니 이는 너를 도와주는 나를 대적함이니라"고 말하고 있는 것처럼, 그러한 전가는 우리의 공로 때문도 아니고 우리의 힘으로 할 수 있는 것도 아니다. 시편 기자가 시편 51:3에서 "내 죄가 항상 내 앞에 있나이다"라고 말하듯이, 우리 자신은 항상 악하다. 그러나 행위로써 의롭다 하심을 얻으려 하는 자들은 "내 의가 항상 내 앞에 있나니, 의의 행위들을 행하는 자들은 복 되도다"라고 말한다.

본문에서는 "불법이 사함을 받는 사람들은 복이 있고"라고 말한다. 이는 은혜로써 불법, 즉 그들이 범해온 실제적인 죄들의 짐으로부터 자유롭게 된 사람들은 복이 있다고 말하는 것이다. 하지만 그들의 "죄가 가리어짐을 받"지 못한다면, 즉 그들 속에 있는 근원적인 악(원죄)으로 인해 그들이 죄인으로 고발되는 일이 일어난다면, 그것으로는 부족하다. 그 죄는 여전히 존재하지만, 하나님이 간과하시고 고려하지 않으시고 그 죄책을 묻지 않는다면, 가리어지는 것이 된다. 따라서 "주께서 그 죄를 인정하지 아니하실 사람은 복이 있도다"라고 말씀하는 것이다.

그런즉 이 복이 할례자에게나 … 그런즉 그것이 어떻게 여겨졌느냐 할례시냐 무할례시냐(4:9, 10). 이 구절은 어리석은 유대인들을 치는 강력한 논증이다. 유대인들이 그토록 자랑하는 그들의 조상 아브라함이 할례에 의해서 또는 율법의 행위에 의해서 의롭다 하심을 얻은 것이 아니라 할례 받기 전에 및 하나님이 율법을 주시기 전에, 따라서 믿음으로 말미암아 의롭다 하심을 얻은 것이라면, 아브라함의 자손인 유대인들은 왜 믿음 없이 할례나 율법의 행위를 통해 의로움을 얻으려 하는가? 이로써 유대인들은 자기들이 아브라함의 영적 자손이 아니라 할례의 자손들임을 입증하고 있는 것이다.

그가 할례의 표를 받은 것은 … 믿음으로 된 의를 인친 것이니(4:11). 하나님이 나중에 할례를 명하셨는데, 이는 의롭다 하심을 얻기 위한 것이라는 반론이 제기된다면, 사도는 이렇게 대답한다: 결코 그렇지 않다. 할례는 의롭다 하심을 얻기 위해서가 아니라 믿음으로 이미 이루어진 칭의에 대한 증표로서 제정되었다. 이렇게 오늘날에도 믿음으로 말미암아 의롭다 하심을 얻은 자들은 선을 행하라, 그들의 악한 욕망들을 아주 버리지는 못하지만 할례를 행하라, 그들의 육체를 그 악한 육정 및 정욕과 함께 못 박으라는 명령을 받는다. 이렇게 함으로써 그들은 그 표시들을 통해서 자기들이 믿음이 있고 믿음으로 말미암아 의롭다 하심을 얻었다는 것을 증명한다.

또한 할례자의 조상이 되었나니 곧 할례 받을 자에게뿐 아니라 우리 조상 아브라함이 무할례시에 가졌던 믿음의 자취를 따르는 자들에게도 그러하니라(4:12). 이 구절은 아브라함이 할례를 받기 전에 의롭다 하심을 얻었다는 것을 우리에게 알려준다. 나중에 그는 자기가 의롭다 하심을 얻었다는 것에 대한 인침으로서 할례를 받았다. 하나님이 이렇게 하신 것은 온 세상에서 아브라함의 믿음을 좇는 모든 자들이 아브라함의 자손이 될 것임을 우리에게 알게 하시기 위함이었다. 이런 식으로 유대인들도 믿음으로 말미암아 아브라함의 자손이 된다. 즉, 육체의 할례 외에 마음의 할례도 받아야만, 아브라함의 자손이 된다는 말이다. 육신을 따라서는 그들은 이미 아브라함의 자손이지만, 육신을 따라서만 아니라 영을 따라서도 아브라함의 자손이 되기 위해서는 또한 아브라함의 영적 자손이 되어야 한다.

아브라함의 견고한 믿음

아브라함이나 그 후손에게 세상의 상속자가 되리라고 하신 언약은 율법으로 말미암은 것이 아니요 오직 믿음의 의로 말미암은 것이니라 만일 율법에 속한 자들이 상속자이면 믿음은 헛것이 되고 약속은 파기되었느니라 율법은 진노를 이루게 하나니 율법이 없는 곳에는 범법도 없느니라 그러므로 상속자가 되는 그것이 은혜에 속하기 위하여 믿음으로 되나니 이는 그 약속을 그 모든 후손에게 굳게 하려 하심이라 율법에 속한 자에게뿐만 아니라 아브라함의 믿음에 속한 자에게도 그러하니 아브라함은 우리 모든 사람의 조상이라 기록된 바 내가 너를 많은 민족의 조상으로 세웠다 하심과 같으니 그가 믿은 바 하나님은 죽은 자를 살리시며 없는 것을 있는 것으로 부르시는 이시니라 아브라함이 바랄 수 없는 중에 바라고 믿었으니 이는 네 후손이 이같으리라 하신 말씀대로 많은 민족의 조상이 되게 하려 하심이라 그가 백 세나 되어 자기 몸이 죽은 것 같고 사라의 태가 죽은 것 같음을 알고도 믿음이 약하여지지 아니하고 믿음이 없어 하나님의 약속을 의심하지 않고 믿음으로 견고하여져서 하나님께 영광을 돌리며 약속하신 그것을 또한 능히 이루실 줄을 확신하였으니 그러므로 그것이 그에게 의로 여겨졌느니라 그에게 의로 여겨졌다 기록된 것은 아브라함만 위한 것이 아니요 의로 여기심을 받을 우리도 위함이니 곧 예수 우리 주를 죽은 자 가운데서 살리신 이를 믿는 자니라 예수는 우리가 범죄한 것 때문에 내줌이 되고 또한 우리를 의롭다 하시기 위하여 살아나셨느니라(4:13-25).

언약은 율법으로 말미암은 것이 아니요(4:13). 여기서 다시 사도는 의가 율법에서가 아니라 믿음에서 나온다는 것을 보여준다. 왜냐하면 율법과 믿음은 정반대의 것을 가져오기 때문이다. 율법은 하나님의 진노를 가져오고 약속을 잃게 만들지만, 믿음은 은혜를 가져오고 약속을 받게 만든다.

만일 율법에 속한 자들이 상속자이면 믿음은 헛것이 되고(4:14). 여기서 사도는 자기들이 육신을 따라 아브라함의 자손임을 의뢰하는 자들이 믿음을 무효화하고 있다는 것을 또 다른 방식으로 보여준다. 육신을 따라 아브라함의 자손이라는 것이 의롭다 하심을 받고 약속을 받기에 충분한 것이라면, 믿음은 필요 없게 된다. 육신적인 혈통과 율법을 통해 의롭다 하심을 얻을 수 있다면, 유대인들이 믿고 있는 대로, 믿음은 필요가 없다. 그러나 그 정반대가 사실이다. 육적인 혈통과 행위를 의지해서는 영벌에 처해질 뿐이고, 우리는 오직 "믿음의 의로"(13절) 의롭다 하심을 얻는다. 또한 자녀들이 그들의 사랑하는 아버지를 따르듯이, 믿는 이방인들도 아브라함을 따른다. 하나님은 이미 아브라함에게는 그런 자녀들을 약속하셨기 때문이다.

약속은 파기되었느니라(4:14). 믿음과 약속은 한데 속하기 때문에, 이 말은 사실이다. 약속이 파기된다면, 믿음도 끝장이 난다. 약속 없이는 믿음은 아무런 효력도 없다. 또한 믿음이 없는 곳에서는 약속도 이루어지지 못한다.

율법은 진노를 이루게 하나니(4:15). 이것이 율법 본래의 효력이다: 율법은 진노를 낳는다. 즉, 율법이 계속해서 유효하고(율법은 그렇게 되어 있다), 사람들이 이에 복종하지 않는다면, 그 율법 아래 있는 사람들은 하나님의 진노를 받게 되어 있다. 그렇다고 해서 율법이 악한 것은 아니다. 율법을 받고 율법에 복종하지 않은 사람들이 악한 것이다.

율법이 없는 곳에는 범법도 없느니라(4:15). 범법은 당연히 진노를 낳지만, 율법이 없다면 범법은 진노를 낳지 않을 것이다. 그리고 율법은 죄를 지을 기회를 준다.

그러므로 … 그것이 은혜에 속하기 위하여 믿음으로 되나니(4:16). 우리를 의롭게 하고 약속을 받기에 합당하게 만드는 것은 믿음으로 말미암아 이루어진 영적 혈통이다. 이것으로 충분하고, 다른 것, 즉 육신에 따른 혈통 같은 것이 필요치 않다.

내가 너를 많은 민족의 조상으로 세웠다(4:17). 유대인들은 이 구절을 육적인 의미로 이해해서, 조상들이 가나안 땅을 차지했듯이 아브라함의 자손들이 온 세상을 차지할 것이라고 해석한다. 그러나 여기서 사도는 믿음으로 받는 영적인 유업을 얘기한다. 사도는 유대인만이 아니라 이방인까지도 포함해서 온 세상이 아브라함의 믿음을 따르고, 그를 영적 조상이라고 고백하고 그의 씨(그리스도)를 그들의 주로 영접할 것임을 말하고자 한다.

그가 믿은 바 하나님은(4:17). 하나님이 약속을 주셨는데 그 약속을 믿는 사람이 아무도 없을 때, 하나님은 더 이상 어떤 약속도 주지 않으시고 이미 주어진 약속도 이루지 않으실 것이다. 그러므로 믿음은 약속을 견고히 하고, 약속은 그 약속을 받은 자의 믿음을 요구한다. 사도는 아주 적절하게 이렇게 말한다: 유업의 약속이 믿음과 결부되어 있지 않다고 그들이 생각한다면, 그들에게 주어진 또 다른 약속(행위에 의한 또는 율법에 의한 구원 같은)은 존재하지 않는다. 아브라함은 많은 민족의 조상이 되기 위해서 하나님을 믿은 것이 아니었고, 하나님을 진실하고 신실하신 분이라고 믿었다.

죽은 자를 살리시며 없는 것을 있는 것으로 부르시는 이시니라(4:17). 이 말은 우리로 하여금 믿음을 갖게 하려고 유인하는 말이다. 아브라함은 "보라, 내게 약속하신 유업은 내가 살아 있는 동안이나 죽은 후에 나에게 주어질 수 없다. 내 육신은 지금 죽어 있기 때문이다. 나의 자손들이 그 유업을 얻을 것이라면, 유업을 소유할 자는 내가 아니라 그들이다. 또한 그 유업이 내가 살아 있는 동안에 내게 주어진다면, 유업을 가질 자는 나의 자손들이 아니다"라고 조리를 세워 논증했을 수도 있다. 이렇게 하나님의 약속들은 항상 서로 모순되는 것처럼 보인다. 그리고 실제로 사람의 지혜로 판단하면, 그 약속들은 불가능하다.

아브라함이 바랄 수 없는 중에 바라고 믿었으니(4:18). 믿음은 몹시 힘겹고 고통스럽다. 첫째로 믿음은 사람이 보지 못하는 것(히 11:1), 사실 사람이 인식하는 것의 정반대를 향한다. 그것은 전혀 불가능해 보인다. 다음으로 하나님의 약속과 관련하여 사람의 마음 속에는 하나님이 계획을 바꿔서 다른 것을 하시면 어쩌나 하는 염려가 일어난다. 첫 번째는 하나님의 권능에 관한 것이고, 두 번째는 하나님의 진실성에 관한 것이다. 그러나 하나님의 약속 배후에는 하나님의 본질과 행위들과 관련하여 하나님이 변치 않으신다는 사실이 있다.

믿음으로 견고하여져서 하나님께 영광을 돌리며(4:20). 민수기 23:19에는 이렇게 씌어 있다: "하나님은 사람이 아니시니 거짓말을 하지 않으시고 인생이 아니시니 후회가 없으시도다 어찌 그 말씀하신 바를 행하지 않으시며 하신 말씀을 실행하지 않으시랴" 사람은 약속에 대한 파기가 자신의 의지와는 상반된다고 할지라도 (약속을 지킬 힘이 없거나 변덕 때문에) 흔히 약속을 파기한다. 사람은 흔히 자기 힘으로는 어쩔 수 없는 일이 생겨서 자기가 약속한 것을 행하지 못하게 된다. 그러나 그런 일은 하나님에게 일어날 수 없다. 하나님을 믿는 자는 하나님을 영화롭게 하고, 역으로 "하나님을 믿지 아니하는 자는 하나님을 거짓말하는 자로 만드나니 이는 하나님께서 그 아들에 대하여 증언하신 증거를 믿지 아니하였음이라"는 요한일서 5:10의 말씀처럼 하나님을 믿지 않는 자는 하나님께 영광 돌리기를 거부한다. 하나님을 믿는 자는 하나님이 참되시고 신실하시다는 것을 인정하고, 스스로를 거짓말쟁이로 여긴다. 왜냐하면 그는 자신의 생각을 거짓된 것으로 불신하고, 하나님의 말씀을 비록 그 말씀이 자신의 추론과는 상반된다고 할지라도 진실된 것으로 신뢰하기 때문이다. 성 아우구스티누스는 하나님은 믿음, 소망, 사랑을 통하여 영광을 받으신다고 말한다. 하나님은 불신앙, 절망, 미움이라는 세 가지 죄에 의해 직접적으로 모욕을 당하신다는 격언도 있다.

예수는 우리가 범죄한 것 때문에 내줌이 되고(4:25). 그리스도의 죽음은 죄의 죽음이고, 그의 부활은 의의 부활이다. 왜냐하면 그의 죽음을 통하여 그리스도는 우리 죄를 속하였고, 그의 부활을 통하여 그리스도는 우리에게 의를 가져다주었기 때문이다. 그리스도의 죽음은 우리 죄가 사함 받았음을 단지 알리는 데 그치는 것이 아니라 그 죄 사함을 가져왔다. 그리스도의 부활은 단지 우리를 의롭다 하시겠다는 서약이 아니라 우리의 의의 근거이다.

로마서 5장

5장의 내용: 사도는 믿는 자들로 하여금 의롭다 하심을 얻게 하는 믿음의 힘을 보여준다. 왜냐하면 아담으로부터 그리스도에 이르기까지 사망이 그 파괴적인 힘을 행사하였기 때문이다. 성 바울은 이 장에서 큰 기쁨과 극도의 환희 속에서 이야기한다. 성경 전체를 통틀어서 이 개가(凱歌)를 알리는 본문과 견줄 수 있는 장은 거의 없다. 사도는 여기서 하나님의 은혜와 긍휼하심을 극명하게 서술하고, 그것이 어떤 성질을 지니고 있고, 얼마나 풍성하게 우리에게 부어졌는지를 보여준다.

믿음으로 말미암은 의의 풍성한 축복들

그러므로 우리가 믿음으로 의롭다 하심을 받았으니 우리 주 예수 그리스도로 말미암아 하나님과 화평을 누리자 또한 그로 말미암아 우리가 믿음으로 서 있는 이 은혜에 들어감을 얻었으며 하나님의 영광을 바라고 즐거워하느니라 다만 이뿐 아니라 우리가 환난 중에도 즐거워하나니 이는 환난은 인내를, 인내는 연단을, 연단은 소망을 이루는 줄 앎이로다 소망이 우리를 부끄럽게 하지 아니함은 우리에게 주신 성령으로 말미암아 하나님의 사랑이 우리 마음에 부은 바 됨이니 우리가 아직 연약할 때에 기약대로 그리스도께서 경건하지 않은 자를 위하여 죽으셨도다 의인을 위하여 죽는 자가 쉽지 않고 선인을 위하여 용감히 죽는 자가 혹 있거니와 우리가 아직 죄인 되었을 때에 그리스도께서 우리를 위하여 죽으심으로 하나님께서 우리에 대한 자기의 사랑을 확증하셨느니라 그러면 이제 우리가 그의 피

로 말미암아 의롭다 하심을 받았으니 더욱 그로 말미암아 진노하심에서 구원을
받을 것이니 곧 우리가 원수 되었을 때에 그의 아들의 죽으심으로 말미암아 하나
님과 화목하게 되었은즉 화목하게 된 자로서는 더욱 그의 살아나심으로 말미암아
구원을 받을 것이니라 그뿐 아니라 이제 우리로 화목하게 하신 우리 주 예수 그
리스도로 말미암아 하나님 안에서 또한 즐거워하느니라 그러므로 한 사람으로 말
미암아 죄가 세상에 들어오고 죄로 말미암아 사망이 들어왔나니 이와 같이 모든
사람이 죄를 지었으므로 사망이 모든 사람에게 이르렀느니라(5:1-12).

우리가 … 화평을 누리자(5:1). 하나님께서 우리를 행위로 말미암지 않고
믿음으로 말미암아 의롭다고 하셨기 때문에, 우리는 사람과 육체, 세상과
마귀와는 화평을 이루고 있지 않지만 마음과 양심에 있어서 하나님과 화
평을 누리고 있다. 하지만 믿는 자들은 더욱더 많은 시련들을 겪는다.
우리 주 예수 그리스도로 말미암아(5:1). 즉, 우리 자신으로 말미암아서가
아니라 우리의 중보자로 말미암아, 우리는 믿음으로 의롭다 하심을 얻는
다. 믿음으로 말미암아 우리가 하나님을 사랑하고, 하나님을 알고, 하나님
을 기뻐하듯이, 우리의 중보자이신 그리스도를 통하여 우리는 하나님께 나
아간다. 믿음이 없이는 그리스도를 통하여 하나님의 은혜에 의한 죄 사함
과 의롭다 하심을 얻지 못한다. 지금 우리는 우리의 확고한 신앙고백을 통
하여 하나님의 죄 사함과 의롭다 하심에 견고히 서 있다.
사도가 여기서 말하는 "화평"은 모든 선지자들이 말한 그 화평, 즉 "하
나님으로 더불어"라는 표현이 보여주듯이 영적 화평을 뜻한다. 이 화평은
평온을 찾은 양심, 하나님에 대한 신뢰이고, 역으로 화평의 부재는 영적 염
려, 교란된 양심, 하나님에 대한 불신이다. 이 화평 때문에 그리스도는 평
강의 왕이라 불린다(사 9:6). 에베소서 2:14에서는 "그는 우리의 화평이
신지라 둘로 하나를 만드사"라고 말씀하고 있고, 에베소서 2:17에서는
"오셔서 먼 데 있는 너희에게 평안을 전하시고 가까운 데 있는 자들에게
평안을 전하셨으니"라고 말씀한다. 따라서 그리스도께서 마태복음 10:34
에서 "내가 세상에 화평을 주러 온 줄로 생각하지 말라 화평이 아니요 검

을 주러 왔노라"고 말씀하신 것처럼, 이 표현은 이 땅에 속한 화평을 의미하는 것으로 해석해서는 안 된다. 요한복음 16:33에서 예수께서는 "너희로 내 안에서 평안을 누리게 하려 함이라 세상에서는 너희가 환난을 당하나"라고 말씀하신다. 그러므로 "그의 날에 의인이 흥왕하여 평강의 풍성함이 달이 다할 때까지 이르리로다"라는 시편 72:7의 말씀은, 많은 사람들이 생각하듯이 카이사르 아우구스투스 치하에서 세상이 누린 것 같은 이 땅에 속한 화평을 의미하는 것이 아니라 "하나님으로 더불어" 누리는 화평, 즉 영적 화평을 의미하는 것으로 해석되어야 한다.

이 구절을 통해서 사도는 아주 적절한 반제(反題)를 네 가지 방식으로 제시한다. 첫째, 믿음으로 말미암아 의롭다 하심을 얻은 자는 하나님과 더불어 화평을 누리지만, 그의 삶이 영적이기 때문에 세상에서는 환난을 당한다. 둘째, 불의한 자들은 세상과 더불어 화평을 누리지만, 그들의 삶이 육적이기 때문에 하나님과의 관계 속에서는 고뇌와 환난을 겪는다. 셋째, 성령 하나님이 영원하시듯이, 의인들의 화평과 불의한 자들의 환난은 영원히 지속될 것이다. 끝으로 육이 일시적이듯이, 의인들의 환난과 불의한 자들의 화평은 일시적이 될 것이다.

또한 그로 말미암아 우리가 믿음으로 서 있는 이 은혜에 들어감을 얻었으며 (5:2). 사도가 여기서 "우리 주 예수 그리스도로 말미암아"와 "믿음으로"를 연결시키고 있는 것은 매우 시사하는 바가 크다. 사도는 먼저 마치 단지 믿기만 하면 그것으로 구원을 위해 충분하다는 듯이 그리스도 없이 하나님에게 나아갈 수 있다고 생각하는 자들의 오만을 쳐서 말한다. 그들은 마치 그들에게 그리스도가 아무 필요도 없다는 듯이 그리스도로 말미암는 것이 아니라 그리스도를 그냥 통과하여 믿음만으로 하나님께 나아가고자 한다. 그들이 그리스도 없이 단지 믿음만으로 하나님께 나아가고자 하는 것은 그리스도의 구원을 거부하는 것을 의미한다. 그러한 믿음은 참된 것이 아니고 가짜이다. 그들이 가진 가짜 믿음으로는 그들은 하나님께 나아갈 수 없고, 오히려 하나님으로부터 떠날 뿐이다.

또한 사도는 마치 믿음 없이도 그리스도로 말미암아 구원받을 수 있다는 듯이 믿음 없이 그리스도로 말미암아 안심하는 자들을 쳐서 말한다. "믿음으로"와 "우리 주 예수 그리스도로 말미암아"는 둘 다 함께 있어야 한다. 믿음으로 그리스도 안에서 우리는 모든 것들을 이루고 견뎌낸다. 그렇지만 이 모든 것에도 불구하고 우리는 스스로 무익한 종임을 인정하고, 오직 그리스도로 말미암아서만 하나님께 나아갈 수 있다는 것을 확신하여야 한다. 모든 믿음의 행위들과 관련하여, 우리의 주된 관심은 우리가 우리에게 자신의 의를 주시는 그리스도 및 그의 호의를 받기에 합당한 자가 되는 데 있다.

우리가 환난 중에도 즐거워하나니(5:3). 이 절을 보면, 하나님의 진노, 하나님의 긍휼, 환난은 두 가지로 구별된다: 즉, 하나님의 진노로 인해 우리에게 오는 환난이 있고, 하나님의 선하심으로 인해 오는 환난이 있다. 하나님의 사랑으로 인해 오는 환난은, 뜻하지 않게 어떤 다른 좋지 않은 결과를 가져올 수 있다고 할지라도, 사실은 이 절에 묘사된 대로 우리에게 선한 것만을 가져다준다. 이 좋지 않은 부산물은 환난 자체가 가져다주는 것이 아니라 그 환난을 이겨내는 자의 연약함 때문에 생겨나는 것이다. 그 환난은 다름 아닌 그리스도의 십자가로서 경외함으로 떠받들어야 함에도 불구하고, 그는 그 환난에 관하여 잘못 생각해서, 환난의 본질, 힘, 작용(목적)을 제대로 이해하지 못하고 단지 그 겉모습만을 보고 판단할 때에 그런 좋지 않은 결과가 생겨난다.

환난은 인내를(5:3). 믿음을 가진 자들은 사실 본문에 언급된 모든 훌륭한 것들을 소유하되 감춰진 방식으로 소유한다. 환난을 통해서 그들은 최고도로 연단되고 정화된다. 환난은 우리 안에서 어떤 것들을 발견하면 그 것들을 더 온전히 계발시킨다. 어떤 사람이 육적이고, 연약하고, 눈멀고, 악하고, 화를 잘 내고, 콧대가 높다면, 환난은 그를 더 육적이고, 연약하고, 눈멀고, 악하고, 화를 잘 내는 사람으로 만들 것이다. 반면에 "곤란 중에 나를 크게[개역에서는 '너그럽게'] 하셨사오니"라는 시편 4:1의 말씀처럼, 어떤 사람이 영적이고, 강하고, 지혜롭고, 경건하고, 온유하고, 겸손하다면, 그는 더 영적이고 힘있고 지혜롭고 경건하며 온유하고 겸손하게 될 것이다.

자기가 화내고 짜증내는 것이 자기를 화나게 하는 것이나 환난의 탓이라고 생각하는 자들은 뭘 잘 모르는 자들이다. 환난은 사람을 짜증나게 하는 것이 아니라 그 사람이 짜증이 많다는 사실을 드러내서 입증해 줄 뿐이다. 따라서 누구나 환난을 통해서 자기 마음이 본래 어떠한지를 알 수 있다.

겉으로 거룩한 성물인 십자가를 숭배하면서도 환난과 시련을 싫어하고 거기로부터 도망치는 자들은 무지하고, 유치하며, 위선적인 자들이다. "자기 십자가를 지고 나를 따르지 않는 자도 내게 합당하지 아니하니라"는 마태복음 10:38의 말씀처럼, 성경에서는 환난을 일종의 그리스도의 십자가라고 부른다.

이 십자가를 지기를 거부하는 자는 그리스도인이 아니고 회교도요 그리스도의 원수라는 것을 누구나 명심해야 한다: 왜냐하면 여기에서 사도가 "우리가 환난 중에도 즐거워하나니"라고 말할 때에 "우리"는 모든 신자들을 가리키기 때문이다. 그리고 사도행전 14:22에서는 "우리가 하나님의 나라에 들어가려면 많은 환난을 겪어야 할 것이라"고 말씀한다. 여기서 "겪어야"(must)라는 단어에서 알 수 있듯이, 환난은 우연히 찾아온다든가 우리에게 선택의 문제라든가 우리가 그것을 취하든지 버리든지 할 수 있는 것이 아니다. 많은 성경 구절들에서 우리 주님을 '구주,' '환난 중에 돕는 자'로 부르고 있는데, 이는 환난을 견디고자 하지 않는 자는 모두 그리스도에게서 그의 영예로운 직함들과 명칭들을 빼앗는 것이 됨을 의미한다. 그런 자들에게 우리 주님은 결코 구주가 되시지 않을 것이다. 그들은 자기들이 정죄 아래 있음을 인정하지 않는 것이기 때문이다. 그런 자들에게 하나님은 힘도 지혜도 은혜도 베풀지 않으신다. 그들은 연약하고 어리석고 형벌 받아야 마땅한 피조물들로서 하나님을 존귀히 여기기를 원하지 않기 때문이다.

연단은 소망을 이루는 줄 앎이로다(5:4). 여기서 연단은 환난의 목적 또는 환난이 가져다주는 미덕이라는 좋은 의미로 이해해야 한다. 하나님은 먼저 연단시키지 않고는 그 누구도 의로운 자로 받아들이시지 않는다. "여호와는 의인을 연단하시고[개역에서는 '감찰하시고']"라는 시편 11:5의 말씀처럼, 하나님은 우리를 시련의 불을 통하여 연단하신다. 하나님이 이런 식으로 우리를 연단하시는 목적은 우리로 하여금 우리가 하나님을 그 자체로 진정으로 사랑하는지를 알게 하려는 것이다. 그래서 시편 139:23, 24에서는 이렇게 말씀한다: "하나님이여 나를 살피사 내 마음을 아시며 나를 시험하사 내 뜻을 아옵소서 내게 무슨 악한 행위가 있나 보시고 나를 영원한 길로 인도하소서." 만약 하나님이 환난을 통해 우리를 연단하지 않으신다면, 우리가 구원 받는 것은 불가능해질 것이다.

소망이 우리를 부끄럽게 하지 아니함은(5:5). 환난은 사람에게서 그가 의지하는 모든 것들을 앗아가서, 사람을 가진 것이 하나도 없는 벌거벗은 상태로 만들어 놓는다. 또한 환난은 사람이 자기 자신의 현세적이고 영적인 선한 행위들 속에서 도움과 구원을 찾지 못하도록 막아버린다. 끝으로, "여호와여 주는 나의 방패시요 나의 영광이시요 나의 머리를 드시는 자이시니이다"라는 시편 3:3의 말씀처럼, 환난은 사람으로 하여금 모든 피조물에 대하여 절망하게 만들고 자기 자신으로부터 눈길을 돌리게 만들고 자기 자신과 그 밖의 다른 모든 것들로부터 떠나게 만들어서 오직 창조주이신 하나님께로부터 오는 도움만을 찾게 만든다. 이것이 "소망"이 의미하는 것인데, 환난에 의한 연단을 통해서 그러한 소망이 우리 속에 확고하게 자리를 잡게 된다. 반면에 자기 자신의 미덕들에 의지하고 환난을 인내로써 견디어내지 않음으로써 스스로 환난을 통해 연단 받는 것을 허용치 않는 악한 자들은 사람이 하나님만을 의뢰해야 한다는 사실을 결코 깨닫지 못한다. 그러므로 최후의 시련이 닥쳐와서 그들의 모든 미덕들과 공로들이 사라져 버리고, 영원한 절망 속으로 가라앉는 그 날이 오면, 그들은 산들에게 "우리 위에 무너지라"(눅 23:30)고 부르짖을 것이다. 그들이 소망이라고 생각했던 것은 전혀 소망이 아니었고, 단지 그들 자신의 행위들과 의에 대한 잘못되고 오만한 신뢰였음이 드러날 것이다.

하나님의 사랑이 우리 마음에 부은 바 됨이니(5:5). 소망이 우리를 부끄럽게 하지 않는 이유는 하나님의 사랑, 즉 우리 속에서 하나님에 대한 요동치 않는 충성을 불러일으키는 하나님께 속한 사랑이 외부로부터 우리 마음에 부어지기 때문이다. 이 사랑을 우리는 우리의 공로 때문이 아니라 은혜로 받는다: 그리고 이 사랑은 우리로 하여금 기꺼이 환난을 견디도록 만든다. 기꺼이 환난을 견디고자 하는 정한 마음을 갖고 있지 않다면, 아무리 성령의 도우심을 받는다 해도 사람은 환난을 견뎌낼 수 없다.

성 아우구스티누스는 이 구절에 대해 이렇게 논평한다: "한 걸음 한 걸음 사도는, 그가 말하듯이, 우리가 성령으로부터 선물로 받아 갖고 있는 사랑을 향해 우리를 인도한다. 이렇게 함으로써 그는 우리에게 우리가 우리 자신의 것이라고 주장할 수 있는 모든 것을 우리에게 은혜로 성령을 주신 하나님께 돌려야 한다는 것을 보여준다."

우리는 이 구절을, 우리의 힘으로는 불가능한데도 왜 우리가 환난 가운데 즐거워할 수 있는지를 보여주는, 성령의 보충적인 동기부여 또는 가르침으로 이해해야 한다. 그것은 우리 자신의 힘의 효과가 아니라 성령을 통해 우리에게 주어진 하나님의 사랑으로부터 온다.

다음과 같은 것들에 주목하자: 1. 그것은 부은 바 된 것이므로, 우리 속에 있는 것도 아니고 우리로부터 유래한 것도 아니다. 2. 그것은 성령으로 말미암은 것이므로, 도덕적 차원에서 우리가 좋은 습관을 얻는 그런 방식으로 미덕을 향한 우리의 노력으로 얻어지는 것이 아니다. 3. 우리 마음에, 즉 그것은 물 위에 떠있는 거품처럼 단지 표면 위에 있는 것이 아니라 우리 존재의 가장 내밀한 핵(核) 속에 부어진다. 표면 위에 있는 그러한 피상적인 사랑은 사랑이 있는 체하고 스스로 사랑이 있다고 착각하는 위선자들의 것이다. 4. 그것은 우리에게 주어졌다, 즉 그것은 우리의 공로로 얻은 것이 아니다. 만약 공로를 따진다면, 우리는 정반대, 즉 사랑이 아니라 형벌을 받아야 마땅하다. 5. 그것은 우리 피조물들의 무기력하고 저급한 형태의 사랑과 구별되는 사랑(*caritas*)이라 불린다. 그것은 소중하고 가치 있는 사랑으로서, 우리가 다른 모든 것들보다 하나님을 존중하고, 우리가 최고의 존중으로 하나님을 사랑하듯이, 이 사랑을 가지고 우리는 우리가 사랑하는 것을 최고로 존중한다. 단지 하나님의 선물들이나 다른 어떤 유익 때문에 하나님을 사랑하는 자는 가장 저급한 형태의 사랑으로써, 즉 죄악된 욕망을 가지고 하나님을 사랑하는 것이다. 그러한 세상적인 사랑은 하나님을 이용하는 것이지 하나님을 기뻐하는 것이 아니다. 6. 오직 하나님만이 그렇게 사랑할 수 있기 때문에, 하나님의 사랑이다. 우리는 하나님 때문에, 즉 하나님이 그것을 원하시기 때문에 이웃을 사랑한다.

기약대로 그리스도께서 경건하지 않은 자를 위하여 죽으셨도다(5:6). 그리스도께서는 우리가 아직 연약할 때에, 즉 우리가 의롭게 되지도 거룩케 되지도 않고 어찌할 바를 몰라 헤매고 있었을 때에, 즉 경건치 않을 때에(6절) 죽으셨다. 5:10에서 사도는 "우리가 원수 되었을 때에 … 하나님과 화목하게 되었은즉"이라고 말한다. 또한 8절에서는 "우리가 아직 죄인 되었을 때에 그리스도께서 우리를 위하여 죽으심으로"라고 말씀한다.

화목하게 된 자로서는 더욱 그의 살아나심으로 말미암아 구원을 받을 것이니라(5:10). 예수 그리스도의 부활과 살아나심은 우리의 영적인 부활과 영적인 살아남의 근거, 즉 효과적인 수단이다. 왜냐하면 "네가 만일 네 입으로 예수를 주로 시인하며 또 하나님께서 그를 죽은 자 가운데서 살리신 것을 네 마음에 믿으면 구원을 받으리라"는 10:9의 말씀처럼, 그리스도의 부활과 살아나심은 우리를 믿게 하고 죄로부터 일으켜 주기 때문이다. "그리스도 예수와 합하여 세례를 받은 우리는 … 우리가 그의 죽으심과 합하여 세례를 받음으로 … 우리로 또한 새 생명 가운데서 행하게 하려 함이라"는 6:3, 4의 말씀처럼, 그리스도의 죽음 속에서 우리도 죽고 영적으로 살아난다.

그러므로 한 사람으로 말미암아 죄가 세상에 들어오고 죄로 말미암아 사망이 들어왔나니(5:12). 여기서 사도는 한 사람으로 말미암아 의가 세상에 들어왔음을 보여준다. 그러나 사도는 다른 얘기를 하다가 그 주제를 논의한다. "죄로 말미암아 사망이 들어왔나니"라는 구절은 사도가 원죄를 얘기하고 있음을 분명하게 보여준다. 따라서 이것을 자범죄라는 의미로 이해해서는 안 된다. 사도가 여기서 자범죄가 아니라 원죄를 말하고 있다는 것은 다음과 같은 사실에 의해서도 입증된다:

1. 사도는 "한 사람으로 말미암아"라고 말한다. 이 말에 대해서 성 아우구스티누스는 「죄들에 대한 마땅한 형벌 및 그 용서에 관하여」 (*Concerning the Deserved Punishment of Sins and their Forgiveness*) 제1장에서 펠라기우스주의자들에 반대하여 이렇게 쓰고 있다: "그러니까 범식을 통하여 한 사람으로부터 모든 사람에게로 번진 그 죄와 사망을 언급하는 사도는 인류의 범식이 시작된 최초의 사람을 한 사람으로 나타내고 있다."

2. 사도는 "한 (사람으로) 말미암아"라고 말한다. 자범죄는 많은 사람들을 통해서 세상에 들어온다. 왜냐하면 각 사람을 통해서 각각의 특유한 죄가 세상에 들어오기 때문이다.

3. 사도는 "죄가 세상에 들어오고"라고 말한다. 사실 자범죄는 세상에 들어오는 것이 아니다. 각 사람의 자범죄들은 그 범죄자의 머리에 무거운 짐을 지운다. 여기서 "세상"이라는 단어는 하늘과 땅을 의미하는 것이 아니라, 사도가 로마서 3:6에서 "그러하면 하나님께서 어찌 세상을 심판하시리요"라고 말하고 있는 것처럼, 세상에 사는 인간 존재를 의미한다. 5:19에서 사도는 "한 사람의 순종치 아니함으로 많은 사람이 죄인 된 것 같이"라는 말로써 이 단어를 설명한다.

4. 사도는 "죄로 말미암아 사망이 들어왔나니"라고 말한다. 자범죄들을 범하지 않은 사람들도 마찬가지로 죽기 때문에, 사람들의 죽음은 분명히 단지 그들의 개인적인 죄로부터 오는 것이 아니다. 따라서 사도는 여기서 그 어떤 구체적인 자범죄들을 가리키고 있는 것이 아니다.

5. 사도는 "사망이 모든 사람에게 이르렀느니라"고 말한다. 어떤 사람의 자범죄를 말하는 것이라면, 신명기 24:16에서 율법이 "각 사람은 자기 죄로 말미암아 죽임을 당할 것이니라"고 말하고 있는 것처럼, 죄에 죽음이 따른다면, 오로지 그 죄를 범하는 사람에게만 죽음이 와야 할 것이다.

6. 사도는 "죄"라고 말함으로써 단수로 된 단 하나의 죄, 즉 원죄를 가리킨다. 자범죄들을 말하고자 했다면, 사도는 "많은 범죄를 인하여"라는 5:16의 말씀처럼 복수로 얘기했을 것이다.

7. 사도는 "이와 같이 모든 사람이 죄를 지었으므로"라고 말한다. 어떤 사람의 자범죄가 다른 사람의 죄로 되어서 모든 사람이 죄를 범한 것으로 되는 일은 없다. 각 사람은 각자의 자범죄를 범한다.

8. 사도는 "죄가 율법이 있기 전에도 세상에 있었으나"라고 말한다. 이것은 자범죄에 대한 형벌을 사람들이 알고 있었다는 것을 말하고, 원죄를 말하는 것이 아니다. 자범죄는 모세 이전에도 존재하였고, 죄인의 책임으로 돌려져서, 처벌되었다. 그러나 원죄는 모세가 율법을 통해 그것을 알게 하기까지는 사람들이 몰랐다.

9. 사도는 "아담의 범죄와 같은 죄를 짓지 아니한 자들"이라고 말한다. 아담의 범죄와 같은 범죄를 하는 자들은 모두 펠라기우스의 주장과는 달리 비슷한 모방된 죄가 아니라 실제적인 범법으로써 죄를 짓는다.

10. 사도는 원죄를 통하여 아담은 장차 오실 자의 모형이 되었다고 말한다. 그러나 모든 개별적인 자범죄를 통해서는 그런 일이 일어나지 않는다. 그렇지 않다면, 모든 죄인이 오실 자의 모형이 될 것이다. 그러나 오직 아담만이 그리스도의 모형이다. 왜냐하면 아담의 이 한 죄가 모두에게 임했기 때문이다.

그러나 그렇다면 원죄란 무엇인가? 사도에 의하면, 원죄는 의지 속에 선한 성질이 결여되어 있는 것, 인간의 의 및 선행의 능력의 상실만을 가리키는 것이 아니다. 오히려 원죄는 인간의 육신과 영혼의 모든 능력들, 인간의 외적, 내적 모든 완전들의 상실이다. 이와 아울러 원죄는 악한 모든 것에 이끌리는 성향, 선한 것에 대한 혐오, 영적인 빛과 지혜에 대한 반감, 잘못과 어둠에 대한 사랑, 선행들의 회피와 혐오, 죄악된 것에 대한 추구 등이다. 따라서 시편 14:3에서는 "다 치우쳐 함께 더러운 자가 되고 선을 행하는 자가 없으니 하나도 없도다"라고 하고 있고, 창세기 8:21에서는 "사람의 마음이 계획하는 바가 어려서부터 악함이라"고 말씀한다.

본질적으로 자범죄들은 마태복음 15:19에서 주님께서 "마음에서 나오는 것은 악한 생각과 살인과 간음과 음란과 도둑질과 거짓 증언과 비방이니"라고 말씀하시듯이 우리로부터 나오는 죄들이다. 그러나 원죄는 우리에

게 들어온다. 우리는 원죄를 범하는 것이 아니라 원죄에 의해 고통을 겪는
다. 우리가 죄인인 것은 한 죄인의 자손들이기 때문이다. 죄인은 자기와 닮
은 죄인만을 낳을 수 있다.

아담이 전가시킨 범죄; 그리스도께서 전가시킨 의

죄가 율법 있기 전에도 세상에 있었으나 율법이 없었을 때에는 죄를 죄로 여기
지 아니하였느니라 그러나 아담으로부터 모세까지 아담의 범죄와 같은 죄를 짓지
아니한 자들까지도 사망이 왕 노릇 하였나니 아담은 오실 자의 모형이라 그러나
이 은사는 그 범죄와 같지 아니하니 곧 한 사람의 범죄를 인하여 많은 사람이 죽
었은즉 더욱 하나님의 은혜와 또한 한 사람 예수 그리스도의 은혜로 말미암은 선
물은 많은 사람에게 넘쳤느니라 또 이 선물은 범죄한 한 사람으로 말미암은 것과
같지 아니하니 심판은 한 사람으로 말미암아 정죄에 이르렀으나 은사는 많은 범
죄로 말미암아 의롭다 하심에 이름이니라 한 사람의 범죄로 말미암아 사망이 그
한 사람을 통하여 왕 노릇 하였은즉 더욱 은혜와 의의 선물을 넘치게 받는 자들
은 한 분 예수 그리스도를 통하여 생명 안에서 왕 노릇 하리로다. 그런즉 한 범죄
로 많은 사람이 정죄에 이른 것 같이 한 의로운 행위로 말미암아 많은 사람이 의
롭다 하심을 받아 생명에 이르렀느니라 한 사람이 순종하지 아니함으로 많은 사
람이 죄인 된 것 같이 한 사람이 순종하심으로 많은 사람이 의인이 되리라 율법
이 들어온 것은 범죄를 더하게 하려 함이라 그러나 죄가 더한 곳에 은혜가 더욱
넘쳤나니 이는 죄가 사망 안에서 왕 노릇 한 것 같이 은혜도 또한 의로 말미암아
왕 노릇 하여 우리 주 예수 그리스도로 말미암아 영생에 이르게 하려 함이라
(5:13-21).

죄가 율법 있기 전에도 세상에 있었으나(5:13). 성 아우구스티누스는 「죄들
에 대한 마땅한 형벌 및 그 용서에 관하여」 제10장에서 이 구절을 다음과
같이 설명한다: "죄는 자연적인 율법이든 계시된 율법이든 율법으로는 처
리할 수 없었다; 왜냐하면 아무도 율법의 행위로는 의롭다 하심을 얻을

수 없었기 때문이다." 또 다른 책에서 그는 "율법 있기 전에도"라는 구절이 율법의 마침인 그리스도께서 오시기까지 율법이 존속했던 전 기간을 가리킨다고 말한다. (루터도 이러한 해석을 선호한다.) 율법이 오기 전에는 사람들을 죄를 깨닫지 못했다. 율법이 온 후로, 율법은 사람들로 하여금 죄를 알게 하였고, 이를 통해 죄를 생산해 내었다.

그러나 아담으로부터 모세까지 … 사망이 왕 노릇 하였나니(5:14). 이것은 죄의 형벌, 즉 사망은 모든 사람들이 체험을 통해서 잘 알고 있었지만, 사망의 원인인 죄는 알지 못했다는 것이다. 모세도 죽었기 때문에 사망이 오직 모세에게만 왕 노릇 하였고, 세상 끝날까지 모든 사람들이 계속해서 죽을 것이라는 의미로 우리는 이 구절을 이해해서는 안 된다. 오히려 모세에게도 사망이 왕 노릇 하였지만, 사람들은 왜 사망이 그토록 강력한 지배력을 가졌는지를 알지 못했다는 의미로 이 구절은 해석되어야 한다.

아담의 범죄와 같은 죄를 짓지 아니한 자들까지도(5:14). 성 아우구스티누스는 이 구절을 다음과 같이 설명한다: "아담과 달리 그들 자신의 개인적인 의지로써 죄를 범한 것이 아닌 자들" 위에도 사망이 왕 노릇 하였다. 즉, 모두가 죄를 지었으나, 단지 자범죄를 지은 것이 아니라 아담의 죄라는 동일한 하나의 죄 때문에 죄를 지었다. (루터는 이 구절 전체에 대한 해석에서 사도가 여기서 아담의 범죄가 그의 모든 자손들에게 전가된다는 것을 말하고 있다는 사실을 강조한다.)

아담은 오실 자의 모형이라(5:14). 어째서 아담이 그리스도의 모형인가? 아담은, 금지된 나무의 열매를 먹지 않았는데도 자기 자손들에게 임한 사망의 원인자가 되었던 것처럼, 그리스도는, 의를 스스로의 노력으로 얻지 않았지만 자기에게 속한 자들에게 의를 나누어주는 자가 되었다; 왜냐하면 십자가를 통하여 그리스도는 모든 사람을 위한 의를 확보하였기 때문이다. 아담의 범죄의 모형은 우리 안에 있다. 왜냐하면 우리는 마치 아담이 범죄한 것과 마찬가지로 우리도 범죄한 것처럼 죽기 때문이다. 그리스도의 모형은 우리 안에 있다. 왜냐하면 우리는 마치 그리스도께서 모든 의를 이루셨던 것과 마찬가지로 우리도 그렇게 한 것처럼 살기 때문이다.

그러나 이 은사는 그 범죄와 같지 아니하니(5:15). 원죄는 아담의 범죄로 인해 존재한다. 이 죄를 우리는 아담의 자손으로서 짊어지고, 그 때문에 우리는 유죄이다. 왜냐하면 아담은 그의 본성상 자신의 죄를 모두에게 전가하기 때문이다. 아담 자신이 그 죄로 말미암아 죄악되고 악해졌듯이, 아담은 모든 악한 것에 끌리고 선한 것을 거부하는 죄인들과 행악자들만을 낳을 뿐이다.

더욱 하나님의 은혜와 또한 한 사람 예수 그리스도의 은혜로 말미암은 선물은 많은 사람에게 넘쳤느니라(5:15). 한 사람의 죄가 있듯이, 다른 한 사람의 은혜가 있다. 우리 자신이 자범죄를 범함이 없이 정죄당하는 것을 통해서 우리가 한 사람의 죄를 알게 되듯이, 다른 한 사람의 의가 우리의 공로 없이 우리에게 주어지는 것을 통해서 우리는 다른 한 사람의 은혜를 알게 된다.

또 이 선물은 범죄한 한 사람으로 말미암은 것과 같지 아니하니(5:16). 의롭다 하시는 값없이 주시는 선물은 오직 한 죄인의 한 죄에 대해서만 주어지는 것이 아니다. 다른 말로 하면, 은혜의 선물은 아담 한 사람의 범죄함으로 말미암아 우리의 것이 된 저 하나의 정죄로부터만 우리를 자유케 해 주는 것이 아니다.

한 사람의 범죄로 말미암아 사망이 그 한 사람을 통하여 왕 노릇 하였은즉 더욱 은혜와 의의 선물을 넘치게 받는 자들은 한 분 예수 그리스도를 통하여 생명 안에서 왕 노릇 하리로다(5:17). 사도는 하나님의 풍성하신 은혜를 찬송하기 위하여 매번 새롭고 다른 말들을 사용해서 동일한 사상을 되풀이한다.

한 범죄로 모든[개역에서는 '많은'] 사람이 정죄에 이른 것 같이(5:18). 여기서 사도는 "모든 사람"이라고 말한다. 첫째는 아담에게서 난 모든 사람이 그리스도에 대한 믿음을 통해서 거듭나기 때문이고, 둘째는 아담을 통하지 않고는 육적 출생이 존재하지 않듯이 그리스도를 통하지 않고서는 영적 출생이 존재하지 않기 때문이다.

한 사람이 순종하지 아니함으로 많은 사람이 죄인 된 것 같이 한 사람이 순종하심으로 많은 사람이 의인이 되리라(5:19). 여기서 사도는 앞 절에서 자신의 강조점이 죄인들 또는 의인들의 수에 있지 않고 죄와 은혜의 권능에 있다는 것을 보이기 위해서 "모든"이 아니라 "많은"이라고 말한다. 하나의 범죄로 많은, 아니 모든 사람이 타락할 정도로 죄가 그토록 강력하다는 것이 입증되었다면, 하나님의 은혜는 훨씬 더 강력하다: 왜냐하면 은혜의 한 행위(그리스도의 구속)는 원하기만 한다면 많은, 아니 모든 사람을 많은 죄들에서 구원할 수 있기 때문이다.

성 크리소스톰(St. Chrysostom)은 이와 관련해서 다음과 같이 말한다: "유대인이 당신에게 어떻게 한 그리스도의 권능을 통해서 세상이 구원받은 일이 가능한가라고 묻는다면, 그에게 어떻게 한 불순종한 아담을 통해서 세상 전체가 저주를 받는 일이 가능했는가라고 물어라."

15절에서 사도는 마치 "하나님의 은혜"와 "은혜의 선물"이 서로 구별되기라도 하는 것처럼 이 둘을 연결시킨다. 사도가 그렇게 하는 것은 "그가 위로 올라가실 때에 … 그 사람들에게 선물을 주셨다"는 에베소서 4:8의 말씀처럼 그리스도께서 하나님의 은혜를 사람들에게 나눠주도록 하기 위해 성부 하나님이 그리스도에게 값없이 주신 선물로서 그 은혜를 사람들이 받는 것이지 공로를 통해서 받는 것이 아니라는 사실을 강조하기 위한 것이다. 그러나 실제로 "하나님의 은혜"와 "은혜로 말미암은 선물"은 동일한 것으로서, 하나님이 그리스도로 말미암아 은혜로써 우리에게 주시는 의이다.

율법이 들어온 것은 범죄를 더하게 하려 함이라(5:20). "율법이 들어온 것은"이라는 말은 죄가 여전했다. 그러니까 실제로는 죄가 율법으로 말미암아 더 늘어났다는 것을 보여준다: 왜냐하면 율법이 죄에 뒤이어 들어온 것은 사람의 죄악된 욕망과 반대되는 것을 명하고 사람의 죄악된 정욕들을 금함으로써 죄를 더 넘쳐나게 하기 위함이기 때문이다. "범죄를 더하게 하려 함이라"는 구절은 목적이 아니라 결과를 나타낸다. 이 절의 의미는 이렇다: 율법을 범하는 것을 통해서 원죄에 대한 인식이 생겨났다. 그래서 성 아우구스티누스는 「로마서에 나오는 명제들」(*Propositions from the Epistle to the Romans*)에서 이렇게 말한다: "이 말을 통해서 그는 어떤 목적으로 율법이 주어졌는지를 유대인들이 이해하지 못했음을 분명하게 보여준다. 율법은 죄인들을 살리기 위해서 주어진 것이 아니라 — 죄인들을 살리는 것은 믿음으로 말미암는 하나님의 은혜뿐이다 — 율법을 스스로의 힘으로 지켜야 한다고 교만하게 주장하는 자들이 얼마나 강력한 죄의 쇠사슬들로 결박되어 포로로 잡혀있는지를 보여주기 위해서 주어진 것이다." 그러므로 인류는 율법으로부터 도움과 치유를 받지 못했고, 오히려 죄로 인한 병이 더 깊어갔을 뿐이다.

로마서 6장

6장의 내용 : 사도는 우리가 죄 안에 계속해서 거하여서는 안 되고 거룩함
속에서 살아야 한다는 것을 보인다.

그리스도 안에 있는 믿는 자들은 죄에 대하여 죽었다

그런즉 우리가 무슨 말을 하리요 은혜를 더하게 하려고 죄에 거하겠느냐 그럴
수 없느니라 죄에 대하여 죽은 우리가 어찌 그 가운데 더 살리요 무릇 그리스도
예수와 합하여 세례를 받은 우리는 그의 죽으심과 합하여 세례를 받은 줄을 알지
못하느냐 그러므로 우리가 그의 죽으심과 합하여 세례를 받음으로 그와 함께 장
사되었나니 이는 아버지의 영광으로 말미암아 그리스도를 죽은 자 가운데서 살리
심과 같이 우리로 또한 새 생명 가운데서 행하게 하려 함이라 만일 우리가 그의
죽으심과 같은 모양으로 연합한 자가 되었으면 또한 그의 부활과 같은 모양으로
연합한 자도 되리라 우리가 알거니와 우리의 옛 사람이 예수와 함께 십자가에 못
박힌 것은 죄의 몸이 죽어 다시는 우리가 죄에게 종 노릇 하지 아니하려 함이니
이는 죽은 자가 죄에서 벗어나 의롭다 하심을 얻었음이라 만일 우리가 그리스도
와 함께 죽었으면 또한 그와 함께 살 줄을 믿노니 이는 그리스도께서 죽은 자 가
운데서 살아나셨으매 다시 죽지 아니하시고 사망이 다시 그를 주장하지 못할 줄을
앎이로라 그가 죽으심은 죄에 대하여 단번에 죽으심이요 그가 살아 계심은 하나님
께 대하여 살아 계심이니 이와 같이 너희도 너희 자신을 죄에 대하여는 죽은 자요
그리스도 예수 안에서 하나님께 대하여는 살아 있는 자로 여길지어다(6:1-11).

은혜를 더하게 하려고 죄에 거하겠느냐(6:1). "선을 이루기 위하여 악을 행하자"라는 3:8의 말씀에서 우리가 이미 알고 있듯이, 어떤 사람들이 "죄가 더한 곳에 은혜가 더욱 넘쳤나니"(5:20)라는 사도의 말을 오해해서, 사도가 말한 내용에 대하여 비위가 상했다. 사도는 죄를 변호하기 위해서가 아니라 하나님의 은혜를 찬양하기 위해서 그런 말을 한 것이었다. 따라서 성 아우구스티누스는 「영과 문자에 관하여」 제7장에서 다음과 같이 바르게 말하고 있다: "사도 바울은 정죄 대신에 용서를, 형벌 대신에 은혜를 받았다. 그런 까닭에 그가 특히 목소리를 높여서 은혜를 주창하고 옹호하는 것은 적절하고 올바르다. 또한 그는 그의 가르침을 제대로 이해하지 못하고 그의 매우 합리적인 말들을 그릇된 의미로 곡해한 자들의 잘못된 해석들과 관련된 깊고 극히 난해한 문제에 관심을 두지 않았다." 하지만 이 장에서 사도는 예수 그리스도의 죽음과 부활의 신비를 다룬다.

죄에 대하여 죽은 우리가 어찌 그 가운데 더 살리요(6:2). 성 아우구스티누스는 "우리가 죄에 대하여 죽은 것은 하나님의 은혜의 역사(役事)이다"라고 말하고, 이 구절에 대하여 논평하면서 이렇게 쓴다: "이 구절 이하에서 사도는 은혜 아래 놓여 있어서 비록 육신으로는 예전처럼 죄의 율법을 섬기지만 그들의 새 사람을 따라서 이미 하나님의 법을 섬기는 그런 사람들만을 묘사한다." 그래서 율법과 죄라는 이 이중의 종 노릇을 설명하면서, 사도는 계속해서 이렇게 말한다: "새 사람을 따르는 믿는 자는 죄의 유혹들에 순종하지 않는다: 그의 정욕들이 아무리 크게 그를 유혹하고 도발한다고 할지라도, 그는 그 정욕들에 굴복하지 않는다." 그러므로 우리의 타락한 정욕들에 굴복하지 않을 때, 우리는 은혜 아래 있고, 죄는 더 이상 우리의 몸을 지배하지 못한다. 하지만 죄의 힘에 묶여 있는 자는 아무리 격렬하게 죄에 저항한다고 해도 은혜 아래 있지 않고 여전히 율법 아래 있다.

이것으로부터 우리는 사도의 말이 무엇을 의미하는지를 분명하게 알 수 있다. "죄에 대하여 죽은 우리"라든가 "하나님을 대하여는 산 자" 등과 같은 모든 말들은 비록 죄가 우리 안에서 계속해서 역사하지만 우리는 죄악된 정욕과 죄에 굴복하지 않는다는 것을 의미한다. 그럼에도 불구하고 "육

체의 소욕은 성령을 거스르고 성령은 육체를 거스르나니 이 둘이 서로 대
적함으로"라는 갈라디아서 5:17의 말씀처럼 죄는 우리의 삶이 끝나는 날
까지 우리 안에 여전히 있다. 그래서 모든 사도들과 성인들은 육신이 재로
변하고 정욕과 죄가 없는 새로운(영화로운) 몸이 일으켜 세워질 때까지
우리 안에는 여전히 죄와 죄악된 정욕이 있다고 고백한다. 베드로후서
3:13에서도 "우리는 그의 약속대로 의가 있는 곳인 새 하늘과 새 땅을 바
라보도다"라고 말씀하고 있다. 그러나 죄의 몸을 미워하고 저항하는 것은
쉬운 일이 아니고 대단히 어려운 일이다.

무릇 그리스도 예수와 합하여 세례를 받은 우리는 그의 죽으심과 합하여 세례
를 받은 줄을 알지 못하느냐(6:3). 자연적이고 현세적인 죽음과 영원한 죽음,
이렇게 두 종류의 죽음이 있다. 현세적인 죽음은 몸과 영혼이 분리되는 것
으로서, 단지 영원한 죽음의 표상일 따름이다. 이 영원한 죽음도 두 가지이
다. 하나는 선하고 영화로운 것으로 죄에 대한 죽음 또는 죽음에 대한 죽
음인데, 이를 통해 영혼이 구원받고 죄로부터 분리되며, 육신도 부패를 겪
지 않는다. 이 죽음을 통해서 우리는 은혜와 영광을 통해 살아계신 하나님
과 묶여진다. 이것은 성경이 특히 염두에 두는 죽음이다: 왜냐하면 하나님
은 사탄이 아담을 통하여 세상에 들여온 것, 즉 죄와 사망을 그리스도로
말미암아 멸하시기로 정하셨기 때문이다. "내가 그들을 스올의 권세에서
속량하며 사망에서 구속하리니 사망아 네 재앙이 어디 있느냐"라는 호세
아서 13:14의 말씀처럼, 하나님은 이렇게 죽음에 대한 죽음을 가져오신다.
다른 또 하나의 죽음도 영원한 것이지만, 절대적으로 파괴적인 것이다. 그
것은 저주받은 자들의 죽음이기 때문이다. 여기에서 죄는 영원토록 살아서
역사하고 사람은 사멸한다. 이것은 죄인의 최악의 죽음이다.

사람은 예수 그리스도 및 그의 죽으심과 합하여 세례를 받자마자 완전
의 상태에 있게 되는 것이 아니다. 그의 죽으심과 합하여 세례를 받은 후
에, 우리는 이 죽음의 복들을 얻고 우리의 영광의 목표에 이르기 위하여
고군분투할 따름이다. 마찬가지로 영원한 생명 및 하늘나라와 합하여 세례
를 받았다고 해서, 곧 그 복들의 충만한 부요를 온전히 소유하게 되는 것

도 아니다. 단지 영원한 생명을 구하는 첫 번째 발걸음을 디뎠을 뿐인 것이다. 세례가 제정된 것은 세례로 하여금 우리를 이 죽음의 복들로, 그 죽음을 통과하여 영원한 생명으로 이끌도록 하기 위함이었다. 그러므로 우리는 반드시 예수 그리스도 및 그의 죽으심과 합하여 세례를 받아야 한다.

우리가 그의 죽으심과 합하여 세례를 받음으로 그와 함께 장사되었나니(6:4). 죽으시고 장사된 그리스도께서 유대인들의 눈 앞에 나타나셨듯이, 영적인 사람, 즉 그리스도의 죽으심과 합하여 세례를 받고 그와 함께 장사된 사람은 자기 자신 및 남들의 눈 앞에 나타나야 한다. 그리스도께서 죽으신 후에 더 이상 무덤 밖에서 일어난 일에 관심을 갖지 않으셨던 것처럼, 영적인 사람도 비록 그의 오감으로는 여전히 이 땅에 속한 모든 것들 속에 존재하긴 하지만 모든 현세적인 것들로부터 전적으로 분리되고 마음으로 그러한 것들에 대하여 전적으로 죽어 있어야 한다. 자신의 모든 영적인 힘으로써 이 세상적인 삶에 속하는 것들을 무시할 때, 그는 그렇게 하고 있는 것이 된다. 사실 현세에서 중요한 모든 것을 미워하고, 기쁜 마음으로 믿음에 거하면서, 자기가 죽은 몸, 또는 사도가 고린도전서 4:13에서 "만물의 찌꺼기"라고 말하고 있는 것임을 기뻐하면, 그는 그렇게 하고 있는 것이 된다.

만일 우리가 그의 죽으심과 같은 모양으로 연합한 자가 되었으면 또한 그의 부활과 같은 모양으로 연합한 자도 되리라(6:5). 여기서 사도는 요한복음 12:24에서 가르치고 있는 것과 동일한 진리를 분명히 말한다: "한 알의 밀이 땅에 떨어져 죽지 아니하면 한 알 그대로 있고 죽으면 많은 열매를 맺느니라." 사도는 여기서 육신의 죽음과 부활이 아니라 영적 죽음과 부활(이는 세례 속에서 및 세례를 통하여 일어난다)을 말하고 있다는 것을 보여주기 위하여 그리스도의 죽으심과 부활의 "모양"이라고 말한다.

우리의 옛 사람이 예수와 함께 십자가에 못 박힌 것은(6:6). 우리의 본성이 아담에게서 낳아진 것이라는 점에서 "옛 사람"이다. 당연히 이 표현은 우리의 본성이 아니라 그 부패한 모습을 가리킨다. 본성 자체는 선하지만, 그 부패한 모습은 악하다. 단지 육신의 일들을 한다고 해서 어떤 사람을 "옛 사람"이라고 하는 것은 아니다. "옛 사람"은 겉으로 의롭게 행하고, 지혜를 찾으며, 온갖 형태의 영적인 은사들을 발휘하고, 심지어 하나님을 사랑하고 존귀하게 여기는 모습을 띠는 것은 오히려 더 흔한 일이다. 이런 사람이 "옛 사람"인 이유는 옛 사람 또는 부패한 자연인은 이 모든 것들 속에서 하나님의 선물들을 누리고, 하나님을 이용할 뿐이기 때문이다. 오직 하나님의 은혜로 말미암아서만 이런 남용의 죄로부터 그 사람은 일으켜 세워질 수 있다. (루터는 여기에서 그리스도 없이, 따라서 하나님에 대한 진정한 사랑 없이 율법을 영속적으로 지키는 것을 염두에 두고 있다: 이에 관해서는 사도는 로마서 2:14, 15에서 말하고 있다.)

죄의 몸이 죽어(6:6). 이것은 새로운 영적 삶의 지속적인 진보를 통해서 이루어진다. 따라서 죄의 몸이 죽는다는 것(destruction)은 영적인 의미로 이해되어야 한다. 문자적 의미로는 원하든 원치 않든 모든 사람이, 즉 옛 사람이 십자가에 못 박히지 않은 자들도 그 육신이 죽는다. 사도는 "다시는 우리가 죄에게 종 노릇 하지 아니하려 함이니"라는 말을 덧붙임으로써 이 영적 죽음을 설명한다. 골로새서 3:5에서 사도는 이것을 "땅에 있는 지체를 죽이라 곧 음란과 부정과 사욕과 악한 정욕과 탐심이니"라는 말로 설명한다. 육적 본성은 마귀의 씨를 갖고 있고, 죄를 낳고 죄악의 열매를 맺고자 애쓴다. 영적 본성(새 사람)은 하나님의 씨를 갖고 있고, 의를 낳고 의의 열매를 맺고자 한다.

이는 그리스도께서 죽은 자 가운데서 살아나셨으매 다시 죽지 아니하시고 사망이 다시 그를 주장하지 못할 줄을 앎이로라(6:9). 사도는 "그리스도께서 사실 것이다"라고 말하지 않고 그리스도께서 "다시 죽지 아니하신다"라고 말한다. 이 부정 구문은 보다 강조적이고 의미심장한 것으로서 그리스도의 사심의 영원성을 강조한다.

그가 죽으심은 죄에 대하여 단번에 죽으심이요 그가 살아 계심은 하나님께 대하여 살아 계심이니(6:10). 그리스도는 영원하시기 때문에, 우리의 영적 삶도 영원하다: 왜냐하면 그리스도는 우리의 생명이고, 믿음을 통해서 그리스도는 영원히 거하는 은혜의 빛을 우리 마음 속에 비추시기 때문이다. 8

절에서 사도는 이 사상을 이렇게 표현한다: "만일 우리가 그리스도와 함께 죽었으면 또한 그와 함께 살 줄을 믿노니." 우리의 영적인 삶은 체험의 문제가 아니라 믿음의 문제이다. 자기가 영적으로 산다든가 의롭다 하심을 받은 사실은 알거나 체험하는 사람은 아무도 없지만, 이를 믿고 소망한다. 우리는 하나님에 대하여, 즉 우리의 영적이고 새로운 삶 속에서 영원까지 살아 있다.

너희도 너희 자신을 죄에 대하여는 죽은 자요 그리스도 예수 안에서 하나님께 대하여는 살아 있는 자로 여길지어다(6:11). 죄에 대하여 죽은 자는 더 이상 죽지 않는 그리스도를 자신의 주(主)로 갖는다: 그러므로 그도 더 이상 죽지 않고 영원토록 그리스도와 함께 살 것이다. 오직 그런 자만이 영원하고 영적인 하나님에 대하여만 살아 있다; 하나님은 영원한 영이기 때문이다. 그러므로 오직 그런 자만이 영적이고 영원한 하나님께 받아들여질 수 있다.

그리스도의 종으로서 믿는 자들은 거룩함 속에서 살아야 한다

그러므로 너희는 죄가 너희 죽을 몸을 지배하지 못하게 하여 몸의 사욕에 순종하지 말고 또한 너희 지체를 불의의 무기로 죄에게 내주지 말고 오직 너희 자신을 죽은 자 가운데서 다시 살아난 자 같이 하나님께 드리며 너희 지체를 의의 무기로 하나님께 드리라 죄가 너희를 주장하지 못하리니 이는 너희가 법 아래에 있지 아니하고 은혜 아래에 있음이라 그런즉 어찌하리요 우리가 법 아래에 있지 아니하고 은혜 아래에 있으니 죄를 지으리요 그럴 수 없느니라 너희 자신을 종으로 내주어 누구에게 순종하든지 그 순종함을 받는 자의 종이 되는 줄을 너희가 알지 못하느냐 혹은 죄의 종으로 사망에 이르고 혹은 순종의 종으로 의에 이르느니라 하나님께 감사하리로다 너희가 본래 죄의 종이더니 너희에게 전하여 준 바 교훈의 본을 마음으로 순종하여 죄로부터 해방되어 의에게 종이 되었느니라 너희 육신이 연약하므로 내가 사람의 예대로 말하노니 전에 너희가 너희 지체를 부정과 불법에 내주어 불법에 이른 것 같이 이제는 너희 지체를 의에게 종으로 내주어 거룩함에 이르라 너희가 죄의 종이 되었을 때에는 의에 대하여 자유로웠느니라 너희가 그 때에 무슨 열매를 얻었느냐 이제는 너희가 그 일을 부끄러워하나니 이는 그 마지막이 사망임이라 그러나 이제는 너희가 죄로부터 해방되고 하나님께 종이 되어 거룩함에 이르는 열매를 맺었으니 그 마지막은 영생이라 죄의 삯은 사망이요 하나님의 은사는 그리스도 예수 우리 주 안에 있는 영생이니라(6:12-23).

너희는 죄가 너희 죽을 몸을 지배하지 못하게 하여(6:12). 이 죽을 몸을 사도는 그리스도의 교회인 우리의 신비적인 몸과 구별하여 강조한다. 그 머리가 죽지 않듯이, 그리스도의 교회는 죽지 않는 몸이다.

죄가 너희를 주장하지 못하리니(6:14). 이것은 땅에 속한 것들과 현세적인 소유물들을 탐내는 것뿐만 아니라 이 땅에서의 시련과 역경을 회피하는 것까지 포함하는 것으로 이해하여야 한다. 믿음으로 말미암아 그리스도를 가지고 있는 자는, 아무리 심하게 유혹을 받는다 하여도 이 세상의 것들을 탐하지 않는다. 또한 그는 이 땅에서의 생명을 죄를 지으면서까지 원하지도 않는다. 또한 그는 그 어떤 심한 공포가 그에게 덮쳐 와도 그 어떤 환난도, 심지어 죽음까지도 두려워하지 않는다. 그는 굳건한 반석 위에 서서, 즐거운 것을 구하지도 않고, 역경으로부터 도망치지도 않는다.

그렇다고 해서 그가 공포와 맞서기를 두려워하게 하고, 자신의 정욕들에 굴복하게 하고, 마음을 호리는 유혹들에 넘어가게 하는 시험에 영향을 받지 않는다는 것은 아니다. 그러나 "의인이 겨우 구원을 받으면"이라는 베드로전서 4:18의 말씀처럼, 그는 비록 고군분투와 고뇌를 통해 승리를 얻는 것이긴 하지만 어쨌든 궁극적으로 정욕과 유혹들에 굴복하지 않게 된다. 금이 불 속에서 연단되듯이, 주님의 허락 하에서 그는 인내의 극한까지 연단과 시험을 받을 수도 있다.

그리스도보다 죽음을 더 두려워하고 그리스도보다 생명을 더 사랑하는 사람은 믿음으로 말미암아 그리스도를 소유하지 못하고, 죄는 여전히 그런 사람을 지배하고, 그는 율법 아래 있게 된다. 그리스도께서는 요한복음

12:25에서 "자기의 생명을 사랑하는 자는 잃어버릴 것이요", 마태복음 10:37에서는 "아버지나 어머니를 나보다 더 사랑하는 자는 내게 합당하지 아니하고", 마태복음 10:38에서는 "자기 십자가를 지고 나를 따르지 않는 자도 내게 합당하지 아니하니라"고 말씀하신다. 죄를 극복하는 일은 쉽지 않아서, 만약 주님께서 우리와 함께 하지 않으신다면, 죄의 홍수는 우리를 삼켜버리게 될 것이다. 하지만 "하나님은 미쁘사 너희가 감당하지 못할 시험 당함을 허락하지" 아니하신다(고전 10:13). 하나님은 악한 자들이 시험을 받아 넘어지는 것을 허용하시지만, 믿음에 서서 하나님을 부르는 모든 자들에게 신실하시다.

우리를 유혹해서 우리를 지배하는 데 실패하게 되면, 죄는 성도들(믿는 자들)을 섬기지 않을 수 없게 된다. 왜냐하면 "하나님을 사랑하는 자 곧 그의 뜻대로 부르심을 입은 자들에게는 모든 것이 합력하여 선을 이루"기 때문이다(롬 8:28). 이렇게 죄가 믿는 자를 공격하여 부도덕한 행위들로 유혹할수록 믿는 자의 영혼은 더욱더 고결하게 단련된다. 교만의 유혹을 당하면 신자의 영혼은 더욱더 겸손해진다. 나태하고자 하는 유혹은 신자의 영혼을 더욱더 부지런하게 만든다. 탐욕의 유혹은 신자의 영혼을 더욱더 너그럽게 만든다. 분노의 유혹은 신자의 영혼을 더욱더 온유하게 만든다. 폭식의 유혹은 신자의 영혼을 더욱더 순종적으로 만든다. 이런 식으로 유혹은 결국 커다란 축복이 되어 버린다. 사실 우리가 죄에 굴복한다면, 죄는 우리의 죽을 몸에서 왕 노릇 하게 된다. 그러나 우리는 죄를 물리쳐서 방금 위에서 예를 든 것과 같은 선을 위한 종으로 삼아야 한다.

이는 너희가 법 아래에 있지 아니하고 은혜 아래에 있음이라(6:14). 믿는 자들은 그리스도에 대한 믿음으로 말미암아 율법을 이미 성취하였기 때문에, 율법 아래 있지 않고 은혜 아래 있다. 그리스도께서 성취하신 율법과 의는 바로 우리의 것이기 때문이다. 하나님께서는 우리를 긍휼히 여기셔서 은혜로써 그리스도의 의를 우리에게 값없이 주셨다. 요한복음 8:34에서 그리스도께서는 "죄를 범하는 자마다 죄의 종이라"고 말씀하신다. 그러므로 죄는 죄를 범하는 자의 주인이다. 하지만 율법 아래 있는 자들은 반드시 죄 아래 있을 수밖에 없다. 왜냐하면 하나님의 은혜 밖에 있는 자는 그 누구도 율법을 성취할 수 없기 때문이다 — 겉으로는 성취하는 듯이 보여도 마음 속으로는 결코 성취할 수 없다. 여기서 사도는 죄와 정욕의 맹공격을 물리칠 수 있는 사람이 어디 있겠느냐는 반론에 부딪친다. 이에 대해 사도는 당신이 죄에 굴복하지 않는 한 죄가 아무리 맹렬하게 당신을 유혹하고 공격해 온다고 할지라도 죄는 당신을 지배할 수 없고 당신을 정복할 수 없을 것이라고 대답한다. 그러나 그리스도에 대한 믿음 밖에 있는 사람은 사람들 앞에서는 선하게 행하는 것 같이 보여도 항상 죄의 지배를 받는다. 사도가 고린도전서 15:57에서 "우리 주 예수 그리스도로 말미암아 우리에게 승리를 주시는 하나님께 감사하노니"라고 쓰고 있듯이, 그리스도로 말미암지 않고는 아무도 이러한 율법과 죄의 폭군적인 지배에서 벗어날 수 없다. 또한 성 요한은 요한일서 5:4에서 "세상을 이기는 승리는 이것이니 우리의 믿음이니라"고 말한다.

너희에게 전하여 준 바 교훈의 본을 마음으로 순종하여(6:17). 사도는 이렇게 말하고자 한다: 행위로 말미암아 의롭다 하심을 얻는다는 잘못된 교훈의 본에서 벗어나 너희는 믿음으로 말미암아 의롭다 하심을 얻는다는 복음의 교훈의 본으로 인도받았다. 육체의 지혜(행위의 의를 주장하는 오만한 이성)는 하나님의 말씀(복음)의 원수이다. 그러나 하나님의 말씀은 변할 수 없고 그 무엇도 당해낼 수 없다. 그러므로 육체의 지혜(비틀린 이성)는 변화를 받아 그 교훈의 본을 포기하고, 사람은 하나님 말씀의 본을 받아들여야 한다. 믿음으로 말미암아 이성을 사로잡아 이기면, 그런 일이 일어나게 되고, 믿는 자는 말씀이 참되고, 이성은 거짓되다고 고백하게 된다. 이것이 믿는 자 또는 성도임을 알게 해주는 특별한 표지이다.

너희 육신이 연약하므로 내가 사람의 예대로 말하노니(6:19). 사도는 이렇게 말하고자 한다: 앞의 여러 절들에서 나는 죄가 너희를 지배하지 못하도록 하라고 아주 엄중히 말하였다. 그러나 너희는 육체와 맞선 싸움에서 여전히 약하기 때문에, 아무 염려 하지 말고 안심하고 죄 안에서 살지 않도록 유의하라. 너희가 영웅적인 미덕을 가지고 있지 못하더라도, 적어도 모든 믿는 자들에게 요구되는 표준을 따라 살려고 애쓰라. 이 구절에서 사도는 고린도전서 7:1 이하에서 좀 더 길게 다루고 있는 내용을 요약하고 있다. 즉, 죄가 너희 안에서 왕 노릇 하여 너희의 믿음과 의를 파괴하지 않도록 하기 위해, 고결하게 살라는 것이다.

전에 너희가 너희 지체를 부정과 불법에 내주어(6:19). 우리는 우리의 지체들을 죄악된 정욕에 내어주어 죄에 복종함으로써 우리 지체가 불의의 도구가 되게 해서는 안 된다. 이런 식으로 믿는 자들은 불의의 행위들을 함으로써 불신자들이 되고 만다. 우리는 우리의 지체들이 인내하는 믿음의 삶 속에서 의의 도구들이 되도록 하기 위해서 하나님께 순종하여야 한다.

너희 지체를 의에게 종으로 내주어 거룩함에 이르라(6:19). 여기서 거룩함을 말할 때 사도는 육신의 고결함, 특히 우리를 내적으로나 외적으로 거룩케 하시는 믿음의 성령으로부터 오는 순결을 염두에 두고 있다. 만약 그렇지 않다면, 영혼이 여전히 더러운 상태이기 때문에, 그것은 거룩한 고결 또는 참된 거룩함이 되지 못하고 이방적인 고결함이 되어 버릴 것이다. 먼저 영혼이 믿음으로 말미암아 순결하게 됨으로써, 거룩해진 마음이 하나님을 위하여 육신도 깨끗하게 하는 것이다. 이에 대하여 우리 주님께서는 마태복음 23:26에서 "눈 먼 바리새인이여 너는 먼저 안을 깨끗이 하라 그리하면 겉도 깨끗하리라"고 말씀하신다.

너희가 그 때에 무슨 열매를 얻었느냐 이제는 너희가 그 일을 부끄러워하나니 (6:21). 정욕이 빛을 내며 타는 불길처럼 불타는 동안에는, 그것은 마치 그 자체가 선한 것이고 선한 열매, 즉 만족과 기쁨을 맺는 것처럼 보인다. 그러나 죄가 끝난 후에, 자기가 행한 짓을 깨닫고 회개하게 되면, 그것은 가장 혐오스러운 것이고 부끄러움으로 말미암아 그의 낯을 붉게 만드는 수치스러운 것으로 보이게 된다.

로마서 7장

7장의 내용: 사도는 옛 사망의 율법이 지나간 것과 율법에 대하여 육적 본성이 어떤 반응을 보이는가를 얘기한다.

율법에서 해방된 믿는 자들은 거룩함 속에서 그리스도를 섬겨야 한다

형제들아 내가 법 아는 자들에게 말하노니 너희는 그 법이 사람이 살 동안만 그를 주관하는 줄 알지 못하느냐 남편 있는 여인이 그 남편 생전에는 법으로 그에게 매인 바 되나 만일 그 남편이 죽으면 남편의 법에서 벗어나느니라 그러므로 만일 그 남편 생전에 다른 남자에게 가면 음녀라 그러나 만일 남편이 죽으면 그 법에서 자유롭게 되나니 다른 남자에게 갈지라도 음녀가 되지 아니하느니라 그러므로 내 형제들아 너희도 그리스도의 몸으로 말미암아 율법에 대하여 죽임을 당하였으니 이는 다른 이 곧 죽은 자 가운데서 살아나신 이에게 가서 우리가 하나님을 위하여 열매를 맺게 하려 함이라 우리가 육신에 있을 때에는 율법으로 말미암는 죄의 정욕이 우리 지체 중에 역사하여 우리로 사망을 위하여 열매를 맺게 하였더니 이제는 우리가 얽매였던 것에 대하여 죽었으므로 율법에서 벗어났으니 이러므로 우리가 영의 새로운 것으로 섬길 것이요 율법 조문의 묵은 것으로 아니할지니라 그런즉 우리가 무슨 말을 하리요 율법이 죄냐 그럴 수 없느니라 율법으로 말미암지 않고는 내가 죄를 알지 못하였으니 곧 율법이 탐내지 말라 하지 아니하였더라면 내가 탐심을 알지 못하였으리라 그러나 죄가 기회를 타서 계명으로 말미암아 내 속에서 온갖 탐심을 이루었나니 이는 율법이 없으면 죄가 죽은 것임

이라 전에 율법을 깨닫지 못했을 때에는 내가 살았더니 계명이 이르매 죄는 살아
나고 나는 죽었도다 생명에 이르게 할 그 계명이 내게 대하여 도리어 사망에 이
르게 하는 것이 되었도다 죄가 기회를 타서 계명으로 말미암아 나를 속이고 그것
으로 나를 죽였는지라 이로 보건대 율법은 거룩하고 계명도 거룩하고 의로우며
선하도다 그런즉 선한 것이 내게 사망이 되었느냐 그럴 수 없느니라 오직 죄가
죄로 드러나기 위하여 선한 그것으로 말미암아 나를 죽게 만들었으니 이는 계명
으로 말미암아 죄로 심히 죄 되게 하려 함이라 우리가 율법은 신령한 줄 알거니
와 나는 육신에 속하여 죄 아래에 팔렸도다 내가 행하는 것을 내가 알지 못하노
니 곧 내가 원하는 것은 행하지 아니하고 도리어 미워하는 것을 행함이라 만일
내가 원하지 아니하는 그것을 행하면 내가 이로써 율법이 선한 것을 시인하노니
이제는 그것을 행하는 자가 내가 아니요 내 속에 거하는 죄니라 내 속 곧 내 육
신에 선한 것이 거하지 아니하는 줄을 아노니 원함은 내게 있으나 선을 행하는
것은 없노라 내가 원하는 바 선은 행하지 아니하고 도리어 원하지 아니하는 바
악을 행하는도다 만일 내가 원하지 아니하는 그것을 하면 이를 행하는 자는 내가
아니요 내 속에 거하는 죄니라 그러므로 내가 한 법을 깨달았노니 곧 선을 행하
기 원하는 나에게 악이 함께 있는 것이로다 내 속사람으로는 하나님의 법을 즐거
워하되 내 지체 속에서 한 다른 법이 내 마음의 법과 싸워 내 지체 속에 있는 죄
의 법으로 나를 사로잡는 것을 보는도다 오호라 나는 곤고한 사람이로다 이 사망
의 몸에서 누가 나를 건져내랴 우리 주 예수 그리스도로 말미암아 하나님께 감사
하리로다 그런즉 내 자신이 마음으로는 하나님의 법을 육신으로는 죄의 법을 섬
기노라(7:1-25).

너희는 그 법이 사람이 살 동안만 그를 주관하는 줄 알지 못하느냐(7:1). 사
도는 여기서 그가 앞 장에서 옛 사람이 죽고 새 사람이 생생하게 살아난
것에 관하여 말한 내용을 좀 더 자세하게 확증하고 서술한다. 이를 위해서
사도는 현세적인 인간의 법에 빗대어 얘기를 전개해 나간다. 무엇보다도
사도는 그가 4:15에서 말한 것을 분명히 하고자 한다: "율법은 진노를 이
루게 하나니 율법이 없는 곳에는 범법도 없느니라." 그는 율법은 단지 사

람의 외적인 행위들이 아니라 사람의 마음과 의지를 지적한다고 말한다. 사도의 명제들을 이해하기 위해서는 그의 기본적인 전제를 파악하지 않으면 안 된다.

죄와 진노는 율법으로부터 생긴다. 그런 까닭에 죄에 대하여 죽어 있지 않으면서 율법에 대하여 죽어 있는 사람은 아무도 없다. 그리고 죄에 대하여 죽은 자는 율법에 대하여도 죽어 있다. 사람은 죄로부터 해방되자마자 율법의 종노릇으로부터도 해방된다. 따라서 죄가 우리를 지배하면, 율법도 우리를 지배하게 되고, 그 역도 마찬가지이다.

하지만 먼저 내적으로 죄에 대하여 죽지 않으면, 죄 및 죄를 통하여 지배하는 율법은 여전히 우리 속에 거하여 우리를 지배하게 된다. 그러므로 수도사들처럼 성인들의 행위만을 따라하는 자들은 엄청난 바보짓을 하고 있는 것이다. 그런 자들은 어리석은 자들이다. 왜냐하면 그들은 자신들의 영에 관해서는 신경도 쓰지 않은 채 오직 성인들과 동일한 행위들만을 하고자 할 뿐이기 때문이다. 이런 까닭에 우리의 영이 새로워져서 노예적인 두려움이나 어떤 유치한 욕망으로 말미암아서가 아니라 기쁘고 자원하는 마음과 자유롭고 강건한 마음으로 온갖 선한 행위들을 기꺼이 행하기 위하여, 우리는 하나님의 은혜를 구하여야 한다. 그러나 이런 일은 오직 성령만이 우리 안에서 하실 수 있다.

남편 있는 여인이 그 남편 생전에는 법으로 그에게 매인 바 되나(7:2). 사도는 여기서 죽음이 없이는 율법에서 벗어날 길은 없다는 것을 강조한다. 마찬가지로, 사도가 앞 장에서 말했듯이, 세례를 통해서 그리스도와 함께 죽고 장사되지 않는다면, 아무도 의문(儀文, 문자)의 율법으로부터 벗어날 수 없다.

너희도 그리스도의 몸으로 말미암아 율법에 대하여 죽임을 당하였으니(7:4). 사도는 이 장에서 낯설고 심오한 가르침을 내놓는다. 사도는 믿는 자 안에 각각 아담과 그리스도를 따르는 옛 사람과 새 사람이라는 두 사람이 있다는 것을 보이고자 한다. 그러나 먼저 율법을 이해하고 율법에 동의하지 않는다면, 아무도 옛 사람을 인식하지 못한다. 하지만 율법을 인식하게 되면,

옛 사람도 말하자면 살아나게 된다. 그러므로 이런 식으로 우리는 율법으로 말미암아 옛 사람과 죄에 종속되어 있고, 이제 우리의 이러한 종속된 상태를 깨닫는다. 율법이 없다면, 우리는 죄가 우리를 지배하고 있다는 것을 알지 못할 것이다. 그런데 옛 사람이 죽으면, 우리는 율법에 대해서도 죽는다. 율법은 더 이상 우리를 종속시켜 죄를 짓게 하지 못하고, 우리를 지배하는 힘을 잃어버린다.

우리가 육신에 있을 때에는 율법으로 말미암는 죄의 정욕이 우리 지체 중에 역사하여 우리로 사망을 위하여 열매를 맺게 하였더니(7:5). 사도는 여기서 모세의 율법을 지적해서 말한다. 이 율법으로 말미암아 옛 사람이 살아나게 되었다; 이 때문에 죄를 알게 되긴 하였지만, 하나님의 은혜가 없는 한 죄는 더욱더 늘어난다. 율법으로 말미암아 나타나서 분명하게 눈에 보이게 된 옛 사람은, "이는 계명으로 말미암아 죄로 심히 죄 되게 하려 함이라"는 7:13의 말씀처럼, 이제 부패한 본성이 원하는 것을 행한다. 하지만 하나님의 은혜로 옛 사람은 죽고, 율법은 옛 사람을 살아나게 하거나 밖으로 분명하게 드러나게 할 수 없다. 이런 식으로 우리는 율법의 정죄와 지배에 대하여 죽는다. 물론 우리가 더 이상 율법 아래 있지 않다고 하더라도 우리에게는 여전히 율법이 있기 때문에, 율법 자체에 대해서 죽는 것도 아니고 절대적으로 죽는 것도 아니다.

이제는 우리가 … 율법에서 벗어났으니(7:6). 우리가 율법에서 벗어났다는 것은, 그리스도에 대한 믿음으로 말미암아 우리가 율법을 지키게 되고, 은혜로 말미암아 율법이 우리에게 요구하는 것들을 기꺼이 행한다는 의미이다. 그런데 그렇게 하기 위해서는 참된 믿음 속에서 그리스도의 이름으로 구하는 모든 자들에게 주어지는 하나님의 사랑, 즉 하나님의 것을 추구하는 하나님의 사랑이 우리에게 필요하다. 자주 죄를 짓고 완벽하게 자원하는 마음을 가지는 것도 아니지만, 우리는 시작을 해서 앞으로 나아가고 있다. 믿음으로 말미암아 우리는 의롭다 하심을 얻고 자유하게 되었기 때문이다. 그러나 우리는 언제나 율법 아래 있게 되는 것을 두려워하여야 한다. 따라서 우리는 끊임없이 믿음에 거하고, 쉬지 않고 사랑을 위해 기도해야

한다. 자기가 형벌에 대한 두려움이나 자신의 유익을 위해서 행하는지 어
떤지를 누가 확실히 알겠는가? 또, 기도와 경건한 행위들을 통해서 자기가
아주 교묘한 방식으로, 하나님의 뜻을 행하는 것을 구하기보다는 안식과
보상을 구하는 것은 아닌지 누가 알겠는가?

이러므로 우리가 영의 새로운 것으로 섬길 것이요 율법 조문의 묵은 것으로 아
니할지니라(7:6). 여기서 사도가 말하는 "조문"은 무엇이 덕스러운 삶인가
를 규정하는 모든 가르침을 의미한다. 은혜의 성령 없이 그런 것을 받아들
여서 마음 깊이 새긴다면, 그것은 공허한 문자요 영혼을 죽이는 것이 되어
버린다. 그래서 성 아우구스티누스는「영과 문자에 관하여」제4장에서 "우
리에게 절제 있고 덕스러운 삶을 영위하라고 명하는 가르침은 문자이다.
이 문자와 아울러 그것을 살아 움직이게 하는 성령이 없다면, 그 문자는
사람을 죽인다." 많은 것들을 읽고 많은 책을 쓴 아주 박식한 사람이 가장
훌륭한 그리스도인이 되는 것은 아니다. (루터는 특히 중세의 도덕주의자
들을 염두에 두고 말하고 있다.) 오히려 박식한 자들이 책을 통해서 가르
치는 내용을 자발적으로 기꺼이 행하는 자들이 가장 훌륭한 그리스도인들
이다. 하지만 성령으로 말미암아 사랑을 소유하고 있을 때에만 사람들은
이러한 일들을 자발적으로 기꺼이 행할 수 있다. 이런 이유로 우리는 많은
책들이 출판되어서 사람들이 인간으로서는 아주 유식하게 되었지만 그리
스도인으로서는 아주 무식하게 되어 버린 우리 시대를 경계해야 한다.

복음을 성령의 말씀, 영적인 가르침, 은혜의 말씀, 구약의 말씀이 예언한
것의 드러남, 감춰진 지혜 등등으로 부르는 이유가 무엇이냐고 사람들이
묻는다면, 우리는 이렇게 대답할 것이다: 그 이유는 단 한 가지인데, 복음
은 우리가 어디에서 그리고 어디로부터 은혜와 사랑을 얻을 수 있는지를
가르쳐주기 때문이다. 복음은 율법(구약 성경)이 약속한 예수 그리스도를
제시한다. 율법은 우리에게 사랑을 가지라고, 예수 그리스도의 말씀을 들
으라고 명하지만, 복음은 우리에게 이 두 가지를 제시하고 나눠준다. 율법
은 사람의 힘으로 지킬 수 없고, 그것은 오직 성령을 우리 마음 속에 부어
주시는 그리스도로 말미암아서만 가능하다. 그러므로 복음을 좋은 소식 이

외의 다른 그 무엇으로 해석하는 자들은 복음을 이해하지 못하고 있는 것이다.

율법으로 말미암지 않고는 내가 죄를 알지 못하였으니 곧 율법이 탐내지 말라 하지 아니하였더라면 내가 탐심을 알지 못하였으리라 그러나 죄가 기회를 타서 계명으로 말미암아 내 속에서 온갖 탐심을 이루었나니(7:7, 8). 율법을 사랑하는 의인들 속에서는 율법이 정욕을 이루어내지도 못하고, 죄를 짓게 되는 어떤 빌미도 주지 못하며, 죄가 계명으로 말미암아 더욱더 죄를 지을 기회를 잡지도 못한다; 왜냐하면 의인들 속에서 죄는 더 이상 지배하는 힘으로 존재하는 것이 아니라 진정으로 죽은 것이기 때문이다. 비슷한 예로서 나는 석회 속에 있는 열을 지적하고자 한다. 석회에 물을 붓기까지는 아무도 석회가 열을 가지고 있다는 것을 모르지만, 물을 붓게 되면, 열은 스스로를 나타낼 기회를 갖게 된다. 물은 석회 속에서 열을 만들어낸 것이 아니라 그저 그 열을 밖으로 드러냈을 뿐이다. 사람의 의지와 율법의 관계도 이와 비슷하다. 죄는 사람 속에 있지만, 사람이 율법을 알게 되기 전까지는 아무도 그 죄를 모른다. 그런데 일단 율법을 알게 되면, 사람은 죄의 불길로 더욱더 타오르게 되는데, 그렇다고 해서 이것이 율법의 잘못인 것은 아니다. 그러나 은혜를 통해서 이 죄의 불을 끌 수가 있다.

전에 율법을 깨닫지 못했을 때에는 내가 살았더니 계명이 이르매 죄는 살아나고(7:9). 이것은 행위로 의롭다 하심을 얻고자 하는 자들과 교만한 불신자들에 대한 것이다. 그들은 그들을 겨냥하고 있는 하나님의 율법을 모르기 때문에, 그들의 죄를 알 수가 없다. 따라서 그들은 가르침에 따를 수가 없다. 만약 그들이 율법을 알게 된다면, 죄도 알게 되고, 죄가 그들 속에 살아나게 될 것이다.

나는 죽었도다 생명에 이르게 할 그 계명이 내게 대하여 도리어 사망에 이르게 하는 것이 되었도다(7:9, 10). 사도가 여기서 말하고자 하는 것은 이것을 내가 영으로, 나의 영적 본성을 따라서, 새 사람으로서 깨달았다는 것이다. 그리고 다음과 같은 것이 모든 다른 것들, 나의 모든 영적 고뇌의 원인이다. 나는 살아 있었지만, 나는 죽어 있었다. 그러나 율법을 알게 되면서, 아니 성령의 계시를 통해서 나는 계명이 내 안에 죽음을 이루어내었다는 것을 깨달았다. 여기서 사도는 가장 거룩하고 지혜로운 사람들조차도 율법을 온전히 깨닫지 못하게 만드는 우리 마음의 칠흑 같은 어두움에 관하여 자기 자신의 예를 들어서 모든 성도들(믿는 자들)의 이름으로 말하고 있다. 따라서 다윗은 시편 19:12에서 "자기 허물을 능히 깨달을 자 누구리요 나를 숨은 허물에서 벗어나게 하소서"라고, 또 시편 25:7에서는 "내 젊은 시절의 죄와 허물을 기억하지 마시고"라고 쓰고 있다. 시편 51:3에서 "나는 내 죄과를 아오니 내 죄가 항상 내 앞에 있나이다"라고, 6절에서 "주께서는 … 내게 지혜를 은밀히 가르치시리이다"라고 시편 기자와 마찬가지로, 우리도 오직 믿음으로만 그런 말들을 할 수 있다. 그런 것들은 우리의 자연적인 지식으로는 온전히 알 수 없는 율법의 가장 내밀하고 깊은 부분들이다. 그러나 우리로 하여금 믿음에 이르게 하기 위해서, 이제 성령께서 그런 것들을 우리에게 보이셨다. 따라서 자기가 알고 있고 생각나는 죄들 이외에는 그 어떤 죄도 고백하고자 하지 않는 자들은 자신의 죄들 중 오직 극소수만을 고백하고 있는 것이 될 뿐이다. 그런 사람은 시편 32:5에서 시편 기자와 마찬가지로 "내 허물을 여호와께 자복하리라 … 내 죄악을 숨기지 아니하였더니"라고 진정으로 말할 수 없다.

성 아우구스티누스 같은 몇몇 사람들은 사도가 여기에서 자기 자신에 관하여, 육적인 자로서가 아니라 영적인 자로서의 스스로에 관하여 말하고 있다는 것을 부인하였다. 그러나 이 구절 전체 속에는 육에 대한 강한 미움과 율법 및 선한 모든 것에 대한 진지한 사랑이 아주 분명하게 나타난다. 육적인 사람이라면 절대로 그렇게 하지 못한다. 육적인 사람은 오히려 율법을 미워하고 자신의 육신과 악한 정욕을 따른다. 영적인 사람은 자신의 육신에 맞서 싸우면서, 자기가 새 사람으로서 하고자 하는 것들을 할 수 없다고 애통해한다. 육적인 사람은 전혀 싸우려 하지 않고, 쉽게 죄에 굴복한다. 고린도전서 9:17에서 사도는 이렇게 쓰고 있다: "내가 내 몸을 쳐 복종하게 함은 내가 남에게 전파한 후에 자신이 도리어 버림을 당할까 두려워함이로다."

또한 7:14에서 사도는 "나는 육신에 속하여 죄 아래에 팔렸도다"라고 말한다. 이것은 영적이고 지혜로운 사람이라는 증거가 된다. 그는 자기가 육적이라는 것을 알고, 스스로를 못마땅해 한다: 사실 그는 자기 자신을 미워하고 하나님의 율법을 높이고 있는 것이다. 그리고 그는 영적이기 때문에 이 율법을 깨닫고 있는 것이다. 반면에 스스로를 영적이라고 생각하고 스스로를 기뻐한다면, 이는 그가 어리석고 육적인 사람이라는 증거가 된다.

그래서 사도는 7:15에서 "내가 행하는 것을 내가 알지[인정하지] 못하노니"라고 말한다. 사도는 여기서 이렇게 말하고자 하는 것이다: 영적인 사람으로서 나는 오직 선한 것만을 깨닫지만, 나는 내가 원치 않는 것, 즉 악한 것을 행한다. 그러나 이건 내 의지도 아니고 악의가 있어서 그런 것도 아니다. 나는 선한 것을 마음으로 선택하지만, 행하는 것을 보면 그 정반대를 하고 있다. 하지만 육적인 사람은 무엇이 악한지를 알고 있고, 그것을 의도적이고 고의적이고 스스로의 선택을 통해서 행한다.

같은 절에서 사도는 "내가 원하는 것은 행하지 아니하고 도리어 미워하는 것을 행함이라"고 말한다. 사도는 이것을 영적인 사람으로서 말하고 있는 것이다. 왜냐하면 육적인 사람에 대해서 성경은 시편 36:4에서 "악을 거절하지 아니하는도다"라고 말하고 있기 때문이다.

16절에서 사도는 "내가 이로써 율법이 선한 것을 시인하노니"라고 쓰고 있다. 율법은 선한 것을 원하고, 사도도 마찬가지이다. 그러므로 둘 다 선한 것에 동의한다. 그러나 육적인 사람은 항상 율법을 거스른다. 그리고 만약 가능하다면 그는 율법이 전혀 없었으면 하고 바랄 것이다. 그는 결코 선한 것을 원하지 않고 오직 악한 것만을 원한다. 겉보기에 그가 선한 것을 행하는 것처럼 보여도, 그는 거기에서 아무런 기쁨도 느끼지 못한다. 그는 단지 두려움에 몰려서 또는 마지못해서 그것을 할 뿐이다. 만약 그 정반대의 것을 아무런 벌도 받지 않고 할 수 있다면, 그는 차라리 그것을 하고자 할 것이다.

20절에서 사도는 "이를 행하는 자는 내가 아니요 내 속에 거하는 죄니라"고 말한다. 사도는 육신의 죄악된 정욕에 동의하지 않기 때문에, 죄를 행하는 자는 영적인 사람 또는 새 사람으로서의 사도일 수 없다. 그런데도 그는 "내가 원하는 바 선은 행하지 아니하고 도리어 원하지 아니하는 바 악을 행하는도다"라고 말한다. 동일한 한 사람이 육신이기도 하고 영이기도 하다. 따라서 둘 다 옳다. 그는 행한 것이기도 하고, 그가 행한 것이 아니기도 하다. 그가 육신을 따라 행하는 것을 그는 그의 인격 전체로써 행한다. 그러나 그가 악에 저항한다는 점에서, 죄를 행하는 것은 그의 인격 전체가 아니라 그의 인격의 일부(그의 부패한 본성)일 뿐이다.

18절에서 사도는 "내 속 곧 내 육신에 선한 것이 거하지 아니하는 줄을 아노니"라고 말함으로써 이 점을 분명히 한다. 여기서 사도는 "나는 육신에 속하여"라고 말하는 것처럼 육신을 자기 자신의 일부로 돌린다. "내가 원한다," "내가 미워한다" 같은 말들은 그의 영적인 본성과 결부되고, "나는 행한다," "나는 육신에 속한다" 같은 말들은 그의 육적인 본성과 결부된다. 인격 전체는 육과 영으로 구성되기 때문에, 사도는 서로 모순되는 이 두 가지, 그의 존재 가운데서 상호 모순되는 부분들로부터 연유하는 두 가지를 인격 전체의 탓으로 돌린다. 육적인(변화 받지 못한) 사람에 대해서는 그렇게 말할 수 없다. 왜냐하면 그의 인격 전체가 전적으로 육적이기 때문이다. 그런 자 속에는 하나님의 성령이 전혀 존재하지 않는다. 마찬가지로 18절에서 사도는 "원함은 내게 있으나 선을 행하는 것은 없노라"고 말한다. 영적인 사람에 관하여 시편 1:2에서 "여호와의 율법을 즐거워하여"라고 말씀하고 있는 것처럼, "원함"은 영이 자원해서 기꺼이 하고자 하는 상태를 말하는 것으로서 사랑에서 흘러나온다.

7:21에서 사도는 "내가 한 법을 깨달았노니 곧 선을 행하기 원하는 나에게 악이 함께 있는 것이로다"라고 말한다. 그는 이렇게 말하고자 하는 것이다: 내가 하나님의 율법을 따라 기꺼이 행하려고 하면, 나는 내 속에서 율법을 순종하고자 하는 나를 거스르는 또 하나의 법(세력)을 발견한다. 이것은 육적인 사람에게는 해당될 수 없다.

7:22에서 사도는 "내 속사람으로는 하나님의 법을 즐거워하되"라고 말

한다. 여기서 사도는 자기에게 속사람이 있다고 말하는데, 이 속사람은 다름 아닌 그의 '영적인 사람' 또는 '영적인 본성'이다. 그리고 그가 율법을 즐거워하는 것은 성령의 역사하심을 따라 사랑으로부터 흘러나온다. 왜냐하면 성령 없이는 사람은 율법도 의로운 것도 사랑할 수 없기 때문이다. 여기에 사도는 23절에서 "내 지체 속에서 한 다른 법이 내 마음의 법과 싸워"라는 말을 덧붙인다. "내 마음의 법"은 영적인 법 또는 영적인 본성인 사랑이다; 왜냐하면 사도가 갈라디아서 5:17에서 "육체의 소욕은 성령을 거스르고 성령은 육체를 거스르나니"라고 말하고 있듯이, 바로 그 영적인 본성이 죄악된 정욕이나 "내 지체 속에" 있는 "한 다른 법"(육신의 부패한 상태)과 맞서 싸운다고 해야 잘 들어맞기 때문이다. 즉, 악한 욕망은 선한 욕망과 맞서 싸운다는 것이다. 따라서 사람 속에는 생사를 걸고 싸우는 두 가지 법(세력)이 존재한다. 그래서 사도는 스스로를 두 법 사이에 끼어서 고군분투하는 전사라고 말하는 것이다. 그러나 육적인 사람과는 달리 사도는 악한 정욕들에 굴복하거나 패하지 않는다. 사실 여기서 사도는 자기가 영적인 사람으로서 다른 모든 것들에 저항하면서 오직 율법만을 섬긴다는 것을 나타내 보인다.

7:24에서 사도는 "오호라 나는 곤고한 사람이로다 이 사망의 몸에서 누가 나를 건져내랴"라고 말한다. 여기서 사도는 육체적인 죽음을 말하는 것이 아니다. 그런 죽음이라면 사도는 얼마든지 원한다. 성 아우구스티누스는 「율리아누스를 반박함」(*Against Julian*)이라는 저서의 제2장에서 이것을 바르게 설명하고 있다: "이 사망의 몸에서 건져내진다는 것은 지금은 사망의 몸인 이 육신이 현세적인 죽음을 통해서 이 영적인 죽음을 그치게 됨으로써 생명의 몸이 되는 것을 의미한다: 그렇게 되면 이 싸움도 끝이 난다." 따라서 여기서 사도는 자연적이고 현세적인 죽음을 말하고 있지 않다. 이 기도는 앞에서의 여러 말들보다 한층 더 분명하게 사도가 여기서 영적인 사람으로서 말하고 있음을 보여준다. 왜냐하면 그는 궁극적인 구속을 위해 기도하고 애쓰고 갈망하기 때문이다. 영적이지 않은 자는 그 누구도 스스로를 곤고한 사람이라고 생각하지 않는다. 빌립보서 1:23에서 사

도는 "세상을 떠나서 그리스도와 함께 있는 것이 훨씬 더 좋은 일이라"는 말을 통해 위에서와 동일한 생각을 드러낸다.

7:25에서 사도는 "내 자신이 마음으로는 하나님의 법을 육신으로는 죄의 법을 섬기노라"고 쓴다. 이 구절은 그 뜻이 아주 분명하다. 이 구절로부터 우리는 한 사람의 동일한 믿는 자가 하나님의 법과 죄의 법을 동시에 섬기고 있음을 알게 된다. 그는 의롭다 하심을 얻은 자인 동시에 여전히 죄인이다(simul iustus est et peccat); 왜냐하면 그는 "내 마음이 하나님의 법을 섬긴다"라거나 "내 육신이 죄의 법을 섬긴다"라고 말하지 않고 "내 자신이"라고 말하고 있기 때문이다. 즉, 그 사람 전체, 하나의 동일한 사람이 이러한 이중적인 섬김의 상태에 처해 있는 것이다. 이런 이유로 그는 자기가 하나님의 법을 섬긴다는 것을 하나님께 감사하고, 죄의 법을 섬기는 데 대하여 긍휼을 베풀어달라고 탄원한다. 그러나 아무도 육적인(변화 받지 못한) 사람이 하나님의 법을 섬긴다고 말할 수는 없는 노릇이다.

사도는 이렇게 말하고자 한다: 여러분이 알듯이, 내가 전에 말했던 그대로이다. 성도들(믿는 자들)은 의인임과 동시에 죄인이다. 그들은 그리스도를 믿기 때문에 그의 의가 그들을 덮고 그들에게 전가되어서 의롭다. 그러나 그들은 율법을 이루지 못하고 여전히 죄악된 정욕들을 지니고 있는 한에 있어서 죄인들이다. 그들은 의사의 치료를 받고 있는 병든 자들과 같다. 그들은 정말 병들어 있지만, 나을 소망이 있고 나아지기 시작하고 있다. 그들은 건강을 다시 회복하기 시작하고 있다. 그러한 환자들이 자기는 다 나았다고 교만하게 주장하면 아주 심한 해를 겪게 될 것이다. 왜냐하면 그들의 병이 재발되어 처음의 병보다 더 악화될 것이기 때문이다.

그러므로 사도는 이러한 사실을 충분히 인식하고, 로마서 2장에서 여전히 악을 행하면서도 스스로를 의롭다고 여기고 남들을 행악자로 판단하는 자들을 겨냥하여 말을 하였다. 사도는 그런 자들의 외적인 행위들에 대해서는 아무것도 몰랐을지 모르지만, 한 가지 사실, 즉 그러한 사람들에게 하나님의 은혜가 없다면, 그들은 마음에서 율법을 거스른다는 사실을 확실히 알고 있었다. 이미 영적이 된(변화 받은) 사람이 선한 것을 하고자 하여도

하지 못하는 형편이라면, 선을 원하지 않고 단지 어쩔 수 없어서 할 뿐인 육적인(변화 받지 못한) 사람이 하나님의 법을 섬기기를 거부하는 정도는 얼마나 더 극심하겠는가?

(이 대목 전체에서 루터는 바울의 말들에 토대를 둔 열두 가지의 서로 다른 증거들을 통해서 사도가 여기서 자기 자신을 여전히 육적이고 변화 받지 못한 자로 이야기하는 것이 아니라, 이미 영적이고 변화 받았지만 자기 자신 속에서 벌어지는 새 사람에 대한 옛 사람의 전투를 애통해하는 자로 이야기한다는 것을 보여준다. 갈라디아서 5:17 이하에서와 마찬가지로 여기에서도 사도는 완전주의의 오류에 맞서 논증을 펼쳐나간다. 사도는 이 점을 명확히 해명한 후에 이 장에 대한 추가적인 해설을 통해서 좀 더 강조되어야 할 몇몇 중요한 점들을 간략하게 설명한다.)

율법이 없으면 죄가 죽은 것이라(7:8). 어떤 사람이 율법을 깨닫기 시작하면, 율법은 살아나기 시작하고, 죄는 되살아난다. 그리고 죄악된 정욕이 밖으로 표출되어 그 모습을 드러낸다. 그렇게 되면 사람은 자기가 원하는 것에 대한 악한 열망으로 더욱더 불타오르게 되고, 한층 더 큰 증오심으로 율법을 미워하게 된다.

이제는 그것을 행하는 자가 내가 아니요 내 속에 거하는 죄니라(7:17). 아, 아리스토텔레스의 거짓된 철학이 얼마나 우리의 신학자들(중세의 스콜라 철학자들)을 속여 왔던가! 이 신학자들은 세례나 회개를 통해서 죄는 완전히 멸해진다고 가르치기 때문에, 사도가 여기서 "내 속에 거하는 죄"라고 고백하는 것을 이치에 맞지 않는 것으로 여긴다. 변화 받은 또는 영적인 사람으로서 사도 안에는 더 이상 그 어떤 죄도 있을 수 없다고 그들은 말한다: 따라서 사도는 여기서 육적인(또는 변화 받지 못한) 사람으로서 말하고 있다고 그들은 주장한다. 그러나 영적인 사람 속에도 죄는 여전히 있는데, 이는 그가 은혜 안에서 행하고, 교만을 버리며, 오만을 견제하도록 하기 위함이다. 자신의 죄들을 고백했다고 해서 이제 죄의 짐을 떨쳐버리고 평온하게 살아갈 수 있다고 생각해서는 안 된다. 그러나 죄의 짐을 떨쳐 버릴 때에, 그는 하나님 편에 선 전쟁에 뛰어들어서 마귀에 맞서고, 하나님을 위하는 새로운 짐과 자신에게 여전히 남아 있는 잘못들을 짊어지게 된다. 사도는 여기서 악한 정욕을 죄라고 부른다; 왜냐하면 성 아우구스티누스의 말대로, 세례를 받을 때 정죄와 관련해서는 죄를 사함 받지만, 우리로 하여금 죄 짓게 만드는 하나의 현실(실제적인 타락 상태)로서 죄는 우리 속에 여전히 존재한다.

선을 행하는 것은 없노라(7:18). 「율리아누스를 반박함」 제3장에서 성 아우구스티누스는 이렇게 쓰고 있다: "사도가 갈라디아서 5:16에서 갈라디아 교인들(따라서 세례 받은 사람들)에게 '너희는 성령을 따라 행하라 그리하면 육체의 욕심을 이루지 아니하리라'고 쓰고 있다는 것을 상기하라." 성령, 즉 영적인 사람은 악한 정욕에 굴복하지 않음으로써 선한 행위를 한다: 그러나 그는 스스로 악한 정욕들을 멸할 수 없다는 점에서 선한 것을 행한다고 할 수 없다. 아리스토텔레스의 사상을 배워서, 우리의 미덕들과 잘못들은 벽에 칠해진 흰색 칠처럼 단지 영혼에만 부착되어 있을 뿐이라는 스콜라 철학자들의 사변(思辨)은 헛되고 해롭다. 이 가르침을 통해서 그들은 영과 육의 구별 — 신자 속에 있는 새 사람과 옛 사람 — 을 완전히 파괴하고 만다.

로마서 8장

8장의 내용 : 사도는 그리스도의 법은 생명과 영의 법이기 때문에 그 법을 굳게 붙잡아야 한다는 것을 보인다.

그리스도 안에 있는 하나님의 사랑하시는 자녀들의 복됨

그러므로 이제 그리스도 예수 안에 있는 자에게는 결코 정죄함이 없나니 이는 그리스도 예수 안에 있는 생명의 성령의 법이 죄와 사망의 법에서 너를 해방하였음이라 율법이 육신으로 말미암아 연약하여 할 수 없는 그것을 하나님은 하시나니 곧 죄로 말미암아 자기 아들을 죄 있는 육신의 모양으로 보내어 육신에 죄를 정하사 육신을 따르지 않고 그 영을 따라 행하는 우리에게 율법의 요구가 이루어지게 하려 하심이니라 육신을 따르는 자는 육신의 일을, 영을 따르는 자는 영의 일을 생각하나니 육신의 생각은 사망이요 영의 생각은 생명과 평안이니라 육신의 생각은 하나님과 원수가 되나니 이는 하나님의 법에 굴복하지 아니할 뿐 아니라 할 수도 없음이라 육신에 있는 자들은 하나님을 기쁘시게 할 수 없느니라 만일 너희 속에 하나님의 영이 거하시면 너희가 육신에 있지 아니하고 영에 있나니 누구든지 그리스도의 영이 없으면 그리스도의 사람이 아니라 또 그리스도께서 너희 안에 계시면 몸은 죄로 말미암아 죽은 것이나 영은 의로 말미암아 살아 있는 것이니라 예수를 죽은 자 가운데서 살리신 이의 영이 너희 안에 거하시면 그리스도 예수를 죽은 자 가운데서 살리신 이가 너희 안에 거하시는 그의 영으로 말미암아 너희 죽을 몸도 살리시리라 그러므로 형제들아 우리가 빚진 자로되 육신에게 져서 육신대로 살 것이 아니니라 너희가 육신대로 살면 반드시 죽을 것이로되 영으로써 몸의 행실을 죽이면 살리니 무릇 하나님의 영으로 인도함을 받는 사람은 곧 하나님의 아들이라 너희는 다시 무서워하는 종의 영을 받지 아니하고 양자의 영을 받았으므로 우리가 아빠 아버지라고 부르짖느니라 성령이 친히 우리의 영과 더불어 우리가 하나님의 자녀인 것을 증언하시나니 자녀이면 또한 상속자 곧 하나님의 상속자요 그리스도와 함께 한 상속자니 우리가 그와 함께 영광을 받기 위하여 고난도 함께 받아야 할 것이니라(8:1-17).

율법이 … 할 수 없는 그것을 하나님은 하시나니(8:3). 은혜로 말미암아 구원을 받는다는 사실에 비추어 볼 때, 그러면 영적인 일들에 있어서 사람의 자유의지는 어디에 있는가? 우리의 자연적인 능력들을 통해서 우리는 우리 속에 하나님에 대한 사랑의 행위들을 일깨워서 다른 무엇보다도 하나님을 사랑할 수 있다고 단언하는 사람들은 어떻게 대답할 것인가? 사도는 율법이 육신으로 말미암아 연약했기 때문에 죄를 제거할 수 없었다고 말한다. 내가 앞에서 말했듯이, 우리가 우리 자신의 힘으로 율법을 성취하는 것은 절대적으로 불가능하다. 모든 사람이 자연법을 알고 있고, 이성은 우리에게 가장 선하게 보이는 것을 행하라고 권면한다는 것은 사실이다. 그러나 이성은 하나님의 뜻을 따라서가 아니라 우리 자신의 생각을 따라서 가장 선한 것을 행하도록 우리를 강제한다. 사실 이성이 선한 것을 행하도록 제안하는 것은 좋은 일이 아니다. 왜냐하면 이성은 하나님께 속한 것을 추구하지 않고 자기 자신 및 자신의 유익을 추구하기 때문이다. 오직 믿음만이 참된 사랑으로 하나님께 속한 일을 할 수 있다. 믿음이 사람을 깨우치지 않고, 사랑이 사람을 자유케 하지 않는다면, 사람이 선한 것을 기꺼이 하고자 하는 것은 불가능하다. 사람은 자기 눈에 보기에 선한 것을 행한다고 할지라도, 하나님 앞에서는 단지 악한 일만을 행하고 있는 것이다.

사람의 본성은 일반적으로 선한 것을 알고 또한 하고자 하지만 구체적인 경우들에 있어서는 잘못을 저지르고 선한 것을 하고자 하지 않는다고 사람들은 말해 왔다. 하지만 사람의 본성은 구체적인 경우들에 있어서는 선한 것을 알고 행하려고 하지만 일반적으로 선한 것을 알지 못하고 행하려 하지도 않는다고 말하는 것이 더 옳다. 왜냐하면 사람의 본성은 자기가 선하고, 존귀하고, 유용하다고 생각하는 것만을 알 뿐이고 하나님과 남들이 보기에 선한 것을 아는 것은 아니기 때문이다. 그러므로 사람의 본성은 사람 자신의 이익과 결부되어 있는 선(善)만을 알고 행하려 할 뿐이다. 따라서 하나님의 율법은 우리가 본성적으로 행할 수 없는 것을 요구한다. 성 아우구스티누스는 「은혜와 자유의지에 관하여」(*Concerning Grace and Free Will*) 제16장에서 "기도와 간구를 통해서 율법이 요구하는 것을 이루는 것은 오직 믿음뿐이다"라고 말한다.

어떤 이들은 본성의 빛을 높여서 은혜의 빛과 대등한 것으로 여기고자 하지만 헛된 일이다. 사실 본성의 빛은 전적인 흑암이고, 하나님의 은혜의 정반대이다. 사람 속에서 역사하는 하나님의 은혜는 그 어떤 것도 하나님보다 위에 놓지 않는다. 모든 것들 속에서 은혜는 오직 하나님만을 구하고, 하나님만을 원하며, 하나님만을 좇는다. 은혜는 자기와 하나님 사이에 끼어드는 다른 모든 것들을 마치 그것들이 존재하지 않는 것처럼 무시해 버린다. 은혜는 오직 하나님만을 향한다. 하지만 부패한 인간 본성은 오직 자기 자신만을 추구하고 원하고 좇는다. 본성은 끼어드는 모든 것, 심지어 하나님까지도 마치 존재하지 않는 것처럼 무시해 버린다. 본성은 오직 자기 자신만을 향한다. 바로 이러한 것이 시편 104:4에서 말하는 고집 세고 사악한 마음이다.

율법이 육신으로 말미암아 연약하여(8:3). 율법은 사람에 의해 성취되지 못했다는 점에서 연약하였다. 율법은 율법이 하지 못한 것을 유일하게 할 수 있는 믿음의 영을 통해서만 강해진다. "도리어 율법을 굳게 세우느니라" (즉, 믿음으로 말미암아)는 3:31의 말씀처럼, 믿음의 권능은 율법을 확증하고 굳게 세운다. 성 아우구스티누스는 이 구절을 다음과 같이 평한다: "율법은 자기가 명한 것을 이루지 못함으로써 스스로 연약하다는 것을 드러내었다. 이것은 율법의 잘못이 아니라 육신, 즉 세상적인 소유들을 추구하여 율법의 의를 사랑하지 않고 현세적인 유익들만을 선호한 사람들의 잘못이었다." 사랑에 의해 완전해지고 순종적으로 된 의지만이 하나님의 뜻을 따라 어떤 일을 하기도 하고 하지 않기도 한다. 그런 의지는 그 밖의 다른 것들에는 관심이 없고, 그 어떤 악도 두려워하지 않는다. 오직 하나님의 뜻을 행하고자 할 뿐이다. 부패한 인간 본성은 그렇게 할 수 없다. 오직 그리스도에 대한 믿음으로 말미암아 성령에 의해 주어지는 하나님의 은혜만이 이런 일을 할 수 있다.

"율법이 연약하여"라는 표현은 외적인 행위가 아니라 마음 또는 내적인 동기와 결부시켜 이해해야 한다. 왜냐하면 사실 사람들은 외적인 순종이라는 면에서는 율법을 준수하였지만, "악을 행하는 자들 … 은 그 이웃에게 화평을 말하나 그들의 마음에는 악독이 있나이다"라는 시편 28:3의 말씀처럼, 내적으로 또는 마음 속으로는 율법을 미워하였기 때문이다. 그러므로 우리는 무엇보다도 완벽하게 분명한 율법을 통해서, 우리가 하나님의 뜻을 따라 율법을 진정으로 순종할 수 없다는 것을 알아야 한다. 그러면 우리는 성령과 은혜를 주시는 분이신 그리스도가 우리에게 얼마나 절대적으로 필요한가를 알게 될 것이다.

곧 죄로 말미암아 … 육신에 죄를 정하사(8:3). 즉, 자신의 육신에는 없었던 죄를 그리스도께서 우리를 위해 짊어지신 그 공로를 통해서, 또는 그리스도께서 우리가 받을 죄에 대한 형벌을 대신 짊어지시고 받으신 것 때문에, 하나님은 우리를 지배하고 있던 죄의 권능을 멸하셨다. 그리스도께서는 자신의 죽으심을 통하여 성령을 우리에게 주시는 그 은혜를 확보하셨고, 육체의 지혜(행위를 의지하는)를 우리에게서 제거하셨다. 우리가 이제 우리 자신(우리의 육적인 지혜)과 우리의 죄악된 정욕들을 미워하고 사랑을 좇는 것은 우리의 공로가 아니라 하나님의 선물이다. 그러나 율법이 육신으로 말미암아 연약했던 것은 율법의 잘못이 아니라 구원 받기 위하여 율법에 의지하였던 자들의 어리석음과 헛된 생각으로 인한 잘못이었다. 왜냐하면 율법 자체는 선한 것이기 때문이다.

영을 따르는 자는 영의 일을 생각하나니(8:5). 성령 하나님으로 인해 새로운 피조물로 거듭난 자들은 항상 성령의 일들, 즉 창조되지 않은(영적인)

축복들 또는 하나님 자신을 마음에 둔다. "육"과 "영"의 대비가 보여주듯이, 여기서 "영"이라는 말은 속사람(영적인 사람 또는 새 사람)을 가리키는 것으로 해석해야 한다. 10절에서 사도는 "영은 의로 말미암아 살아 있는 것이니라"고 말한다. 그러나 성령이 없다면, 속사람(영적인 사람)도 없다. 갈라디아서 5:19 이하에 나오는 "육체의 일은 분명하니 곧 음행과 더러운 것과 호색 … 이니"라는 말씀과 "성령의 열매는 사랑과 희락과 화평과 오래 참음과 자비와 양선과 충성과 온유와 절제니"(갈 5:22, 23)라는 말씀은 이 구절에 대한 좋은 주석이다. 속사람(영적인 사람)은 좋은 열매를 맺는 좋은 나무와 같고, 육신은 악한 열매를 맺는 나쁜 나무와 같다(마 7:17). 성령 자신이 좋은 나무라고 말하는 것보다는 성령이 우리 안에 좋은 나무를 만든다고 말하는 것이 더 맞다.

　육신의 생각은 하나님과 원수가 되나니(8:7). 이 말씀이 사실인 것은 육적인 생각은 하나님이 아니라 마귀에게 속해 있기 때문이다.

　만일 너희 속에 하나님의 영이 거하시면(8:9). 즉, 이 말씀은 "우리 속에 내주하셔서 우리를 새로운 피조물로 만드시는 성령이 너희 안에 거하시면"이라고 말씀하는 것이다. 성 아우구스티누스는 8절에 대해 "하나님의 율법을 순종치 않는 자는 하나님의 원수라 불리는데, 이는 땅에 속한 것들을 추구하고 현세적인 악들을 두려워하는 그의 육신의 지혜 때문이다"라고 논평한다. 여기서 "악들"은 죄, 죽음 등등으로 이해해야 한다. 영적으로 지혜로운 자는 이러한 악들을 두려워하지 않는다. 그러나 육신을 따라 지혜로운 자는 죽음 및 죄의 형벌을 몹시 두려워한다. 성령의 지혜를 가진 자들은 하나님의 뜻을 즐거워하고 기쁜 마음으로 그 뜻에 주의를 기울인다. 이는 그들이 하나님과 같이 되었기 때문이다. 따라서 하나님의 진노가 나타나서 모든 육적인 사람들을 두려움으로 가득 채우는 심판의 날이 오는 것이 하나님의 뜻임을 그들이 알고 있다면, 그들은 그날을 두려워하지 않고 기쁨으로 그날을 기다리며 그날이 빨리 오기를 바란다. 이러한 새 마음이 지배하는 곳에는 슬픔이나 두려움이 없고, 우리가 원하는 것(하늘의 복들)에 대한 강한 갈망과 그것이 주어질 때 감사함으로 받는 것만이 있다.

주님은 심판의 날의 두려운 일들을 묘사하신 후에 누가복음 21:28에서 "이런 일이 되기를 시작하거든 일어나 머리를 들라 너희 속량이 가까웠느니라"는 말씀을 덧붙이셨다.

너희가 육신에 있지 아니하고 영에 있나니(8:9). 즉, 너희는 옛 사람, 그 옛 사람의 지혜와 하나님을 미워하는 마음을 따라 살지 않는다는 말이다. 너희는 영에 있다. 즉, 너희는 새 사람을 따라, 성령의 지혜를 따라 하나님과의 사귐 속에서 산다.

그리스도 예수를 죽은 자 가운데서 살리신 이가 … 너희 죽을 몸도 살리시리라 (8:11). 10절에서 사도는 "몸은 죽은 것이나"라고 말했다. 여기서 사도는 "죽을 몸"이라고 말한다. 성 아우구스티누스는 이에 대해 다음과 같이 평한다: "장래에 궁극적으로 영화롭게 되면 몸은 더 이상 죽지 않고 또 죽을 수도 없을 것이기 때문에, 그는 하나님께서 너희의 죽은 몸들을 살리실 것이라고 말하는 것이 아니라 너희의 죽을 몸들이라고 말하고 있는 것이다. 왜냐하면 그때에는 영광 중에서 몸들은 단지 죽음을 뛰어넘을 뿐만 아니라 죽을 수도 없을 것이기 때문이다."

영으로써 몸의 행실을 죽이면 살리니(8:13). "영으로써", 즉 성령에 의해 창조된, 속사람 안에 있는 하나님에 대한 사랑으로써. "몸의 행실"은 사람의 악한 행위들이 아니라 사람의 죄악된 정욕들 또는 욕망들을 가리킨다고 보아야 한다.

무릇 하나님의 영으로 인도함을 받는 사람은 곧 하나님의 아들이라(8:14). "하나님의 영으로 인도함을 받는"다는 것은 자기 자신을 포함해서 하나님께 속하지 않은 모든 것을 멸시하고 인연을 끊고, "부정하고 더러움으로 가득 차 있는 이 세상의 즐거움들을 거부하는 것"을 의미한다. 또한 그것은 모든 세상적인 것들을 버리고, 그리스도인으로서 살아가는 데 겪어야 하는 고난들을 기꺼이 감수하며 환영하는 것을 의미한다. 그러나 이것은 우리의 부패한 본성이 하는 일이 아니라 우리 안에 계시는 성령 하나님의 역사(役事)이다.

너희는 다시 무서워하는 종의 영을 받지 아니하고(8:15). 사도는 여기서 "종의 영"과 "양자의 영"을 대비시킨다. 그러나 그는 우리가 어떤 식으로 하나님의 자녀가 되었는지를 보여주고 하나님의 은혜를 높이기 위하여 "양자의 영"이라고 말한다. 우리는 본성적으로나 혈통으로나 우리의 공로로 (유대인들이 자랑하듯이)가 아니라 하나님께서 은혜로 우리를 그리스도 안에서 양자 삼았기 때문에 하나님의 자녀가 된 것이다. 여기서 "종" (bondage)이라는 말은, "죄를 범하는 자마다 죄의 종이라"는 요한복음 8:34의 말씀처럼, 죄의 종을 의미한다고 봐야 한다. 죄의 종노릇에서부터 율법은 우리를 해방시킬 수 없다. 율법은 단지 우리로 하여금 임박한 심판에 대한 두려움 때문에 그 요구들을 겉으로 행하도록 강제할 수 있을 뿐이다. 그러므로 율법은 육신의 행위들(정욕들)을 없애지 못하고 오히려 늘어나게 한다. 율법은 율법에 대한 증오와 율법을 범하고자 하는 욕망을 강화시킨다.

양자의 영을 받았으므로 우리가 아빠 아버지라고 부르짖느니라(8:15). 사도는 이렇게 말하고자 한다: 너희는 두려움에서 해방되어 양자의 영을 받고 하나님을 신뢰하게 되었다. 이 신뢰를 사도는 "우리가 아빠 아버지라고 부르짖느니라"는 말로써 아주 극명하게 나타내 보여준다. 이것은 어린아이 같은 신뢰감과 두려움을 모르는 마음이 부르짖는 소리이다. 이 부르짖음이 단지 입에서 나온 것이 아니라 마음 속에서 나온 부르짖음이라는 것은 갈라디아서 4:6, 7을 보면 분명해진다: "너희가 아들이므로 하나님이 그 아들의 영을 우리 마음 가운데 보내사 아빠 아버지라 부르게 하셨느니라 그러므로 네가 이후로는 종이 아니요 아들이니 아들이면 하나님으로 말미암아 유업을 받을 자니라."

성령이 친히 우리의 영과 더불어 우리가 하나님의 자녀인 것을 증언하시나니 (8:16). 확고한 믿음과 소망을 가지고, 자기가 하나님의 자녀임을 믿는 자들은 진정으로 하나님의 자녀이다. 왜냐하면 그렇게 믿는 것은 성령 없이는 아무도 할 수 없는 일이기 때문이다. 이 성령의 증언은 하나님에 대한 우리 마음의 자녀로서의 신뢰이다. 클레르보의 성 베르나르(St. Bernard of Clairvaux)는 〈성모 영보 대축일 설교〉(Sermon on the Feast of the

Annunciation of the Blessed Mary) 제1장에서 이 절에 관하여 이렇게 해설한다: "나는 이 증언이 세 가지로 구성되어 있다고 믿습니다. 첫째, 여러분은 하나님의 자비로운 호의를 통해서만 죄사함을 받을 수 있다는 것을 믿으십시오. 둘째, 하나님께서 여러분에게 주시지 않았다면, 어떤 일 한 가지도 여러분의 것이라 하지 마십시오. 끝으로, 여러분은 그 어떤 선행으로도 영원한 구원을 얻을 수 없다는 것을 믿으십시오; 왜냐하면 이 구원도 전적인 은혜로 여러분에게 주어지기 때문입니다."

하지만 이런 말로는 아직 충분치가 않다. 성령의 증언은 믿음의 시작, 말하자면 믿음의 토대로 보아야 한다. 성령의 증언은 이것이다: "너희 죄가 사하여졌느니라!" 이렇게 사람은 오직 믿음으로 말미암아 의롭다 하심을 얻는다 — 그리고 이것이 바로 사도가 말하고자 하는 것이다.

믿음으로 말미암은 구원에 대한 믿는 자들의 확신

생각하건대 현재의 고난은 장차 우리에게 나타날 영광과 비교할 수 없도다 피조물이 고대하는 바는 하나님의 아들들이 나타나는 것이니 피조물이 허무한 데 굴복하는 것은 자기 뜻이 아니요 오직 굴복하게 하시는 이로 말미암음이라 그 바라는 것은 피조물도 썩어짐의 종 노릇 한 데서 해방되어 하나님의 자녀들의 영광의 자유에 이르는 것이니라 피조물이 다 이제까지 함께 탄식하며 함께 고통을 겪고 있는 것을 우리가 아느니라 그뿐 아니라 또한 우리 곧 성령의 처음 익은 열매를 받은 우리까지도 속으로 탄식하여 양자 될 것 곧 우리 몸의 속량을 기다리느니라 우리가 소망으로 구원을 얻었으매 보이는 소망이 소망이 아니니 보는 것을 누가 바라리요 만일 우리가 보지 못하는 것을 바라면 참음으로 기다릴지니라 이와 같이 성령도 우리의 연약함을 도우시나니 우리는 마땅히 기도할 바를 알지 못하나 오직 성령이 말할 수 없는 탄식으로 우리를 위하여 친히 간구하시느니라 마음을 살피시는 이가 성령의 생각을 아시나니 이는 성령이 하나님의 뜻대로 성도를 위하여 간구하심이니라 우리가 알거니와 하나님을 사랑하는 자 곧 그의 뜻대로 부르심을 입은 자들에게는 모든 것이 합력하여 선을 이루느니라 하나님이 미

리 아신 자들을 또한 그 아들의 형상을 본받게 하기 위하여 미리 정하셨으니 이
는 그로 많은 형제 중에서 맏아들이 되게 하려 하심이니라 또 미리 정하신 그들
을 또한 부르시고 부르신 그들을 또한 의롭다 하시고 의롭다 하신 그들을 또한
영화롭게 하셨느니라(8:18-30).

현재의 고난은 장차 우리에게 나타날 영광과 비교할 수 없도다(8:18). 고난은
가치가 있기도 하고 없기도 하다. 물론 우리의 자연적인 생각에 따라서 판
단되는 것은 아니지만. 현세에서의 고난을 하나님의 말씀을 따라 판단하고
있는 그대로 보기만 한다면, 우리의 판단은 참되고 옳다. 하지만 교만한 불
신자들은 그렇게 판단하지 않는다.

피조물이 고대하는 바는 하나님의 아들들이 나타나는 것이니(8:19). 사도는,
악한 자들이 피조물을 잘못 사용하고 하나님께 배은망덕함에도 불구하고
피조물이 악한 자들을 섬길 수밖에 없기 때문에, 마치 피조물이 살아 있어
서 감정과 슬픔을 느낄 수 있는 것처럼 말을 한다. 피조물이 존재하는 것
은 하나님이 피조물을 통하여 및 피조물 가운데서 하나님의 성도들로 말
미암아 영광을 받으시기 원하기 때문이다. 이것이 피조물이 기다리는 궁극
적인 축복이다.

사도는 이 문제들에 대하여 철학자들과는 판이하게 다르게 생각하고 논
증한다. 철학자들은 오로지 만물의 현재 상태만을 보고, 피조물들의 본질
과 속성들에 관해서만 숙고한다. 그러나 사도는 현재 상태의 피조물을 생
각하는 데에서 우리의 관심을 돌려서 그 미래의 상태를 바라보게 만든다.
피조물이 간절히 고대한다고 말함으로써, 사도는 우리로 하여금 피조물이
무엇인가를 탐구하는 것이 아니라 피조물이 무엇을 기대하는가를 탐구하
지 않을 수 없도록 만든다. 그러나 아, 얼마나 많은 어리석은 소견들이 우
리의 철학을 모호하게 뒤덮고 있는가! 언제 우리가 사리에 밝은 사람들이
되어서 너무도 소중한 것들을 제쳐두고 그런 쓸데없는 연구들에 귀중한
시간을 허비하고 있음을 깨닫게 될 것인가. 다음과 같은 세네카(Seneca)
의 말이 우리에게 딱 들어맞는 것 같다: "불필요한 것들을 연구하기 때문

에, 정말 필요한 것들을 우리는 모르게 된다. 우리에게 해로운 것들만을 연구하기 때문에, 우리는 우리에게 좋은 것들을 알지 못하고 있다."

그러므로 나는 여러분들이 가급적 빨리 그러한 연구들을 집어치우기를 권면한다. 지금은 다른 연구들에 몰두해서 "십자가에 못 박히신"(고전 2:2) 그리스도를 알 때이다. 자연을 기다리고 신음하고 괴로워하는 존재, 또는 현재의 상태를 혐오하고 아직 오지 않은 장래의 것을 바라는 존재로 여기는 사도의 말뜻을 제대로 이해한다면, 우리는 최고의 철학자요 최고의 자연과학도가 될 것이다. 골로새서 2:8에서 거짓된 철학에 대하여 경고하고 있는 사도의 말은 지당하다: "누가 철학과 헛된 속임수로 너희를 사로잡을까 주의하라 이것은 사람의 전통 … 을 따름이요."

피조물이 허무한 데 굴복하는 것은(8:20). 여기 나오는 "피조물"을 대부분의 주석자들은 피조물의 일부로서의 사람을 가리키는 것으로 이해한다. 그러나 시편 39:6에서 명시적이고 정확하게 "각 사람은 그림자 같이 다니고 헛된 일로 소란하며"라고 말씀하고 있듯이 "허무한 데"(vanity)가 사람을 가리킨다고 보는 것이 더 낫다. 사실 옛 사람(부패한 본성)이 없다면, 헛된 것(vanity)도 없을 것이다: 왜냐하면 하나님이 만드신 모든 것은 매우 좋았기 때문이다(창 1:31). 하나님이 만드신 만물은 하나님이 지으신 피조물이라는 점에서 오늘날도 여전히 좋다. 사도는 디모데전서 4:4에서 "하나님께서 지으신 모든 것이 선하매"라고 쓰고 있고, 디도서 1:15에서는 "깨끗한 자들에게는 모든 것이 깨끗하나"라고 말하고 있다. 따라서 피조물은 자신의 잘못 없이 외부로부터, 즉 죄악된 인간이 피조물을 그릇되게 평가하고 악하게 사랑하며 잘못 향유하면서 피조물을 적절한 수준보다 더 높게 취급한다는 점에서 헛되고 악하고 죄 있는 상태가 되었다.

이렇게 해서 사람은 생각이나 추론과 관련해서 하나님을 생각할 수 있고 하나님 안에서 기쁨을 발견할 줄 알기 때문에 피조물들 속에서 평강과 즐거움을 발견할 수 있다고 교만하게 생각한다. 아담에게서 태어났고, 성령 없이 살아가는 자는 모두 이런 식으로 행한다. "헛되고 헛되며 … 모든 것이 헛되도다"라는 전도서 1:2의 말씀처럼, 이런 자들 때문에 모든 피조물이 자신의 뜻과는 달리 헛되어진다. 여기서 말한 대로, 이렇게 만물은 죄악된 인간에게 헛된 것이 된다. 모든 피조물은 그 자체로는 선하고, 하나님을 인정하는 자들은 하나님의 피조물을 헛된 것으로서가 아니라 진리대로 인정한다. 사도가 디도서 1:15에서 "깨끗한 자들에게는 모든 것이 깨끗하나 더럽고 믿지 아니하는 자들에게는 아무것도 깨끗한 것이 없고"라고 쓰고 있는 것처럼, 그들은 만물을 사용하되 잘못 사용하지 않는다.

피조물도 … 해방되어(8:21). 사도가 여기서 쓰고 있는 내용은 "천지가 없어질" 것이라는 마태복음 24:35의 말씀과 동일하다. 그러나 이 구절은 피조물의 존재 일반과 관련해서가 아니라 피조물이 "썩어짐의 종 노릇" 하는 것과 관련해서 이해해야 한다. 자기가 알고 있다고 생각하는 사람은 이 구절을 자기 나름대로 이해하도록 하라. 그렇지만 이 구절을 나는 피조물이 존재하기를 절대적으로 그치게 될 것을 의미하는 것이 아니라 영광 중에 나타나게 될 그때에는 더 이상 허무한 데 굴복하게 되지 않을 것을 의미하는 것이라고 해석한다. 시편 102:26에서는 "그것들은 다 옷 같이 낡으리니 의복 같이 바꾸시면 바뀌려니와"라고 말씀한다. 그리스도께서 자신의 '변모'(passover)를 겪었듯이, 즉 그리스도께서 썩지 않을 영광으로 변모되셨듯이, 모든 성도들은 '변모될' 자, 즉 영광으로 변모될 자로 묘사된다. 베드로후서 3:13에서는 "우리는 … 새 하늘과 새 땅을 바라보도다"라고 말씀하고, 이사야 65:17에서는 "내가 새 하늘과 새 땅을 창조하나니 이전 것은 기억되거나 마음에 생각나지 아니할 것이라"고 말씀한다.

썩어짐의 종 노릇 한 데서 해방되어 하나님의 자녀들의 영광의 자유에 이르는 것이니라(8:21). 여기서 사도는 피조물의 "썩어짐의 종 노릇"을 그 "영광의 자유"와 대비시킨다. 왜냐하면 지금 피조물은 악한 자들을 섬기면서 그들의 학대를 받아 해를 입고 있기 때문이다. 그러나 썩어짐에서 해방되는 그 때가 되면, 피조물은 영광 중에 있는 하나님의 자녀들을 섬기게 될 것이다.

피조물이 다 이제까지 함께 탄식하며 함께 고통을 겪고 있는 것을 우리가 아느니라(8:22). 피조물은 "고통을 겪고" 있다. 즉, 피조물은 영광으로 다시 태어나기 위해서 그 썩어짐이 끝나기를 간절히 바라면서 고군분투하고 있다. 임신부가 산통이 시작되면 슬퍼하지만 아이를 낳은 후에는 그 산고를 다 잊어버리듯이, 피조물 전체도 그렇다. 이 때문에 불의한 자들에 맞서 의인들을 위해 얼마나 많은 탄원이 하나님께 끊임없이 드려지는지를 주목하라; 왜냐하면 피조물 전체가 자기 자신의 구원과 경건한 자들의 구원을 위해 기도함과 동시에 불경건한 자들에 맞서 부르짖기 때문이다. 피조물과 함께 우리 믿는 자들도 기도하고 부르짖으며, 성령도 우리와 함께 기도하고 부르짖는다.

그뿐 아니라 또한 우리 곧 성령의 처음 익은 열매를 받은 우리까지도 속으로 탄식하여 양자 될 것 곧 우리 몸의 속량을 기다리느니라(8:23). 무서워하는 영을 받은 자들은 이것을 이해하지 못한다. 그들은 이런 일에 잔뜩 겁을 집어먹고, 그런 일이 절대 일어나지 않기를 바란다. 사도는 이 구절에서 두 가지를 선언한다. 첫째로, 악한 자들이 정죄를 받아 제거되고 옛 사람이 멸해진 후에, 피조물은 그 현재의 허무한 것에서 구원받을 것이다. 이 구원은 하나님의 성도들 속에서는 날마다 일어난다. 둘째로, 그때에는 피조물이 더 이상 허무한 것과 썩어짐에 굴복하지 않게 될 것이다.

보이는 소망이 소망이 아니니(8:24). 신학적으로 이것은 그 문자적 의미대로 이해하여야 한다. 왜냐하면 소망은 가장 강력한 기대를 가리키기 때문이다. 무척 바라는 것을 향한 열렬한 갈망으로부터 자라나는 소망은 소망을 갈라놓는 그 시간적 거리 때문에 사랑을 한층 더 크게 만든다. 그러한 긴장된 소망을 통해서, 말하자면 소망하는 자와 그가 소망하는 대상 사이에 일체감이 생겨난다. 성 아우구스티누스는 "영혼은 영혼이 활기를 불어넣는 육신에 있을 때보다도 그 사랑의 대상이 있는 곳에서 훨씬 더 편안함을 느낀다"고 말한다.

이와 같이 성령도 우리의 연약함을 도우시나니(8:26). 경건한 사람일지라도 스스로의 힘으로 하늘의 영광을 열렬히 원하는 것은 불가능하다. 그러므로 성령은 우리 자신으로는 불가능한 말할 수 없는 탄식으로 우리를 위해 간구한다. 우리가 영원한 영광을 위해 기도한다고 할지라도, 구체적으로 말해서 그 영광이 우리에게 빨리 오게 해달라든가 아니면 어떤 특정한 방식으로 오게 해달라든가 하고 기도한다고 할지라도, 사실 우리는 어떤 식으로 기도해야 할지를 알지 못한다. 왜냐하면 그 영광이 우리에게 속히 임하거나 이런저런 식으로 임하게 되면, 그것이 결국 우리에게 해로운 것이 될지도 모를 일이기 때문이다. 하물며 세상적인 축복들을 위해 우리가 기도할 때는 말할 것도 없다.

성령이 말할 수 없는 탄식으로 우리를 위하여 친히 간구하시느니라(8:26). 이것들은 아무도 말로 표현할 수 없고, 하나님 한 분 외에는 아무도 이해할 수 없는 기도들이다. 탄식이 너무도 깊어서, "나의 모든 소원이 주 앞에 있사오며 나의 탄식이 주 앞에 감추이지 아니하나이다"라는 시편 38:9의 말씀처럼, 오직 하나님만이 그 기도들을 바르게 보시고 제대로 알아들으실 수 있다. 우리가 간구하는 제목들에 대하여 그 정반대의 일이 우리에게 일어난다고 한다면, 그것은 나쁜 징조가 아니라 가장 좋은 징조이다. 역으로 우리가 기도하는 대로 모든 것이 이루어진다면, 그것은 좋은 징조가 아니다.

그 이유는 다음과 같다: "이는 내 생각이 너희의 생각과 다르며 내 길은 너희의 길과 다름이니라 여호와의 말씀이니라 이는 하늘이 땅보다 높음 같이 내 길은 너희의 길보다 높으며 내 생각은 너희의 생각보다 높으니라"는 이사야 55:8, 9의 말씀처럼, 하나님의 모략과 뜻은 사람의 모략과 뜻 위에 높이 우뚝 솟아있다. 그런 까닭에 우리가 하나님께 어떤 것을 요청하고 하나님께서 우리의 기도를 들으시기 시작하면, 하나님은 너무도 자주 우리의 간구하는 내용들에 역행하는 경우가 많아서, 우리는 기도하기 전보다 지금 우리에게 하나님께서 더 화가 나 계시고, 우리의 간구한 것들을 전혀 들어주실 의향이 없으시다고 생각하게 된다.

그런데 하나님이 이렇게 하시는 이유는 우리 속에 있는 것(우리 자신의 지혜와 의지)을 먼저 멸하시고 근절하신 다음에 하나님의 선물을 우리에게 주시는 것이 하나님의 방식(길)이기 때문이다. 사무엘상 2:6에서는 "여호와는 죽이기도 하시고 살리기도 하시며 스올에 내리게도 하시고 거기에서 올리기도 하시는도다"라고 말씀하고 있다. 이 정말 자비로우신 모략을 통해서 하나님은 우리를 하나님의 선물과 역사(役事)를 받기에 합당하게 만드신다. 우리 자신의 계획들이 다 무너지고, 우리 자신의 행위들이 다 멸해지고, 우리가 하나님과의 관계에서 전적으로 수동적이 된 후에야, 우리는 하나님의 역사와 모략을 받기에 합당하게 준비된다.

교만한 자들(불신자들)은 하나님 같이 되고자 한다. 그들은 마치 자기들이 하나님처럼 완전하기라도 한 것처럼 자신의 생각을 하나님 아래가 아니라 하나님의 생각과 나란히 두고자 한다. 그러나 그런 일은 진흙이 토기장이에게 어떤 모양으로 자기를 만들어야 한다고 말하는 것보다 더 불가능한 일이다. 이사야 64:8에서는 "여호와여, 이제 주는 우리 아버지시니이다 우리는 진흙이요 주는 토기장이시니 우리는 다 주의 손으로 지으신 것이니이다"라고 말씀한다. 그러나 자기들이 구한 것과 정반대의 일이 그들에게 일어나는 것을 볼 때에, 성령을 받은 사람들은 절망하는 것이 아니라 믿음을 갖는다. 하나님의 역사(役事)는 사람의 생각 및 이해와 모순되는 어떤 다른 형태 속에 감춰져 있음에 틀림없다. 그래서 하나님은 성 아우구스티누스의 어머니의 수많은 기도에도 불구하고 결국 그녀가 요청한 것보다 훨씬 더 많은 것을 그녀에게 주기 위하여 성 아우구스티누스가 점점 더 깊이 잘못된 생활로 빠져들도록 내버려 두셨다.

우리가 알거니와 하나님을 사랑하는 자 곧 그의 뜻대로 부르심을 입은 자들에게는 모든 것이 합력하여 선을 이루느니라(8:28). 헬라어 본문에서는 "합력하여"(sunergei)라는 단어가 단수로 되어 있는데, 이 동사의 주어가 성령이라는 점을 감안하면, 이것이 더 본문에 적합하다. 왜냐하면 사도가 말하고자 하는 것은 이런 것이기 때문이다: 성령은 하나님의 성도들이 하는 모든 일에 있어서 성도들과 합력하기 때문에, 우리는 성령이 우리를 위해 간구한다는 말을 의아해해서는 안 된다. 이 구절은 "성령이 … 성도를 위하여 간구하심이니라"는 말씀에 대한 진짜 해설이다. 성령은 다른 모든 일들에서 우리와 합력하듯이 이 간구에서도 우리와 합력하신다. (루터는 여기서 헬라어 본문 읽기를 따르고 있다: Panta sunergei ho Theos: 모든 일에서 하나님은 우리와 합력하여 선을 이루신다.) 사도는 여기에서 어떤 유보조건도 붙이지 않은 채 "그의 뜻대로 부르심을 입은 자들"이라고 말한다. 하나님을 아는 자들이 아는 단 하나의 목적, 하나님의 목적이 존재한다. 하나님 안에는 그 밖의 다른 목적이 없고, 하나님의 구원의 한 목적 외에 그 어떤 다른 목적이 수행되지도 않는다.

이 구절은 사도가 이 장의 끝에 이르기까지 말하고 있는 모든 내용이 딛고 서 있는 토대 역할을 한다: 왜냐하면 하나님의 사랑을 받고 하나님을 사랑하는 택함 받은 자들에게는 성령이 모든 것들, 즉 질병이나 박해 등등 그 자체로 나쁜 것들조차도 선을 이루도록 바꾸어 버리신다는 것을 보여주고자 하는 것이 사도의 의도이기 때문이다. 사도는 여기서 예정 또는 선택 교리를 거론한다. 이 교리는 많은 사람들이 생각하는 것과는 달리 그렇게 이해하기 어려운 것은 아니고, 오히려 택함 받은 자들과 성령을 받은 모든 자들에게 주는 마음 편한 위로로 가득 차 있다. 그러나 이 교리는 육체의 지혜를 고수하는 자들에게는 참으로 혹독하고 힘든 말이 된다.

수많은 환난과 악들이 닥쳐와도 성도들을 하나님의 사랑에서 끊어놓을 수 없는 이유는 다름 아닌 그들이 "그의 뜻대로 부르심을 입은 자들"이기 때문이다. 그래서 하나님은 모든 일들이 합력하여 그들에게, 오직 그들에게만 선이 되게 하신다. 만약 이러한 하나님의 뜻이 없고, 우리의 구원이 우리의 의지나 행위에 달려 있다고 한다면, 우리의 구원은 순전히 운에 맡겨지게 될 것이다. 그런 경우에 단 하나의 악으로도 그 구원을 얼마나 쉽게 방해하거나 파괴할 수 있겠는가!

그러나 사도는 "누가 능히 하나님께서 택하신 자들을 고발하리요," "누가 정죄하리요," "누가 우리를 그리스도의 사랑에서 끊으리요"(8:33, 34, 35)라고 말함으로써 택함 받은 자들이 운에 의해서가 아니라 하나님의 목적과 뜻을 따라 구원받았음을 나타내 보인다. 사실 이런 이유 때문에 하나님은 택함 받은 자들로 하여금 여기에 열거된 것과 같은 수많은 악한 것들을 겪게 하시고, 이를 통해 그들이 자신의 공로가 아니라 하나님의 택하심을 따라 구원 받았음을, 즉 그리스도 안에서의 구원이라는 하나님의 변치 않고 확고한 뜻을 나타내게 하시는 것이다. 그들은 수많은 악착같고 지독한 적들과 그들을 지옥에 빠뜨리려는 헛된 시도들에도 불구하고 구원을 받는다.

그러므로 어디에 우리 자신의 의, 우리의 선한 행위들, 우리의 의지의 자유, 일어나는 모든 일들에 있어서의 운이 끼어들 여지가 있겠는가? 이것, 곧 이 모든 것들에 대한 부정이 바로 사도와 마찬가지로 우리가 설교해야 하는 것이다. 그렇게 하는 것만이 바르게 설교하는 것이 되기 때문이다. 이는 육체의 지혜를 멸하는 것을 의미한다. 지금까지 사도는 육체의 지혜의 손과 발, 혀만을 파괴하였으나, 이제 그 지혜를 철저하게 쓸어버리고 있다. 이제 사도는 육체의 지혜가 아무것도 아니며, 우리의 구원은 전적으로 하나님의 손에 달려 있다는 것을 우리로 하여금 알게 만든다. 하나님은 운을 전혀 인정하지 않는다. 운을 얘기하는 자는 오직 사람들뿐이다. 아버지 하나님의 뜻이 아니고는 잎사귀 하나도 나무에서 떨어지지 않는다. 모든 것은 본질적으로 하나님의 손 안에 있고, 우리의 일생도 마찬가지이다.

하나님의 예정이라는 주제와 관련하여 세 가지 생각을 고찰할 필요가 있다. 첫째로, 성경 말씀들과 하나님의 역사(役事)들에서 수집된, 하나님의 변치 않는 택하심에 관한 증거들이 있다. 사도는 "그의 뜻대로 부르심을 받은 자들"이라고 말한다. 여기서 "뜻"은 하나님의 예정이나 하나님의 자유로운 선택, 또는 개개인들의 구원에 관한 하나님의 영원한 계획을 의미한다. 나중에 9장에서 사도는 이삭과 이스마엘, 야곱과 에서를 예로 들어 하나님의 영원한 선택을 예시한다(8절 이하). 사도가 분명히 보여주듯이, 이 사람들 서로간의 운명이 달라지는 것은 전적으로 하나님의 예정 때문이다. 끝으로, 하나님의 영원한 선택과 관련하여 사도는 두 구절을 인용한다: "내가 긍휼히 여길 자를 긍휼히 여기고"(9:15): "그런즉 하나님께서 하고자 하시는 자를 긍휼히 여기시고 하고자 하시는 자를 완악하게 하시느니라"(9:18). 9장과 10장에도 이와 비슷한 구절들이 나온다.

성경의 다른 책들에도 하나님의 영원한 선택을 다루는 구절들이 있다. 요한복음 13:18에서는 "내가 너희 모두를 가리켜 말하는 것이 아니니라

나는 내가 택한 자들이 누구인지 앎이라"고 말씀하고 있고, 요한복음
10:27-29에서는 "내 양은 내 음성을 들으며 나는 그들을 알며 그들은 나
를 따르느니라 내가 그들에게 영생을 주노니 영원히 멸망하지 아니할 것
이요 또 그들을 내 손에서 빼앗을 자가 없느니라 그들을 주신 내 아버지
는 만물보다 크시매 아무도 아버지 손에서 빼앗을 수 없느니라"고 하고
있고, 디모데후서 2:19은 "하나님의 견고한 터는 섰으니 인침이 있어 일
렀으되 주께서 자기 백성을 아신다 하며"라고 말씀한다.

하나님의 선택의 영원한 목적에 대한 또 다른 증거는 하나님의 역사(役
事)들에서 찾아볼 수 있다. 첫째로 이 장 및 이후에 기록되어 있는 바와
같이 하나님이 이스마엘과 에서, 바로와 애굽 사람들에게 행하신 역사들
속에서 그 증거를 찾아볼 수 있다. 또한 하나님께서 성도들을 그토록 수많
은 악하고 악착같은 원수들에게 넘겨 주시면서도 그들로 하여금 구원을
잃지 않게 하시는 하나님의 역사들도 그 증거이다. 이것은 하나님의 선택
이 견고하여 그 어떤 피조물도 이를 훼방할 수 없음을 분명하게 입증한다.
그러므로 이러한 하나님의 행위도, 하나님께서 많은 사람들로 하여금 커다
란 죄들을 짓게 하시고 나중에 회개로 이끄셔서 구원 받게 하시는(다윗:
삼하 12:13) 반면에, 어떤 사람들은 처음에 경건한 삶을 영위하고 많은
선행들을 하지만 결국 구원 받지 못하는 것(사울: 삼상 13:13)과 같은 하
나님의 선택을 입증한다. 또한 유다와 십자가에 달린 강도를 비교해 보라
(마 26:14; 눅 23:41).

하나님의 영원한 선택과 관련하여 우리가 고찰해 보아야 할 두 번째 생
각은 예정에 대한 모든 반론들은 육체의 지혜(인간의 이성)로부터 나온다
는 것이다. 그런 까닭에 자기 자신을 부인하고 자기 생각을 하나님의 뜻에
계속해서 복종시키는 법을 알지 못하는 사람들은 자기 문제에 대한 해답
을 결코 찾지 못하게 될 것이다. 이는 육체의 어리석은 지혜는 스스로를
하나님 위로 높이고 마치 하나님의 뜻이 별로 중요하지 않다는 듯이 하나
님의 뜻을 판단하기 때문에 그렇다. 이런 이유로 사도는 모든 반론들을 두
개의 짤막한 말로써 논파한다. 먼저 사도는 "이 사람아 네가 누구이기에

감히 하나님께 반문하느냐"(롬 9:20)라고 되물음으로써 우리의 오만을 확인시켜 준다. 그런 후에 사도는 "토기장이가 진흙 한 덩이로 (하나는 귀히 쓸 그릇을, 하나는 천히 쓸 그릇을) 만들 권한이 없느냐"(21절)라고 반문함으로써 하나님의 선택을 옹호한다.

하나님의 선택 교리를 반대하는 정말 설득력 없는 첫 번째 반론은 사람에게는 자유의지가 주어졌기 때문에 스스로 공을 세울 수도, 잘못을 범할 수도 있다는 것이다. 이러한 반론에 대하여 나는 이렇게 대답한다: 하나님의 은혜 없는 인간의 자유의지는 의를 획득할 수 있는 능력이 전혀 없고, 전적으로 부패되어 있다.

두 번째 반론은 "하나님은 모든 사람이 구원을 받기를" 원하신다는 것이다(딤전 2:4). 즉 하나님께서는 그 아들을 우리를 위해 죽음에 내어주심으로써 우리에게 영원한 생명을 창조하셨다는 것이다. 다시 말하면, 모든 것들은 인간을 위해 존재하고, 인간은 하나님을 향유하기 위하여 존재한다는 말이다. 그러나 이 반론과 그 밖의 다른 반론들은 첫 번째 반론과 마찬가지로 근거 없는 것들이다: 왜냐하면 사도가 디모데후서 2:10에서 "내가 택함 받은 자들을 위하여 모든 것을 참음은 그들도 그리스도 예수 안에 있는 구원을 영원한 영광과 함께 받게 하려 함이라"고 쓰고 있는 것처럼, 이 모든 말들은 택함 받은 자들에게서 그대로 실현되기 때문이다.

세 번째 반론은 이런 것이다: 죄가 없는 곳에서 하나님은 정죄하지 않으신다. 그러므로 죄인일 수밖에 없는 자를 정죄한다면, 이는 부당하다. 이에 대해 나는 이렇게 대답한다. 우리는 다 죄인일 수밖에 없고, 따라서 정죄 아래 있지만, 아무도 강제에 의해서 또는 자신의 의지에 반하여 죄인이 되는 것은 아니다.

네 번째 반론은 이렇다: 하나님께서 인간의 의지를 완악하게 하시기 때문에, 사람은 점점 더 하나님의 율법을 범하고 싶어한다. 그러므로 사람들이 죄를 짓고 정죄 받게 하는 분은 바로 하나님이시다. 이것은 가장 강력하고 무게 있는 반론이다. 그러나 사도는 그렇게 하는 것이 하나님의 뜻이고, 하나님께서 그렇게 하기를 원하신다면 하나님은 불의하게 행하시는 것이 아니니, 이는 진흙이 토기장이에게 속하듯이 만물이 하나님께 속해 있기 때문이라고 말함으로써 이 반론에 맞선다. 이런 식으로 하나님은 자신의 율법을 굳게 세워서, 택함 받은 자들은 율법에 순종하고, 패역한 자들은 율법에 사로잡히게 함으로써, 자신의 진노와 긍휼을 보이려고 하시는 것이다. 여기서 육체의 지혜는 "나의 비참함 속에서 하나님이 영광 받으시려 하는 것은 잔인하고 유감스러운 일이다"라고 말하며 반대를 제기한다. "나의, 나의!"라고 말하는 것이 바로 육체의 목소리이다. 이 "나의, 나의"를 빼 버리고, 대신에 "오 주님, 당신께 영광 있으시기를!"이라고 말하라. 그리하면 네가 구원을 받으리라. 육체의 지혜는 자신의 영광을 구하고, 하나님을 모독하는 것보다 고통을 더 두려워한다. 그래서 육체의 지혜는 하나님의 뜻보다는 자신의 뜻을 따른다. 우리는 사람들을 생각하듯이 하나님을 생각해서는 안 된다. 하나님은 우리에게 빚진 것이 아무것도 없기 때문이다. 이 것이 사도가 11장 끝부분에서 가르치는 내용이다: "누가 주께 먼저 드려서 갚으심을 받겠느냐"(11:35).

하나님의 영원한 선택과 관련하여 우리가 고찰하여야 할 세 번째 생각은 이 교리는 이 교리에 맞서 반기를 들고 심지어 이와 관련해서 신성모독을 서슴지 않는 육체의 지혜에게는 정말 혹독하다는 것이다. 그러나 우리가 우리의 구원이 결코 우리 자신이나 우리의 행실에 달려 있지 않고 오로지 우리 밖에 있는 것, 즉 하나님의 선택에 기초하고 있다는 것을 알게 되면, 그런 마음은 씻은 듯이 사라져 버리고 만다. 성령의 지혜를 지닌 자들은 이 교리로 말미암아 말할 수 없이 행복해지는데, 사도 자신이 바로 그 표본이다. 택함 받은 자들에게 그리스도께서는 "적은 무리여 무서워 말라 너희 아버지께서 그 나라를 너희에게 주시기를 기뻐하시느니라"고 말한다. 또한 하나님은 이사야 35:4에서 "겁내는 자들에게 이르기를 굳세어라, 두려워하지 말라, 보라 너희 하나님이 오사 보복하시며 갚아 주실 것이라 하나님이 오사 너희를 구하시리라 하라"고 말씀하신다. 성경은 도처에서 떨림으로 하나님의 말씀에 귀 기울이는 자들을 칭찬하고 격려한다. 그들이 스스로 절망하면, 하나님의 말씀이 그들 속에서 역사하신다. 우리가 하나님의 말씀에 노심초사하며 떨고 두려워한다면, 그것은 사실 좋은 징조다.

자기가 택함 받았는지를 염려하거나 다른 식으로 고민하는 사람이 있다면, 그는 자기에게 그런 염려가 있다는 것을 감사해야 한다. 왜냐하면 이를 통해서 그는 "하나님께서 구하시는 제사는 상한 심령이라 하나님이여 상하고 통회하는 마음을 주께서 멸시하지 아니하시리이다"라는 시편 51:17의 말씀처럼 하나님은 거짓말하실 수 없다는 것을 확실하게 알고, 이 약속을 주신 하나님의 신실하심에 흔쾌히 자기 자신을 내어맡기고, 위협하시는 하나님이라는 선입견으로부터 떠날 수 있을 것이기 때문이다. 그러면 그는 택함 받은 자로서 구원을 얻게 될 것이다. 하나님의 은밀한 계획 앞에서 떠는 것은 패역한 자들의 특징이 아니라 택함 받은 자들의 특징이다. 패역한 자들은 하나님의 은밀한 계획을 멸시하거나 적어도 거기에 주의를 기울이지 않거나 아니면 나 모르겠다는 식의 오만함으로 "그래, 내가 저주받았다고, 좋아, 난 저주받았어."라고 기탄없이 말한다.

우리는 택함 받은 자들을 세 가지 부류로 구별해볼 수 있다. 첫 번째로는 현재 상태의 하나님의 뜻에 만족하고 하나님에 대하여 불평을 하지 않으며, 자기가 택함 받았다는 것을 믿는 사람들이 있다. 그들은 저주받기를 원치 않는다. 두 번째로는 하나님의 뜻에 순복하고 마음으로 그것에 만족하는 사람들이 있다. 적어도 그들은 하나님이 그들을 구원하고자 하지 않으시고 거부하신다고 해도 만족하고자 한다. 세 번째로 하나님의 뜻이라면 자기들이 정죄를 당해도 좋다고 생각하는 사람들이 있다. 이들은 스스로의 뜻과 육신의 지혜를 대체로 다 비운 자들이다. 그리고 이들은 "너는 나를 도장 같이 마음에 품고 도장 같이 팔에 두라 사랑은 죽음 같이 강하고"라는 아가서 8:6 말씀이 참되다는 것을 체험하고 있는 자들이다. 그러한 사랑은 항상 십자가 및 환난과 결합되어 있다. 왜냐하면 그런 것들이 없다면 영혼은 해이해져서, 하나님을 구하지도 않고, 생명의 샘인 하나님을 갈급해하지도 않기 때문이다.

하나님이 미리 아신 자들을 또한 그 아들의 형상을 본받게 하기 위하여 미리 정하셨으니 이는 그로 많은 형제 중에서 맏아들이 되게 하려 하심이니라(8:29).
그리스도는 그의 인성을 따라서는 만물의 머리요 맏아들이요 원형이요 형
상이다. 왜냐하면 그의 신성을 따라서는 그리스도는 독생자로서 형제가 없
기 때문이다. 여기에서는 "많은"이라는 말에 강조점이 두어지고 있다. 이
말을 그리스도가 모든 형제들이 아니라 많은 형제들 중에서 맏아들이라는
의미로 받아들여서는 안 된다. 그리스도는 무수히 많은 형제들 가운데서
맏아들이시다. 로마서 5:15에서 "한 사람의 범죄를 인하여 많은 사람이
죽었은즉"이라고 할 때에도, 이 말이 그런 의미로 사용되고 있다.

또 미리 정하신 그들을 또한 부르시고 부르신 그들을 또한 의롭다 하시고 의롭
다 하신 그들을 또한 영화롭게 하셨느니라(8:30). 사도가 이 절에서 절정으로
삼고 있는 구절("그들을 또한 영화롭게 하셨느니라")은 하나님께서 "그 아
들의 형상을 본받게 하기 위하여 미리 정하신"(29절) 자들을 가리킨다.

믿는 자의 승리하는 믿음

그런즉 이 일에 대하여 우리가 무슨 말 하리요 만일 하나님이 우리를 위하시면
누가 우리를 대적하리요 자기 아들을 아끼지 아니하시고 우리 모든 사람을 위하
여 내주신 이가 어찌 그 아들과 함께 모든 것을 우리에게 주시지 아니하겠느냐
누가 능히 하나님께서 택하신 자들을 고발하리요 의롭다 하신 이는 하나님이시니
누가 정죄하리요 죽으실 뿐 아니라 다시 살아나신 이는 그리스도 예수시니 그는
하나님 우편에 계신 자요 우리를 위하여 간구하시는 자시니라 누가 우리를 그리
스도의 사랑에서 끊으리요 환난이나 곤고나 박해나 기근이나 적신이나 위험이나
칼이랴 기록된 바 우리가 종일 주를 위하여 죽임을 당하게 되며 도살 당할 양 같
이 여김을 받았나이다 함과 같으니라 그러나 이 모든 일에 우리를 사랑하시는 이
로 말미암아 우리가 넉넉히 이기느니라 내가 확신하노니 사망이나 생명이나 천사
들이나 권세자들이나 현재 일이나 장래 일이나 능력이나 높음이나 깊음이나 다른
어떤 피조물이라도 우리를 우리 주 그리스도 예수 안에 있는 하나님의 사랑에서
끊을 수 없으리라(8:31-39).

만일 하나님이 우리를 위하시면 누가 우리를 대적하리요(8:31). 만물의 심판자이시고 만물을 창조해내시는 전능한 능력을 지니신 하나님이 우리를 위하신다면, 아무도 우리를 대적할 수 없는데, 이는 하나님이 만드신 모든 것이 그 창조주에게 복종하기 때문이다. 또한 그 역도 마찬가지로 참이다! 하나님이 우리를 대적하시면, 아무도 우리를 위할 수 없다.

누가 우리를 그리스도의 사랑에서 끊으리요(8:35). 하나님께서 예정하신 우리를 누가 고소할 수 있는가? 결단코 아무도 우리를 고소할 수 없다! 우리를 의롭다고 하신 분, 즉 우리가 의롭다고 선언하시고 우리를 위해 대신 간구하시는 분이 바로 하나님이시기 때문이다. 또한 아무도 우리를 정죄할 수 없다. 그리스도가 바로 우리를 위해 죽으시고 다시 사셔서 사망에게 삼키우는 것이 아니라 사망을 삼켜버리신 우리의 중보자시요 감독이시기 때문이다. 그리스도는 지금 영광 중에 하나님 우편에 계셔서, 우리의 대제사장으로서 우리를 위해 대신 간구하신다.

누가 능히 하나님께서 택하신 자들을 고발하리요(8:33). 스타풀렌시스(Stapulensis)는 이 구절을 그리스도께서 받는 사랑이 아니라 그리스도께서 하시는 사랑으로, 즉 우리가 그리스도를 향하여 갖고 있는 사랑이 아니라 그리스도께서 우리를 향하여 갖고 계시는 사랑으로 이해하고자 하였다. 그러나 성 아우구스티누스는 「은혜와 자유의지에 관하여」 제17장에서 그러한 해석에 반대하여 이렇게 쓰고 있다: "사도는 '누가 우리를 그리스도의 사랑에서 끊으리요'라고 말함으로써 이 사랑, 즉 하나님을 향한 사랑으로 뜨겁게 활활 타오르는 이 의지를 찬미하고 있다." 이 두 가지 해석이 모두 가능하다. 왜냐하면 그리스도를 향한 우리의 사랑이 지극하다면, 그것은 우리 자신의 힘 때문이 아니라 하나님의 사랑('우리를 향하신' 그리고 '우리 안에 있는') 때문이기 때문이다. 먼저 우리를 사랑하시는 분은 하나님이시고, 그 다음에 하나님은 그 사랑을 우리에게 나눠주신다.

이 모든 일에 우리를 사랑하시는 이로 말미암아 우리가 넉넉히 이기느니라(8:37). 그리스도의 사랑은 우리로 하여금 그리스도에 대한 우리의 사랑으로 말미암아 승리하게 만든다. 우리가 먼저 그리스도를 사랑한 것이 아니라 그리스도께서 먼저 우리를 사랑하셨고, 여전히 지금도 그리스도께서 먼저 우리를 사랑하신다. 그리스도께서 우리를 사랑하시는 것은 우리가 그를 사랑하기 때문이 아니다. 요한일서 4:10의 말씀처럼, 그리스도께서 우리를 사랑하시므로, 우리가 그를 사랑하는 것이다.

내가 확신하노니 사망이나 생명이나 … 우리를 우리 주 그리스도 예수 안에 있는 하나님의 사랑에서 끊을 수 없으리라(8:39, 40). 사도는 여기서 자기 자신과 모든 택함 받은 자들을 대신하여 말을 한다. 스스로에 대해서 사도는 자기가 특별한 계시를 통하여 '택함 받은 그릇'(행 9:15)이라고 확신하였다. 택함 받은 자들과 관련하여 우리도 그렇게 확신한다(루터가 31절과 34절에 대한 해설에서 보여 주고 있듯이, 그리스도 예수에 대한 믿음으로 말미암아서).

로마서 9장

9장의 내용 : 사도는 유대인들이 완악해진 것에 대하여 슬퍼하고, 유대인들이 조상들에게 주어진 약속과 관련하여 속임을 당한 것이 아님을 보여준다. 사도는 유대인들에게 이방인들의 부르심을 상기시킨다.

택하심은 그리스도 안에 있는 약속에 따라 은혜로 말미암는다

내가 그리스도 안에서 참말을 하고 거짓말을 아니하노라 나에게 큰 근심이 있는 것과 마음에 그치지 않는 고통이 있는 것을 내 양심이 성령 안에서 나와 더불어 증언하노니 나의 형제 곧 골육의 친척을 위하여 내 자신이 저주를 받아 그리스도에게서 끊어질지라도 원하는 바로라 그들은 이스라엘 사람이라 그들에게는 양자 됨과 영광과 언약들과 율법을 세우신 것과 예배와 약속들이 있고 조상들도 그들의 것이요 육신으로 하면 그리스도가 그들에게서 나셨으니 그는 만물 위에 계셔서 세세에 찬양을 받으실 하나님이시니라 아멘 그러나 하나님의 말씀이 폐하여진 것 같지 않도다 이스라엘에게서 난 그들이 다 이스라엘이 아니요 또한 아브라함의 씨가 다 그의 자녀가 아니라 오직 이삭으로부터 난 자라야 네 씨라 불리리라 하셨으니 곧 육신의 자녀가 하나님의 자녀가 아니요 오직 약속의 자녀가 씨로 여기심을 받느니라 약속의 말씀은 이것이니 명년 이 때에 내가 이르리니 사라에게 아들이 있으리라 하심이라 그뿐 아니라 또한 리브가가 우리 조상 이삭 한 사람으로 말미암아 임신하였는데 그 자식들이 아직 나지도 아니하고 무슨 선이나 악을 행하지 아니한 때에 택하심을 따라 되는 하나님의 뜻이 행위로 말미암지 않고 오직 부르시는 이로 말미암아 서게 하려 하사 리브가에게 이르시되 큰 자가 어린 자를 섬기리라 하셨나니 기록된 바 내가 야곱은 사랑하고 에서는 미워하였다 하심과 같으니라 그런즉 우리가 무슨 말을 하리요 하나님께 불의가 있느냐 그럴 수 없느니라 모세에게 이르시되 내가 긍휼히 여길 자를 긍휼히 여기고 불쌍히 여길 자를 불쌍히 여기리라 하셨으니 그런즉 원하는 자로 말미암음도 아니요 달음박질하는 자로 말미암음도 아니요 오직 긍휼히 여기시는 하나님으로 말미암음이니라 성경이 바로에게 이르시되 내가 이 일을 위하여 너를 세웠으니 곧 너로 말미암아 내 능력을 보이고 내 이름이 온 땅에 전파되게 하려 함이라 하셨으니 그런즉 하나님께서 하고자 하시는 자를 긍휼히 여기시고 하고자 하시는 자를 완악하게 하시느니라(9:1-18).

내가 그리스도 안에서 참말을 하고 거짓말을 아니하노라(9:1). 이웃을 사랑한다고 말하면서도 이웃의 불행을 보고 웃고 기뻐한다면, 질투에 거짓말을 더하는 것이 된다.

나에게 큰 근심이 있는 것과 마음에 그치지 않는 고통이 있는 것을(9:2). 사랑에는 기쁨과 즐거움만 있는 것이 아니라 크고 깊은 마음의 무거움과 슬픔도 따른다. 그러나 사랑은 남들의 불행과 해(害)를 자기 일로 여기기 때문에 심한 슬픔 속에서도 기쁨과 감미로움으로 충만하다. 그리스도께서도 최후의 극심한 고뇌 속에서도 불타는 사랑으로 이글거리고 있었다. 성 힐라리우스(St. Hilary)는 그리스도에게는 극심한 고통을 견디어낸 것이 가장 큰 기쁨이었다고 말한다. 이렇게 "하나님은 그의 백성에게 힘과 능력"(시 68:35)을 주신다. 그들은 극한 슬픔을 겪지만 그 마음에는 기쁨이 흘러넘친다.

나의 형제 … 을 위하여 내 자신이 저주를 받아 그리스도에게서 끊어질지라도 원하는 바로라(9:3). 사도는 억누를 수 없는 절박함에서 나온 강력한 선서와 맹세로 이 장을 시작한다. 이러한 말들을 통해서 사도는 유대인들의 신뢰를 얻고자 한다. 왜냐하면 유대인들은 사도를 자기들의 구원에는 전혀 관심이 없는 자, 다른 어떤 사람들보다도 그들을 핍박하고 그들의 구원을 파괴한 자로 여겼기 때문이다. 유대인들이 꽉 막혀 있는 것을 보고, 사도는 자신의 마음 속에 있는 슬픔을 토로하고 예정 교리를 다루지 않을 수 없었다. 유대인들의 완악함은 사도가 오래 전부터 알고 있던 것, 즉 행위에 의한 의는 아무 소용이 없고 사람을 구원하는 것은 긍휼에 풍성하신 하나님의 자비로운 뜻이라는 것을 실제적으로 확증시켜 주었다.

나의 형제 곧 골육의 친척을 위하여 … 그들은 이스라엘 사람이라 그들에게는 양자 됨 … 이 있고(9:3-4). 이 모든 것은 인간의 의지가 지닌 의가 아니라 하나님의 예정과 확실한 택하심이 인간의 구원의 근거임을 보여준다. 왜냐하면 이 모든 축복들을 지닌 자들이 버림 받고 그러한 축복들을 갖고 있지 않았던 사람들이 구원을 받은 것으로 보아서, 인간의 의가 아니라 하나님의 택하심으로 구원 받는다는 것이 분명하기 때문이다. 본문의 전체적인 구도를 보면, 사도가 여기서 유대인들의 구원에 대한 깊은 관심과 그들을 그리스도께로 인도하려는 큰 열심을 가지고 말하고 있음을 알게 된다. 사도는 유대인들이 구원 받기를 간절히 원하고, 만약 그들이 구원을 얻을 수 있다면, 자신의 구원은 잃어도 좋다고 말한다. 고린도후서 12:15에서도 사도는 이와 동일한 말씀을 한다: "내가 … 재물을 사용하고 또 내 자신까지도 내어 주리니."

성령으로부터 오는 사랑으로 하나님을 진정으로 사랑하는 자들에게 이 말들은 너무도 멋진 말들이다. 그러한 성별되고 사랑이 있는 그리스도인들은 결코 자기 자신의 것을 구하는 법이 없고, 다른 사람들의 구원과 관련해서 하나님의 뜻이 이루어지기만 한다면 저주를 받아 지옥에라도 갈 준비가 되어 있다. 그리스도께서는 모든 성도들보다 더 많이 정죄를 받고 버림을 받았다. 그리스도는, 어떤 사람들이 말하듯이, 가벼운 고통을 겪은 것이 아니라, 우리를 구원하기 위하여 성부 하나님의 뜻을 따라 영원한 저주를 받아 지옥에 떨어지셨다. 이 점에 있어서 성도들은 그리스도를 본받아야 한다. 그들의 사랑이 커지면 커질수록, 그들은 더 자원하는 마음으로 기꺼이 그렇게 할 수 있게 될 것이다.

이러한 의미의 사랑을 질색하여 피하는 자들은 '사랑한다는 것'이 무엇을 의미하는지를 결코 알지 못한다. '사랑한다는 것'은 요한복음 12:25에 나오는 그리스도의 말씀처럼 자기를 미워하고 자기를 단죄하는 것을 의미하기 때문이다: "이 세상에서 자기의 생명을 미워하는 자는 영생하도록 보전하리라." 이런 식으로 자기를 사랑해야 진정으로 자기를 사랑하는 것이 된다. 왜냐하면 그런 사람은 하나님 안에서, 또는 하나님의 뜻을 따라 자기를 사랑하기 때문이다. 이와 같이 우리 "생명은 그리스도와 함께 하나님 안에 감추어져" 있다(골 3:3): 또한 이렇게 우리의 영적 지혜와 의도 그리스도와 함께 하나님 안에 감추어져 있다.

이스라엘에게서 난 그들이 다 이스라엘이 아니요(9:6). 이것은 "하나님의 말씀이 폐하여졌다"는 것을 의미하지 않는다. 이 구절의 의미는 "어떤 자들이 믿지 아니하였으면 어찌하리요 그 믿지 아니함이 하나님의 미쁘심을 폐하겠느냐"는 3:3의 말씀에서와 동일한 의미이다. 하나님의 약속은 온 이스라엘을 염두에 둔 것이었으나, 그들이 다 그 약속을 받아들인 것이 아니었기 때문에, 온 이스라엘이 다 약속을 받아 누리게 되지는 못했다. 그럼에도 불구하고 그 약속은 동일한 혈통의 나머지 사람들에게 주어졌다. 그러나 약속이 주어진 것은 단지 그들이 동일한 혈통을 가졌기 때문이 아니라 성령으로 거듭났기 때문이었다.

또한 아브라함의 씨가 다 그의 자녀가 아니라(9:7). 이 말씀은 유대인들의 오만에 대항하고 하나님의 은혜를 높이고 있다. 이 말은 자기의 의와 선한 행실들에 의지하는 교만한 자들의 그 의지하는 바를 여지없이 파괴해 버린다. 유대인들은 아브라함의 자손임을 내세워 왕국의 상속자로 취급받기를 원하였다. 사도는 반박할 수 없는 논증으로 유대인들을 심문한다: 만약 유대인들의 오만한 가정(assumption)이 진실이라면, 이스마엘 및 그두라의 자녀들도 아브라함의 상속자가 되고 이삭과 동일한 품격을 갖고 있다고 해야 옳다. 그러나 창세기 25장은 그 정반대가 진실임을 보여준다. 이로써 우리로 하여금 하나님의 자녀와 구원의 상속자가 되게 하는 것은 육체(육신의 혈통)가 아니라 하나님의 택하심으로 인한 구원이라는 반박할 수 없는 결론이 도출된다. 육신의 교만을 내려놓아야만, 사람은 성령 하나님의 은혜로 거듭날 수 있다.

또한 리브가가 우리 조상 이삭 한 사람으로 말미암아 임신하였는데(9:10). 이 말의 의미는 다음과 같다: 육적 혈통은 하나님께서 우리를 그의 자녀로 삼으시는 데 있어서 거의 아무런 역할도 하지 못하기 때문에, 이스라엘 온 자손의 조상인 신앙심 깊은 이삭의 유일한 아내였던 저 덕스러운 여인 리브가조차도 그녀의 아들들 중 오직 하나에 대해서만 하나님의 약속을 받았고, 다른 아들들이 아니라 오직 그 아들만이 장래 약속의 상속자가 되었다. 그토록 훌륭한 아버지와 그토록 훌륭한 어머니에게서 전혀 더럽혀지지 않은 적자(嫡子)로 태어났다는 것이 에서에게는 전혀 도움이 되지 않았다. 그가 장자였다는 것조차도 그에게 이로운 것이 전혀 없었다. 하물며, 계속해서 불신에 거하고 또한 하나님의 택하심을 받지 않는다면, 아주 오랜 후에 태어난 믿지 않는 유대인들이 육신을 따라 족장들의 자손이라는 것이 어떤 이득을 그들에게 가져다주겠는가?

그 자식들이 아직 나지도 아니하고 … 택하심을 따라 되는 하나님의 뜻이 행위로 말미암지 않고 오직 부르시는 이로 말미암아 서게 하려 하사(9:11). 이 내용을 인용하고 쓴 것은 하나님의 은혜를 높이고, 공로에 대한 인간의 오만한 자랑을 여지없이 분쇄하기 위한 것이다. 사도가 "선하거나 악하지 아니한데도"라고 하지 않고 "무슨 선이나 악을 행하지 아니한 때에"라고 말하고 있는 것은 지극히 적절하다; 왜냐하면 이 두 아들은 원죄에 의한 부패로 악했다는 것이 너무도 당연하기 때문이다. 그들의 공로로 말하자면, 그들은 출생과 서열에 있어서 서로 대등하였다. 둘 다 동일한 타락한 인류의 무리에 속해 있었다.

하나님께 불의가 있느냐 그럴 수 없느니라(9:14). 사도는 하나님께 불의하심이 없다고 말하고 나서 "내가 긍휼히 여길 자를 긍휼히 여기고"(9:15)라는 말밖에는 다른 근거를 대지 않는다. 이 말은 내가 긍휼히 여기기로 작정한 자, 즉 내가 긍휼을 베풀기로 예정한 자에게 긍휼을 베풀겠다는 것을 의미한다. 이 말씀은 교만하고 셈이 빠른 자들에게는 참기 어려운 말씀이지만, 스스로에 대해서 절망하고 자기를 낮추는 겸손한 자들에게는 감미로운 말씀이다. 바로 그러한 이유 때문에 여호와께서는 그런 자들에게 긍휼을 베푸신다. 정말 하나님의 공의에는 그 밖의 다른 이유가 없고, 하나님 자신의 뜻 외의 다른 어떤 이유도 있을 수 없다. 그렇다면 왜 사람은 하나님이 불의하게 행하신다고 — 그럴 수 없는 데도 — 불평을 하는 걸까? 하나님께서 하나님이 아닌 것처럼 행하시는 것이 가능한 일인가? 이와 같이 하나님의 뜻이 사람들에게 최고의 선인데도, 왜 사람들은 하나님의 뜻이 이루어지기를 바라지 않는 걸까? 하나님은 결코 악을 행하실 수 없는 데도, 왜 하나님의 뜻이 이루어지는 것이 사람들의 최대의 관심사가 되지 못하는 걸까? 어떤 사람이 "그러나 나에게는 하나님의 뜻은 악하다[해롭다]"라고 대답한다면, 그 말은 옳지 않다. 하나님의 뜻은 어느 누구에게도 악하지[해롭지] 않다. 그러나 하나님의 뜻을 자기의 것으로 삼지도 않고 행하지도 않는 악한 자들에게는 하나님의 뜻은 악하다. 자기들을 거부하고 단죄하는 것이 하나님의 뜻일지라도 하나님의 뜻을 따르고자 하는 사람들에게는 결코 악[해]이 되지 않는다. 왜냐하면 그런 경우에 그들은 하나님이 하고자 하시는 것을 행할 것이고, 하나님이 하고자 하시는 것을 인내로써 짊어질 것이기 때문이다.

내가 … 불쌍히 여길 자를 불쌍히 여기리라(9:15). 이 구절은 다음과 같은 것을 의미한다: 내가 영원 전부터 긍휼을 보이기로 의도한 자에게 때를 따라 생전에 은혜를 베풀 것이다. 내가 영원 전부터 죄를 사하기로 작정한 자를 내가 불쌍히 여겨서 때를 따라 생전에 그의 죄를 사할 것이다. 이렇게 하시는 하나님은 불의하신 것이 아니다. 왜냐하면 하나님은 그렇게 하시기를 영원 전부터 원하셨고 기뻐하셨으며, 하나님의 뜻은 그 어떤 법이나 의무에도 속박되어 있지 않기 때문이다. 아무에게도 종속되지 않는 하나님의 자유의지는 불의할 수가 없다. 사실 하나님의 뜻이 불의하다는 것은 불가능하다. 하나님의 뜻이 율법에 저촉된다면 불의하게 될 것인데, 이것은 하나님이 자기 자신과 역행한다는 것을 의미한다.

이 말은 매정하고 잔인한 듯하지만, 감미로운 위로로 가득 차 있다. 왜냐하면 하나님께서 자기만이 전적으로 우리 구원을 이루는 자가 되시기 위

하여 우리의 모든 도움과 구원을 스스로 떠맡으셨기 때문이다. 11:32에서
도 "하나님이 모든 사람을 순종하지 아니하는 가운데 가두어 두심은 (잔
인한 의도를 가지고 그러신 것이 아니라) 모든 사람에게 긍휼을 베풀려
하심이로다"라고 말씀하고 있다: 즉, 우리가 우리 자신의 의를 오만하게
내세워 하나님을 대적한다면, 하나님이 어떻게 달리 베푸실 수 없는 긍휼
을 모든 자들에게 베푸시기 위하여 하나님이 그렇게 하셨다는 것이다.

그런즉 원하는 자로 말미암음도 아니요 달음박질하는 자로 말미암음도 아니요
오직 긍휼히 여기시는 하나님으로 말미암음이니라(9:16). 이는 하나님의 긍휼
이 사람이 원하거나 달음박질하는 것을 전적으로 배제한다는 것을 의미하
는 것이 아니라, 어떤 사람이 원하고 달음박질한다면, 그것은 그 사람 자신
의 힘이 아니라 하나님의 긍휼 덕분이라는 것을 의미한다. 왜냐하면 사람
에게 그것을 원하고 행하는 힘을 주시는 분이 바로 하나님이시기 때문이
다. 이 힘이 없이 사람이 스스로의 힘으로 원하거나 행하거나 하는 것은
불가능하다. 이 진리를 사도는 빌립보서 2:13에서 이렇게 표현한다: "너
희 안에서 행하시는 이는 하나님이시니 자기의 기쁘신 뜻을 위하여 너희
에게 소원을 두고 행하게 하시나니." 바로 이것을 사도는 현 본문에서 다
른 말들로 말하고 있는 것이다: 구원을 이루는 것은 원하는 자 때문도, 달
음박질하는 자 때문도 아니고, 긍휼을 베푸시는 하나님, 즉 사람들에게 은
혜의 선물을 주시는 하나님 때문이다.

여기서 나는 한 가지 권면을 덧붙이고자 한다: 그 생각이 아직 거룩케
되지 않은 사람은 이 점에 대하여 깊은 사변에 빠져서 결국 두려움과 절
망의 심연 속으로 떨어지지 않도록 주의하여야 한다. 그런 사람은 차라리
모든 죄인들의 구원을 위하여 피를 흘리신 예수 그리스도의 상처를 깊이
묵상함으로써 자신의 생각의 이해력을 정화하는(밝게 하는) 것이 좋다. 이
것이 가장 뛰어난 신학이다. 이에 대하여 사도는 고린도전서 2:6에서 "우
리가 온전한 자들 중에서는 지혜를 말하노니"라고 쓰고 있다. 나 자신도
여전히 고기가 아니라 젖을 먹어야 하는 어린아이다(고전 3:2). 따라서 그
리스도 안에서 어린아이인 자는 누구나 나와 같이 행하라. 예수 그리스도

의 상처, "반석 틈"(출 33:22)은 우리에게 구원에 대한 충분한 확신을 준다.

성경이 바로에게 이르시되 내가 이 일을 위하여 너를 세웠으니 곧 너로 말미암아 내 능력을 보이고 내 이름이 온 땅에 전파되게 하려 함이라 하셨으니(9:17). 이 말은 다음을 의미한다: 나는 구원의 능력이 그 어떤 다른 자의 능력이나 공로, 의에 있지 않고 오직 내게만 있다는 것을 너에게 보이고자 하였다. 이런 이유로 나는 너를 완악하게 하여 이스라엘을 해방시켰다. 이 능력 — 즉 구원하는 것은 하나님의 은혜로 말미암은 택하심이고, 택함 받은 자들은 반드시 구원을 얻는다는 것 — 을 사도는 앞에서 두 형제, 에서와 야곱의 예를 들어 보여 주었었다. 만약 하나님께서 각 사람을 자기가 자신의 공로를 통해 구원하는 의를 소유하고 있다는(즉, 하나님이 자기를 불쌍히 여기셔서가 아니라 자기가 달음박질하고 있기 때문에 자기는 구원을 받아 마땅하다는) 착각과 오만한 소견 속에 내버려두시고 여기에 나와 있는 것과 같이 행하지 않으신다면, 하나님의 은혜에 관한 이러한 지식에 그 누구도 이를 수 없게 된다. 스스로 지혜롭다고 자처하는 자들은 어리석은 자들이 되었고, 스스로 의롭다고 자처하는 자들은 거짓말쟁이와 무분별한 자가 되었다. 이와 같이 "여호와 우리 주여 주의 이름이 온 땅에 어찌 그리 아름다운지요"라는 시편 8:9의 말씀대로 오직 하나님만이 의롭고 신실하고 선하다고 일컬어져야 마땅하다.

택함 받은 자들은 그리스도에 대한 믿음으로 말미암아 반드시 구원을 받는다

혹 네가 내게 말하기를 그러면 하나님이 어찌하여 허물하시느냐 누가 그 뜻을 대적하느냐 하리니 이 사람아 네가 누구이기에 감히 하나님께 반문하느냐 지음을 받은 물건이 지은 자에게 어찌 나를 이같이 만들었느냐 말하겠느냐 토기장이가 진흙 한 덩이로 하나는 귀히 쓸 그릇을, 하나는 천히 쓸 그릇을 만들 권한이 없느냐 만일 하나님이 그의 진노를 보이시고 그의 능력을 알게 하고자 하사 멸하기로 준비된 진노의 그릇을 오래 참으심으로 관용하시고 또한 영광 받기로 예비하신 바 긍휼의 그릇에 대하여 그 영광의 풍성함을 알게 하고자 하셨을지라도 무슨 말을 하리요 이 그릇은 우리니 곧 유대인 중에서 뿐 아니라 이방인 중에서도 부르신 자니라 호세아의 글에도 이르기를 내가 내 백성 아닌 자를 내 백성이라, 사랑하지 아니한 자를 사랑한 자라 부르리라 너희는 내 백성이 아니라 한 그 곳에서 그들이 살아 계신 하나님의 아들이라 일컬음을 받으리라 함과 같으니라 또 이사야가 이스라엘에 관하여 외치되 이스라엘 자손들의 수가 비록 바다의 모래 같을지라도 남은 자만 구원을 받으리니 주께서 땅 위에서 그 말씀을 이루고 속히 시행하시리라 하셨느니라 또한 이사야가 미리 말한 바 만일 만군의 주께서 우리에게 씨를 남겨 두지 아니하셨더라면 우리가 소돔과 같이 되고 고모라와 같았으리로다 함과 같으니라 그런즉 우리가 무슨 말을 하리요 의를 따르지 아니한 이방인들이 의를 얻었으니 곧 믿음에서 난 의요 의의 법을 따라간 이스라엘은 율법에 이르지 못하였으니 어찌 그러하냐 이는 그들이 믿음을 의지하지 않고 행위를 의지함이라 부딪칠 돌에 부딪쳤느니라 기록된 바 보라 내가 걸림돌과 거치는 바위를 시온에 두노니 그를 믿는 자는 부끄러움을 당하지 아니하리라 함과 같으니라 (9:19-33).

혹 네가 내게 말하기를 그러면 하나님이 어찌하여 허물하시느냐(9:19). 사도는 하나님과 맞서 다투는 자들이 제기하는 악하고 오만방자한 반문을 인용한다. 하나님에 대하여 격분한 그들은 마치 하나님이 범죄자인 것처럼, 또 그들과 동등한 수준에 있는 분인 것처럼 하나님에 맞서 불평한다. 여기서 사도가 말하는 것은 이런 뜻이다: 너희가 감히 너희의 창조주와 논쟁하고 공개적으로 도전하고 판단하느냐? 너희가 이런 작은 일에서조차 하나님께 순복하려고 하지 않는 것이냐? 사실 경외와 겸손과 경건의 마음으로 하나님께 "어찌 나를 이같이 만들었느냐"(9:20)라고 묻는 것은 죄가 아니다. 그렇다. 시련의 극심한 압박 하에서 하나님께 불경한 말을 한다고 할지라도, 그런 이유로 그 사람이 저주를 받지는 않는다. 왜냐하면 하나님은 악한 자들에 대해서조차도 성깔 부리는 잔인한 주님이 아니시기 때문이다. 내가 이런 말을 하는 것은 불경건한 생각들로 끊임없이 괴로움을 겪고 있는 중에 이런 사실에 크게 놀란 사람들을 위로하기 위함이다.

　토기장이가 진흙 한 덩이로 하나는 귀히 쓸 그릇을, 하나는 천히 쓸 그릇을 만들 권한이 없느냐(9:21). 성 아우구스티누스는 「신앙 지침서」(*Enchiridion*) 제99장에서 이렇게 말한다: "온 인류는 그 근본적인 배교 속에서 이 하나님의 의로운 판결을 통해 크게 정죄되었기 때문에, 비록 그 누구도 그들에게 가장 합당한 정죄 속에 그대로 머물 수 있는 것이 허용될 정도로 자유롭지도 못하긴 하지만, 그 누구도 하나님의 정의를 비판하는 것은 옳지 않다. 이는 택함 받은 자들로 하여금, 온 인류가 그렇게 된 것이 마땅하고, 만약 하나님이 분에 넘치는 긍휼하심으로 그들을 구해내지 않으시고, 그들이 받아 마땅한 형벌을 내리셨다면, 그들이 어떠한 형벌을 받아야 했을지를 알게 하기 위함이었다. 모든 입을 다물고(롬 3:19), 자랑하는 자는 주님을 자랑해야 한다(고전 1:31)."

　이 말씀은 대단히 중요한 말씀이다. 왜냐하면 이 말씀은 우리를 크게 겸손케 하고 두렵게 하기 때문이다. 성 아우구스티누스는 사도가 이 말씀을 쓴 이유, 즉 우리를 겸손으로 이끌기 위해서 썼다는 것을 우리에게 아주 적절하게 보여준다. 이 말들은 우리에게 두려움과 절망을 불러일으키기 위해서가 아니라 하나님의 은혜를 찬미하고 우리의 교만을 멸하기 위하여 씌어졌다.

　만일 하나님이 그의 진노를 보이시고 그의 능력을 알게 하고자 하사 멸하기로 준비된 진노의 그릇을 오래 참으심으로 관용하시고(9:22). 이 절의 의미는 이렇다: 앞에서 하나님께서 바로에게 그러셨듯이, 하나님이 자신의 진노와 권능을 보이고자 하시는 것이 사실이라면, 도대체 왜 너희는 하나님의 뜻에 맞서 다투는가? 왜냐하면 너희는 하나님께서 만드신 존재들이고, 토기장이가 진흙을 자기 뜻에 따라 빚을 수 있듯이, 하나님이 이런저런 방식으로 행하고자 하신다면, 하나님은 더 말할 필요 없이 그럴 수 있지 않느냐? 여기에서는 "하나님"이라는 말에 강조점이 있는데, "하나님"은 "토기장이가 진흙에 대한 권한이 없느냐"라는 말에서 "토기장이"라는 말과 대응하는 말이다. 덜 중요한 것으로부터 더 중요한 것으로 나아가 마무리가 되고 있다.

또한 영광 받기로 예비하신 바 긍휼의 그릇에 대하여 그 영광의 풍성함을 알게 하고자 하셨을지라도(9:23). 하나님은 택하신 자들이 영광을 위해 준비될 수 있도록 패역한 자들(진노의 그릇들)을 오래 참으신다. 그러니까 하나님은 패역한 자들이 스스로를 자랑하고, 통치권을 가지며, 바로가 그랬던 것처럼 하나님의 택하신 자들을 자신의 독단적인 뜻을 따라 다루도록 허용하시는 식으로 그들을 오래 참으신다. 이러한 말들을 통하여 인간은 자신에 대한 하나님의 정죄를 깨닫고 스스로의 힘으로 자신을 구원할 수 없다는 데 대하여 절망하게 된다: 그렇지 않다면 인간은 아담 안에서 자기가 타락했었다는 생각으로 괴로워하지 않을 것이다. 그렇다. 인간은 자신의 자유의지로써 하나님과 자신의 관계를 재정립하겠다고 오만하게 나선다. 그러나 여기에서 인간은 자신의 자유의지를 넘어서서 오직 은혜만이 그를 일으켜 세워준다는 것을 알게 된다.

또 이사야가 이스라엘에 관하여 외치되(9:27). 아무도 유대인들이 모두 거부를 당했다고 생각해서는 안 된다. 왜냐하면 호세아가 "내가 … 내 백성 아니었던 자에게 향하여 이르기를 너는 내 백성이라 하리니"(호 2:23)라고 말하였기 때문이다. 이 말씀은 하나님께서 과거에 유대인들이 "백성"이었던 것처럼 이제 이방인들만을 "백성"이라고 부르실 것이라고 말하고 있는 것 같이 보인다. 이러한 오해에 맞서 이사야는 이스라엘에 관하여 하나님이 이스라엘 중에서 몇을 부르실 것이라고 외친다. 그는 하나님이 이스라엘의 온 백성을 거부하고자 하시지만, 그 중의 몇을 하나님의 참되심과 약속에 대한 증인으로 남겨두실 것이라고 말한다.

이스라엘 자손들의 수가 비록 바다의 모래 같을지라도 남은 자만 구원을 받으리니(9:27). "남은 자"라는 용어는 예언자들의 글 속에 자주 등장한다. 이사야 46:3에서도 "야곱의 집이여 이스라엘 집에 남은 모든 자여 내게 들을지어다"라고 말한다. 그들이 "남은 자"로 불리는 이유는 이사야의 예언에서 분명히 드러나듯이 하나님께서 그들을 남겨놓으셨기 때문이다; 하나님은 다른 이들을 지옥에 넘겨주셨지만, 그들을 또 다른 백성을 위한 씨로서 남겨 두셨다.

땅 위에서 그 말씀을 이루고 속히 시행하시리라(9:28). 이스라엘 백성의 거의 전부가 육신에 속하여 육체(그들의 육적 지혜와 행위에 의한 의)를 자랑하였다. 그래서 하나님께서는 이스라엘에서 육신에 속한 수많은 자들에 대하여 한 가지 일을 하실 것인데, 그 일은 속히 끝나고 완결될 것이다. 이스라엘 백성 모두를 끊어 내버렸더라도 의외의 일은 아니었을 것이다: 왜냐하면 모두가 육신의 자녀들이요 그들의 육체(부패한 본성)를 따라 조상들의 혈통을 이어받은 자들이었기 때문이다. 오직 여호와께서 자기에게 속하는 한 씨를 남겨두시기로 마음 먹으셨다. 사도는 "의 가운데서"(in righteousness, 역자 주: 이 말이 개역에는 없다)라는 말을 덧붙인다. 이사야 10:22에서는 "네 백성이 바다의 모래 같을지라도 남은 자만 돌아오리니 넘치는 공의로 파멸이 작정되었음이라"고 말한다. 파멸, 즉 이스라엘의 악한 자들의 파멸이 작정되었다고 하면서 넘치는 의를 얘기한다는 것이 이상하다. 그러나 여기서 의로 넘치는 하나님의 약속이 성취됨과 동시에 거의 모든 자들이 멸절당하였다. 약속이 이루어진 사람들에게는 의, 즉 구원에 이르게 하는 그리스도의 의가 흘러넘쳤다.

의의 법을 따라간 이스라엘은 율법에 이르지 못하였으니(9:31). 행위로 말미암아 의를 이루고자 하는 자들은 하나님의 의를 거부하기 때문에 결코 의롭다 하심을 얻지 못할 것이다. 그러나 믿는 자들은 믿음으로 하나님의 은혜를 받아들이기 때문에 의롭다 하심을 얻는다.

기록된 바 보라 내가 걸림돌과 거치는 바위를 시온에 두노니 그를 믿는 자는 부끄러움을 당하지 아니하리라(9:33). 그리스도의 의는 그리스도를 믿는 자의 것이 된다. 그리고 그리스도를 믿는 자의 죄는 그리스도의 죄가 된다. 따라서 인간의 죄가 그리스도에게 남아있을 수 없었던 것과 마찬가지로, 죄는 믿는 자에게 남아있을 수 없다. 히브리어 본문은 "믿는 자는 달아나지 않는다"로 되어 있다. 이것은 그리스도를 믿는 자는 두려워할 것이 없기 때문에 황급히 떠나거나 달아날 필요가 없다는 것을 의미한다. 믿는 자는 아무것도 두려워하지 않고, 주님께서 마태복음 7:24 이하에서 가르치신 대로, 굳건한 반석 위에 안온하고 든든하게 서 있는다. 그러나 믿지 않는 자는 환난과 고통, 그리고 무엇보다도 하나님의 심판이 몰아닥칠 때에 도망칠 것이지만 결코 피할 수가 없을 것이다. 왜냐하면 그들은 하나님에게서 달아나지만 저주받은 자들에 대한 형벌과 그들의 끝없는 불안을 피할 수는 없기 때문이다.

로마서 10장

10장의 내용: 사도는 유대인들을 위해 간구하고, 사람으로 하여금 영생을 얻게 하는 의가 오직 그리스도의 법(복음)과 그리스도에 대한 믿음으로부터만 온다는 것을 보인다.

사람은 오직 그리스도에 대한 믿음에 의해서만 의를 얻는다

형제들아 내 마음에 원하는 바와 하나님께 구하는 바는 이스라엘을 위함이니 곧 그들로 구원을 받게 함이라 내가 증언하노니 그들이 하나님께 열심이 있으나 올바른 지식을 따른 것이 아니니라 하나님의 의를 모르고 자기 의를 세우려고 힘써 하나님의 의에 복종하지 아니하였느니라 그리스도는 모든 믿는 자에게 의를 이루기 위하여 율법의 마침이 되시니라 모세가 기록하되 율법으로 말미암는 의를 행하는 사람은 그 의로 살리라 하였거니와 믿음으로 말미암는 의는 이같이 말하되 네 마음에 누가 하늘에 올라가겠느냐 하지 말라 하니 올라가겠느냐 함은 그리스도를 모셔 내리려는 것이요 혹은 누가 무저갱에 내려가겠느냐 하지 말라 하니 내려가겠느냐 함은 그리스도를 죽은 자 가운데서 모셔 올리려는 것이라 그러면 무엇을 말하느냐 말씀이 네게 가까워 네 입에 있으며 네 마음에 있다 하였으니 곧 우리가 전파하는 믿음의 말씀이라 네가 만일 네 입으로 예수를 주로 시인하며 또 하나님께서 그를 죽은 자 가운데서 살리신 것을 네 마음에 믿으면 구원을 받으리라 사람이 마음으로 믿어 의에 이르고 입으로 시인하여 구원에 이르느니라 성경에 이르되 누구든지 그를 믿는 자는 부끄러움을 당하지 아니하리라 하니 유대인이나 헬라인이나 차별이 없음이라 한 분이신 주께서 모든 사람의 주가 되사 그를 부르는 모든 사람에게 부요하시도다 누구든지 주의 이름을 부르는 자는 구원을 받으리라(10:1-13).

형제들아 내 마음에 원하는 바와 하나님께 구하는 바는 이스라엘을 위함이니 곧 그들로 구원을 받게 함이라(10:1). 성 아우구스티누스에 의하면, 여기서 사도는 이방인들이 유대인들을 깔보고 스스로를 높이지 못하도록 하기 위하여 유대인들의 소망을 말하기 시작한다. 왜냐하면 지금까지 사도는 유대인들이 자신의 행위를 자랑했다는 점에서 유대인들의 오만을 물리쳐야 했다면, 이제 사도는 이방인들이 마치 하나님이 유대인들보다 이방인들을 더 선호하기라도 한 것처럼 생각하여 거만해지는 것을 막기 위하여 이방인들에 맞서야 하기 때문이다.

내가 증언하노니 그들이 하나님께 열심이 있으나 올바른 지식을 따른 것이 아니니라(10:2). 사람들은 흔히 "의도가 좋고, 목적도 진실한데, 수단이 잘못되었다"는 말을 한다. 유대인들이 추구한 목표는 옳았다; 그러나 그 목표를 도달하기 위해 선택한 길이 잘못되었다. 그들은 동쪽으로 가고자 하지만, 실제로는 서쪽으로 가고 있다. 오늘날에도 좋은 의도를 가지고 열심을 내지만 교만하면 동일한 결과를 가져온다. 사도가 "올바른 지식을 따른 것이 아니니라"고 말한 것은 아주 온건한 표현을 사용하고 있는 것이다. 그는 이 말을 유대인들이 맹목적인 열심과 지혜롭지 못한 집요함과 어리석은 목적을 가지고 착수하였다는 의미로 이해해 주기를 바라고 있다. 이것은 우리를 위협하는 가장 큰 위험이다; 그리고 사도의 이런 표현방식은 우리로 하여금 이웃의 잘못들을 말할 때 온건하게 표현할 수 있게 해주는 하나의 본보기가 된다.

올바른 지식을 따른 것이 아닌 열심을 갖는 것은 정말 끔찍한 일로서, 믿음을 거부하고, 하나님의 말씀에 순종하는 것을 반대하고, 사람들을 목이 곧고 구제불능으로 만드는데, 이러한 예를 우리는 이단자들과 분열주의자들에게서 볼 수 있다. 왜냐하면 그들은 마치 자기들이 잘못할 수 없다는 듯이 자신들의 '선한 의도'를 역설하면서 목을 곧게 하고 완강하게 저항하기 때문이다. 그들은 그들의 구원이 전적으로 그들이 선한 의도들과 하나님에 대한 열심을 갖고 있다는 사실에 토대를 두고 있다고 믿는다. 그러므로 우리는 올바른 지식을 따라 하나님에 대한 열심을 갖는다는 것은 아무리 사소한 일이라 해도 선한 모든 일에 있어서 항상 두렵고 떨림으로 하나님의 인도하심과 가르침을 받을 준비가 되어 있는 것보다 더 중요한 것은 없다고 여기는 것을 의미한다는 것을 명심하여야 한다.

모세가 기록하되 율법으로 말미암는 의를 행하는 사람은 그 의로 살리라 하였거니와(10:5). 여기에서는 "사람"이라는 말에 강조점이 두어져 있다. 왜냐하면 사람은 율법에 의해 죽임을 당하지 않으면서 율법의 행위들을 행하고 그 행위들 속에서 살아갈 수 있기 때문이다. 그러나 이것으로는 충분하지 않다. 구원에 필요한 믿음의 의는 사람의 능력을 넘어서는 곳에 있기 때문이다.

믿음으로 말미암는 의는 이같이 말하되(10:6). 사도가 여기서 말하고자 하는 것은 이것이다: 이 구절은 그리스도께서 죽으셨다가 다시 살아나셨다는 믿음 이외에 그 다른 어떤 것도 가르치지 않는다. 이 믿음으로 말미암아, 율법이 요구하는 의에 따라 율법의 행위들을 행하지 않은 사람이 살 수 있다. 왜냐하면 믿음의 의에 있어서는, 율법의 의가 요구하는 대로 우리가 살고 구원받기 위해서 그 어떤 행위도 필요하지 않기 때문이다. 여기서는 행위 없이 믿음만으로 충분하다. 이와 같이 사도는 율법의 의와 믿음의 의를 대비시켜서, 행위를 전자에, 행위 없는 믿음에 의한 신뢰를 후자에 귀속시킨다.

네 마음에 누가 하늘에 올라가겠느냐 하지 말라(10:6). 이 말은 모세가 신명기 30:12에서 했지만, 바울이 여기서 말한 의미로 모세가 말한 것은 아니었다. 사도는 성령의 감동을 받고 극히 명료한 통찰을 통해 이 말의 진정한 의미를 드러내줌으로써, 성경 전체는 도처에서 겉으로 그림이나 형상으로 고찰하면 다르게 들릴 수 있는 말들도 그 진정한 의미를 주시하면 오직 그리스도를 말하고 있다는 것을 하나의 중요한 증거를 통해서 우리에게 가르쳐 준다. 이런 까닭에 "그리스도는 … 의를 이루기 위하여 율법의 마침이 되시니라"(10:4)고 성경은 말한다. 즉, 성경의 모든 것이 그리스도를 가리킨다는 것이다.

누가 하늘에 올라가겠느냐(10:6). 즉, 그리스도께서 하늘로 올라가셨기 때문에, 너희가 구원을 받을 것이다. 그리스도께서 하늘로 올라가셨다는 것을 의심하지 말라: 너희를 구원하는 것은 말씀(복음)이기 때문이다. 그것은 요약하면 믿음으로 말미암은 구원에 이르는 지름길이다. 사람을 구원으로 이끄는 사람의 의 전체는 역사(役事)들에 대한 지식이 아니라 말씀에 대한 믿음에 달려 있다. 이런 까닭에 하나님은 선지자들의 입을 빌어 사람들이 하나님의 목소리를 들으려 하지 않는다는 이 한 가지만을 책망하신다. 선지자들에게 하나님은 역사(役事)들을 맡기신 것이 아니라 사람들이 들어야 할 말씀들 또는 메시지들을 맡기셨다. 그래서 하나님은 이사야 66:2에서 "무릇 마음이 가난하고 심령에 통회하며 내 말을 듣고 떠는 자 그 사람은 내가 돌보려니와"라고 말씀하신다. 그러나 이런 일은 믿음, 즉 하나님의 말씀에 대한 믿음만이 이룰 수 있다. 그러므로 우리는 모든 열심과 열정으로, 한 마음, 그리고 다른 것들에는 눈을 감고, 모든 지혜와 진지함으로 말씀에 귀를 기울여야 한다.

네가 만일 … 하나님께서 그를 죽은 자 가운데서 살리신 것을 네 마음에 믿으면 구원을 받으리라(10:9). 4:25에서 "예수는 우리가 범죄한 것 때문에 내줌이 되고 또한 우리를 의롭다 하시기 위하여 살아나셨느니라"고 말씀하고 있듯이, 이 말씀은 참되다. 그래서 사도는 진실로 우리의 의가 율법과 행위에서 오는 것이 아니라 그리스도의 죽으심과 부활에서 온다는 것을 설명하기 위하여 6절과 7절에서 다소 모호한 모세의 말을 인용한다. 다음 절에서 보듯이, 이 두 가지 사실을 믿는 자는 누구나 구원을 얻을 것이다.

사람이 마음으로 믿어 의에 이르고(10:10). 여기서 사도는 행위, 이성의 지혜, 노력, 부(富), 명예로 의를 얻지 못한다고 말하고자 한다. 많은 사람들이 박학다식하다고 해서, 또는 교회에서 많은 존경을 받거나 봉사를 많이 했다고 해서 자기들을 의로운 자로 보아주기를 원한다. 그러나 이 모든 것들은 구원과 관련해서는 하나님에게 거부당하는 세속적인 의에 속한다. "아브라함이 하나님을 믿으매 그것이 그에게 의로 여겨진 바 되었느니라"는 4:3의 말씀처럼, 참된 의는 하나님의 약속들을 진정으로 믿음으로써 얻을 수 있다.

입으로 시인하여 구원에 이르느니라(10:10). 의에 이르는 믿음은 결국 입으로 고백하기에 이르러야 비로소 의의 목표점, 즉 구원에 도달하게 된다. 고백은 믿음의 주된 일이다. 왜냐하면 고백은 사람이 자기를 부인하고 하나님에 대한 신앙을 고백하는 것이기 때문이다. 그리고 사람은 자기를 부인하고 하나님에 대한 신앙을 고백함으로써 자기 자신에 대하여 죽는다. 왜냐하면 자기를 부인하는 것에 있어서 자기가 죽고 하나님에 대한 신앙을 고백하는 것보다 더 큰 것은 있을 수 없기 때문이다. 이렇게 하는 것은 사람이 스스로를 쳐 복종시키고, 하나님의 참되심을 천명하고, 하나님에 대한 자신의 신앙고백을 재확인하는 것이다.

한 분이신 주께서 모든 사람의 주가 되사 그를 부르는 모든 사람에게 부요하시도다(10:12). 이 구절은 새로운 표현이다. 사도는 요엘 2:13의 말씀처럼 "그는 은혜로우시며 자비로우시며 노하기를 더디하시며 인애가 크시사 뜻을 돌이켜 재앙을 내리지 아니하시나니"라고 말했을 수도 있다. 하지만 사도는 에베소서 3:20에 씌어 있는 대로 하나님께서는 우리가 구하거나 생각하는 것보다 훨씬 더 풍성하게 주시기 때문에 하나님의 선물에 비하면 하나님을 부르는 자들의 기도는 보잘것없고 수수해 보인다는 사실을 강조하고자 이런 표현을 하고 있는 것이다. 하나님을 부르는 자들은 하나님이 실제로 주시는 것과 같은 그런 엄청난 것들을 기도하기는커녕 생각조차 하지 못한다. 고린도후서 9:8에서는 "하나님이 능히 모든 은혜를 너희에게 넘치게 하시나니"라고 말한다. 그러므로 하나님은 풍성하게 주시지만, 우리는 보잘것없이 기도한다. 하나님은 강한 권능으로 우리의 간구를 들어 주시지만, 우리는 소심하고 힘없이 간구한다. 우리는 하나님이 주실 수 있는 능력에 맞춰서가 아니라 그 능력에 훨씬 미달하게 우리의 연약함을 따라 기도하기 때문에, 하나님이 우리에게 주실 수 있는 만큼 기도하지 못한다. 그러나 하나님은 오직 자신의 강한 권능에 따라 주신다. 그러므로 하나님은 언제나 우리가 구하는 것 이상으로 주신다.

구원하는 믿음은 하나님의 말씀을 들음을 통해서 온다

그런즉 그들이 믿지 아니하는 이를 어찌 부르리요 듣지도 못한 이를 어찌 믿으리요 전파하는 자가 없이 어찌 들으리요 보내심을 받지 아니하였으면 어찌 전파하리요 기록된 바 아름답도다 좋은 소식을 전하는 자들의 발이여 함과 같으니라 그러나 그들이 다 복음을 순종하지 아니하였도다 이사야가 이르되 주여 우리가 전한 것을 누가 믿었나이까 하였으니 그러므로 믿음은 들음에서 나며 들음은 그리스도의 말씀으로 말미암았느니라 그러나 내가 말하노니 그들이 듣지 아니하였느냐 그렇지 아니하니 그 소리가 온 땅에 퍼졌고 그 말씀이 땅 끝까지 이르렀도다 하였느니라 그러나 내가 말하노니 이스라엘이 알지 못하였느냐 먼저 모세가 이르되 내가 백성 아닌 자로써 너희를 시기하게 하며 미련한 백성으로써 너희를 노엽게 하리라 하였고 이사야는 매우 담대하여 내가 나를 찾지 아니한 자들에게 찾은 바 되고 내게 묻지 아니한 자들에게 나타났노라 말하였고 이스라엘에 대하여 이르되 순종하지 아니하고 거슬러 말하는 백성에게 내가 종일 내 손을 벌렸노라 하였느니라(10:14-21).

그들이 믿지 아니하는 이를 어찌 부르리요(10:14). 여기서 사도는 자만심에 찬 유대인들의 오만, 즉 거짓되게 가르치고 남을 멸시하고 스스로를 높이는 마음을 지닌 자들의 오만을 만난다. 그들이 가르치는 말들은 거짓 선지자들만이 귀를 기울일 것이다!

듣지도 못한 이를 어찌 믿으리요 전파하는 자가 없이 어찌 들으리요(10:14). 그들은 듣는다고 말하지만, 참된 전도자에게서 듣지 않는다면, 그것은 들으나마나가 된다. 왜냐하면 거짓 선지자들의 말을 듣는 것은 듣지 않는 것과 매한가지이기 때문이다. 그들은 듣지만 들은 것이 아니다. 그들은 귀가 있지만, 하나님의 말씀을 듣지도 않고 전하지도 않는 것이다. 이것은 성경을 자만과 오만을 가지고 듣고 연구하는 모든 자들에게 경종을 울리는 말이다.

보내심을 받지 아니하였으면 어찌 전파하리요(10:15). 이 말씀은 모든 자만심에 빠져 오만한 교사들을 겨냥한 말씀이다. 이 네 개의 문장(10:14-15)은 서로서로 꼬리를 물고 이루어져 있고, 마지막 문장이 나머지 다른 문장들의 토대가 된다. 1. 보내심을 받지 않은 자들이 전한다는 것은 불가능하다. 2. 전하는 자들이 없는데 듣는다는 것은 불가능하다. 3. 듣지 않는 자들이 믿는다는 것은 불가능하다. 4. 믿지 않는 자들이 하나님을 부른다는 것은 불가능하다. 이러한 말들에 마지막 하나의 문장이 덧붙여져야 한다. 5. 주의 이름을 부르지 않는 자들이 구원을 받는다는 것은 불가능하다. 이렇게 해서 구원의 유일한 원천과 근원은 하나님이 어떤 자(진정한 말씀의 사역자)를 보내신다는 것에 있게 된다.

하나님께서 그 누구도 보내시지 않는다면, 전하는 자들은 다 거짓되게 전하고, 그들이 전한다지만 전혀 전하는 것이 아니다. 사실 그들이 전하지 않는 편이 더 나을 것이다. 그러니까 듣는 자들도 잘못된 것을 듣게 되니, 차라리 그들이 듣지 않는 편이 더 나을 것이다. 그렇게 해서 믿는 자들도 잘못된 가르침을 믿게 되니, 그들이 믿지 않는 편이 더 나을 것이다. 그리하여 하나님을 부르는 자들도 그릇되게, 즉 거짓 주를 부르게 되니, 차라리 부르지 않는 편이 나을 것이다. 왜냐하면 그렇게 전하는 자들은 전하지 않는 것이고, 그렇게 듣는 자들은 듣지 않는 것이며, 그렇게 믿는 자들은 믿지 않는 것이고, 그렇게 부르는 자들은 부르지 않는 것이며, 그들은 거짓된 것으로 구원을 받은 것이기 때문에 지옥에 떨어지게 될 것이기 때문이다. 이와 같이 잠언 1:28 이하에서는 "그 때에 너희가 나를 부르리라 그래도 내가 대답하지 아니하겠고 부지런히 나를 찾으리라 그래도 나를 만나지 못하리니 대저 너희가 지식을 미워하며 여호와 경외하기를 즐거워하지 아니하며"라고 말하고 있다.

1:2에서 사도는 복음이 어느 한 사람으로 말미암아 세상에 들어온 것이 아니었음을 아주 강하게 강조한다. 복음은 세상에 나타나기 오래 전에 약

속된 것이지, 근래에 꾸며낸 것이 아니다. 복음은 수많은 하나님의 선지자들을 거쳐서 세상에 들어왔다. 선지자들이 전한 말씀을 통해서만이 아니라 성경을 통해서도 복음은 약속되었다. 이단자들은 자신의 가르침이나 이단 교리에 대해서 그러한 증거를 보여야 한다. 그들은 자신의 가르침이 과거에 어디에서 그리고 누구에 의해서 약속되었는지를 보여야 한다. 또한 그들은 누구에 의해 자신의 가르침이 공표되었으며 어느 성경에 씌어져 있는지를 보여야 한다. 왜냐하면 그들은 글로 된 증언들도 증인으로 제시하여야 하기 때문이다. 오직 복음을 어떤 오류도 없이 선포하는 자들만이 확신을 가지고 전할 수 있다.

아름답도다 좋은 소식을 전하는 자들의 발이여(10:15). 이 인용문을 통해서 사도는 하나님이 보내신 자들만이 진정으로 복음을 전할 수 있다는 것을 보인다. 하나님께서 보내시지도 않았고 말씀을 맡기지도 않으신 자들은 하나님의 말씀을 전할 수 없고 하나님의 사자(使者)일 수도 없다. 또한 이 구절을 통해서 사도는 영적 화평(역자 주: 본문에는 개역과는 달리 '좋은' 이 아니라 '화평'으로 되어 있다)과 그 선물들이라는 복음의 성격을 지적한다. 이 축복들은 오직 하나님의 말씀에서만 들을 수 있고 믿음에 의해서만 바르게 이해된다. 유대인들이 기대했던 것과는 달리, 이러한 것들은 눈에 보이는 형태로 제시될 수 없다.

"아름답도다"라는 말은 순수성을 상징한다. 왜냐하면 화평의 복음과 좋은 것들에 관한 기쁜 소식을 전하는 자들은, 오늘날 여기저기서 행해지는 것과는 달리, 자기 유익을 위해서나 헛된 영광 때문에 복음을 선포하지 않기 때문이다. 그들은 오로지 하나님께 순종하는 마음과 듣는 자들의 구원을 위하여 복음을 전한다. 그러나 이 히브리어 단어는 사랑스럽고 기쁜 것을 의미하기도 한다. 그러므로 이 말의 의미는 이런 것이다: 율법 아래 있는 자들에게 복음의 소식은 사랑스럽고 원하는 것이다. 율법은 오직 죄를 드러내고, 죄인에게 죄가 있음을 알려주고 사람의 양심을 두려움으로 가득 채운다. 하지만 복음은 두려워하고 있는 자들에게 그들이 바라던 치유를 선포한다. 율법은 형벌을 선포하지만, 복음은 좋은 것들을 선포한다. 율법

은 진노를 선포하지만, 복음은 화평을 선포한다. 갈라디아서 3:10의 말씀
처럼, 율법은 "누구든지 율법 책에 기록된 대로 모든 일을 항상 행하지 아
니하는 자는 저주 아래에 있는 자"라고 말한다. 그러나 복음은 "보라 세상
죄를 지고 가는 하나님의 어린 양이로다!"라고 말한다. 율법은 죄들을 드
러내어 양심을 억누르지만, 복음은 양심을 자유하게 하고, 그리스도에 대
한 믿음으로 말미암아 양심에 화평을 준다.

"좋은 것들"이라는 것은 하나님의 은혜와 그 축복들을 주신다는 것을
가리키고, "화평"은 악한 것의 제거를 가리킨다. 그러므로 사도는 "화평"을
먼저, "좋은 것들"을 나중에 언급한다. 왜냐하면 먼저 세상의 화평과 좋은
것들을 버리고 이 세상과 양심의 악과 바라는 것 아래에서 믿음으로 인내
하지 않고서는 아무도 이 영적인 화평과 이 영적인 좋은 것들을 받지 못
할 것이기 때문이다.

그러나 "발"은 무엇을 의미하는가? 어떤 이들은 이 말이 죄로 인하여
그 양심이 고통 받고 괴로워하는 모든 자들이 좋은 것들의 기쁜 소식을
가져다주는 자들이 속히 오기를 얼마나 간절하게 기다리고 있는가를 보여
주는 것이라고 말한다. 하지만 "그의 말씀이 세상 끝까지 이르도다"라는
시편 19:4과 "그의 말씀이 속히 달리는도다"라는 시편 147:15에서 알 수
있듯이, 이 말은 소식을 전하는 자들의 말씀이나 그 소식의 선포를 가리킨
다고 보는 것이 더 좋을 듯하다.

그러나 그들이 다 복음을 순종하지 아니하였도다(10:16). 이 절은 그 합당
한 순서를 따라 위에서 서술한 네 가지 명제를 확증하기 위하여 앞에서
말한 내용, 특히 "누구든지 주의 이름을 부르는 자는 구원을 받으리라"(13
절: 욜 2:32)는 말씀으로 되돌아간다. 그들이 모두 복음을 순종하지 않았
다면, 어떻게 그들이 예언자(요엘)의 말을 따라 주의 이름을 부르는 것을
그토록 오만하게 자랑하겠는가? 그들이 믿지 않았다면, 어떻게 그들이 주
를 부를 수 있었겠는가? 그러나 그들 모두가 믿지 않았다는 사실은 "우리
가 전한 것을 누가 믿었느냐"(사 53:1)라는 이사야의 말로 입증된다.

또한 16절도 "듣지도 못한 이를 어찌 믿으리요"(14절)라는 말씀이 옳다

는 것을 확증한다. 사도는 "믿음은 들음에서 나며"(17절)라고 말한다. 이는 듣지 않으면 믿을 수 없다는 것을 의미한다. 또한 이 절은 "전파하는 자가 없이 어찌 들으리요"(14절)라는 말씀이 옳다는 것도 확증한다. 들음은 오직 그리스도의 말씀으로 말미암아서만 온다. 끝으로 이 절은 "아름답도다 좋은 소식을 전하는 자들의 발이여"(15절)라는 말씀이 옳다는 것을 확증한다. 여기서 사도는 자기가 아무도 이해할 수 없는 하나님의 말씀을 말하고 있다는 사실을 강조한다. 이 말씀은 참된 믿음으로 들음으로써만 이해할 수 있다. 이 하나님의 말씀이 유대인들의 비위를 거슬렀는데, 이는 유대인들이 표적과 기사를 구했기 때문이다.

내가 백성 아닌 자로써 너희를 시기하게 하며 미련한 백성으로써 너희를 노엽게 하리라(10:19). 이 구절은 다음과 같이 말하는 것이다: 너희가 너희 자신을 위하여 다른 신을 선택하여 나의 화를 북돋았듯이, 나는 다른 백성을 택하여 너희를 화나게 하고 너희가 내게 대하여 저지른 악을 벌하리라.

이 말씀은 하나님의 은혜를 찬미하는 것이 그 목적이기 때문에 하나님의 은혜의 말씀이다. 하나님께서는 바로 죄인들을 구원하시고, 어리석고 연약한 자들을 지혜롭게 하시며, 정말 가난한 자들을 부요케 하시고, 죽은 자들을 살리신다 — 게다가 단순히 스스로를 그런 자로 여기는 자들이 아니라 실제로 그런 자들로서 이것을 인정하는 자들을.

이방인들은 하나님의 백성이 아니었고, 미련한 백성이었는데, 이는 그들이 자신의 공로와 행위 없이 구원받았을 때 하나님의 은혜를 인정할 수 있도록 하기 위함이었다. 하지만 자신의 공로와 지혜를 의뢰하는 교만한 자들은 그들이 그토록 많은 열심을 가지고 구하였던 그 구원이 다른 사람들에게 값없이 공로를 따지지 않고 주어지자 화를 내고 불평하게 된다. 이를 통해 그들은 자기들이 하나님을 위해서가 아니라 그들 자신을 위하여 하나님을 구하였음을 입증한다. 왜냐하면 그들은 악하게 자신을 사랑하였고 위선적으로 자신의 이익을 원하였기 때문이다. 진정으로 하나님을 구하였더라면, 그들은 다른 사람들이 구원받은 것을 기뻐했을 것이고, 이방인들의 회심에 화를 내지 않았을 것이다.

내가 나를 찾지 아니한 자들에게 찾은 바 되고(10:20). 이사야는 자신의 공로를 자랑했던 유대인들에 맞서 이 말씀을 쓴다. 유대인들은 자기들이 버림받았다는 말을 듣고 싶어하지 않았음이 틀림없다. 그리스도께서 엘리야 시대에 이스라엘에 과부들이 많이 있었지만 하나님께서는 사렙다에 살던 이방인 과부에게만 예언자를 보내셨다고 유대인들에게 말씀하셨을 때(눅 4:26). 그들은 그리스도를 절벽 밑으로 내던지고 싶어 했다. 왜냐하면 그들은 이방인들 앞에서 자기들이 버림받았고 구원에 합당치 않은 자로 여겨졌음을 눈치챘기 때문이었다.

유대인들에게 이것은 참기 어려운 생각이었다. 그들은 조상들의 혈통을 자긍하였고, 율법의 의를 자랑하였다. 그러나 여기서 이 구절은 유대인들에게 이렇게 말한다: 어떤 사람의 열심이나 공로 때문이 아니라 나의 은혜로 인하여, 내가 이방인들에게 나를 알게 하였다. "누구든지 자기를 높이는 자는 낮아지고"(마 23:12)라는 말씀이 여기에 적용된다. "자랑하는 자는 주 안에서 자랑하라"(고전 1:31)는 말씀처럼, 이 모든 것은 영적인 일들에 있어서 사람의 고압적인 오만을 억누르고 하나님의 은혜를 찬미하기 위하여 씌어졌고 행해졌다.

로마서 11장

11장의 내용: 사도는 이방인들이 유대인들을 욕하는 것을 책망하고, 유대인들이 현재 눈이 먼 상태에 있는 것과 하나님의 지혜가 깊다는 것을 보인다.

이방인들은 유대인들을 업신여기지 말고, 이스라엘의 택하신 자들과 마찬가지로 자기들이 은혜로 말미암아 구원받는다는 것을 기억해야 한다

그러므로 내가 말하노니 하나님이 자기 백성을 버리셨느냐 그럴 수 없느니라 나도 이스라엘인이요 아브라함의 씨에서 난 자요 베냐민 지파라 하나님이 그 미리 아신 자기 백성을 버리지 아니하셨나니 너희가 성경이 엘리야를 가리켜 말한 것을 알지 못하느냐 그가 이스라엘을 하나님께 고발하되 주여 그들이 주의 선지자들을 죽였으며 주의 제단들을 헐어 버렸고 나만 남았는데 내 목숨도 찾나이다 하니 그에게 하신 대답이 무엇이냐 내가 나를 위하여 바알에게 무릎을 꿇지 아니한 사람 칠천 명을 남겨 두었다 하셨으니 그런즉 이와 같이 지금도 은혜로 택하심을 따라 남은 자가 있느니라 만일 은혜로 된 것이면 행위로 말미암지 않음이니 그렇지 않으면 은혜가 은혜 되지 못하느니라 그런즉 어떠하냐 이스라엘이 구하는 그것을 얻지 못하고 오직 택하심을 입은 자가 얻었고 그 남은 자들은 우둔하여졌느니라 기록된 바 하나님이 오늘까지 그들에게 혼미한 심령과 보지 못할 눈과 듣지 못할 귀를 주셨다 함과 같으니라 또 다윗이 이르되 그들의 밥상이 올무와 덫과 거치는 것과 보응이 되게 하시옵고 그들의 눈은 흐려 보지 못하고 그들의 등

은 항상 굽게 하옵소서 하였느니라 그러므로 내가 말하노니 그들이 넘어지기까지
실족하였느냐 그럴 수 없느니라 그들이 넘어짐으로 구원이 이방인에게 이르러 이
스라엘로 시기나게 함이니라 그들의 넘어짐이 세상의 풍성함이 되며 그들의 실패
가 이방인의 풍성함이 되거든 하물며 그들의 충만함이리요 내가 이방인인 너희에
게 말하노라 내가 이방인의 사도인 만큼 내 직분을 영광스럽게 여기노니 이는 혹
내 골육을 아무쪼록 시기하게 하여 그들 중에서 얼마를 구원하려 함이라 그들을
버리는 것이 세상의 화목이 되거든 그 받아들이는 것이 죽은 자 가운데서 살아나
는 것이 아니면 무엇이리요 제사하는 처음 익은 곡식 가루가 거룩한즉 떡덩이도
그러하고 뿌리가 거룩한즉 가지도 그러하니라 또한 가지 얼마가 꺾이었는데 돌감
람나무인 네가 그들 중에 접붙임이 되어 참감람나무 뿌리의 진액을 함께 받는 자
가 되었은즉 그 가지들을 향하여 자랑하지 말라 자랑할지라도 네가 뿌리를 보전
하는 것이 아니요 뿌리가 너를 보전하는 것이니라 그러면 네 말이 가지들이 꺾인
것은 나로 접붙임을 받게 하려 함이라 하리니 옳도다 그들은 믿지 아니하므로 꺾
이고 너는 믿으므로 섰느니라 높은 마음을 품지 말고 도리어 두려워하라 하나님
이 원 가지들도 아끼지 아니하셨은즉 너도 아끼지 아니하시리라 그러므로 하나님
의 인자하심과 준엄하심을 보라 넘어지는 자들에게는 준엄하심이 있으니 너희가
만일 하나님의 인자하심에 머물러 있으면 그 인자가 너희에게 있으리라 그렇지
않으면 너도 찍히는 바 되리라 그들도 믿지 아니하는 데 머무르지 아니하면 접붙
임을 받으리니 이는 그들을 접붙이실 능력이 하나님께 있음이라 네가 원 돌감람
나무에서 찍힘을 받고 본성을 거슬러 좋은 감람나무에 접붙임을 받았으니 원 가
지인 이 사람들이야 얼마나 더 자기 감람나무에 접붙이심을 받으랴(11:1-24).

그러므로 내가 말하노니 하나님이 자기 백성을 버리셨느냐 그럴 수 없느니라
(11:1). 이제 사도는 논의의 끝부분에 이르러서, 9장에서 "하나님의 말씀
이 폐하여진 것 같지 않도다"(6절)라고 말하면서 시작했던 주제, 아니 이
미 3장에서 "그 믿지 아니함이 하나님의 미쁘심을 폐하겠느냐"(3:3)라고
말하면서 시작했던 주제를 마무리한다. 하나님의 견고하고 변치 않는 신실
하심을 강조하면서 자신의 공로를 내세우며 자랑했던 유대인들의 오만을

분쇄하기 위하여, 사도는 아주 진지하게 이 주제를 다룬다. 유대인들은 사도에게 이렇게 대답했을 것이다: 하나님은 자기 백성을 버리지 않으실 것이다. 왜냐하면 하나님께서 그들에게 자신의 약속을 주셨기 때문이다. 그러나 네가 말하는 것이 참이라면, 하나님은 정말 자기 백성을 버리신 것이 된다. 이런 식으로 유대인들은 하나님의 신실하심에 호소함으로써 자신의 오만을 밑받침하고자 했다. 그리고 바로 오늘날까지도 그들은 이런 식으로 행한다.

나도 이스라엘인이요(11:1). 여기서 사도는 작은 것에서 시작하여 큰 것에 대한 결론을 내린다. 만약 하나님이 자기 백성을 버리셨다면, 무엇보다도 하나님은, 있는 힘을 다해서 하나님을 대적하였던 사도 바울을 버리셨을 것이다. 그러나 지금 하나님이 자기 백성을 버리지 않으신다는 것을 증명하기 위하여, 하나님은 어찌 해볼 도리 없이 빗나갔던 자까지도 받아들이셨다. 이런 식으로 사도는 가장 절망적인 상황조차도 하나님의 구원 계획을 막을 수 없을 정도로 하나님의 예정과 택하심이 얼마나 굳건히 서 있는지를 보인다. 사도가 "하나님이 그 미리 아신 자기 백성을 버리지 아니하셨나니"(2절)라는 말을 덧붙인 것은 지극히 옳다. 사도는 이렇게 말하고자 하는 것이다: 바로 그것을 하나님께서는 나의 사례에서 증명하셨다. 왜냐하면 하나님은 나를 버리지 않으셨기 때문이다. 그런데 하물며 나와는 달리 하나님을 떠나지 않았던 다른 사람들을 하나님이 버리실 리가 없다.

나만 남았는데 내 목숨도 찾나이다(11:3). 사도는 아주 효과적인 사례를 들어서 유대인들의 주장을 반박한다. 사도는 이렇게 말하고자 한다: 너희가 하나님이 거짓말쟁이시거나 너희 중의 아무도 버림받지 않거나 둘 중의 하나라고 믿는다면, 비슷한 일이 실제로 일어났던 이 사례에 관해서 너희는 무어라 말하겠느냐? 하나님이 자기 백성을 버리지 않으실 것이라고 생각한 것이 당시에 어리석은 것이었다면, 체험이 그 동일한 것을 가르쳐주고 있는 이때에도 그러한 생각은 어리석은 것이다. 유대인들은 이방인들이 하나님의 백성이 아니라는 것을 근거로 그렇기 때문에 자기들이 하나님의 백성이라고 오만하게 단정하였다.

내가 나를 위하여 … 칠천 명을 남겨 두었다(11:4). "내가 남겨 두었다"는 말씀을 통해 하나님의 은혜와 택하심이 기가 막히게 찬미되고 있다. 왜냐 하면, "원하는 자로 말미암음도 아니요 달음박질하는 자로 말미암음도 아 니요 오직 긍휼히 여기시는 하나님으로 말미암음이니라"(9:16)는 말씀처 럼, 그들을 자기에게 남겨 두신 분은 하나님이셨기 때문이다.

바알에게 무릎을 꿇지 아니한 사람(11:4). 바알은 우상이었다. 어떤 종교적 예식을 통해 사람들이 바알을 숭배했는지 나는 모른다. 나는 다만 열왕기 서(왕상 18:26, 27)가 그것에 관하여 말하고 있는 것만을 알 뿐이다. 이스 라엘 사람들은 우상적인 예식들과 이름들 아래에서 참 하나님을 예배하였 다. 그러나 바로 그런 것을 하나님께서는 금하셨었다. 그들은 그 어떤 새긴 신상이나 어떤 것을 닮은 형상을 그들을 위해 만들어서는 안 되었다(출 20:4). 그러나 그들은 어리석은 열심 때문에 잘못 이끌려 이렇게 주장하 였다: "새긴 신상이 우상의 형상이라면 그런 신상을 만드는 것은 정말 잘 못이다. 하지만 참 하나님의 새긴 신상을 만들고 그것으로 하나님을 예배 하는 것은 괜찮다." 이 때문에 그들은 어리석은 열심으로, 새긴 신상을 만 드는 것은 잘못이라고 지적한 참 선지자들을 악한 자들로 여겨서 죽였다. 이 모든 일들을 그들은 좋은 의도로 했고, 하나님을 위한 열심을 보이기 위해 했다.

바알은 오늘날에도 널리 퍼져 있는 우상적인 의와 경건의 불길한 본 (example)이다. 이와 같이 유대인들과 이단자들은 자기 자신의 생각에 맞 춰서 하나님을 숭배하였기 때문에, 그들의 어리석은 열심과 괴이한 경건은 불경건한 자들보다 더 악하다. 그들은 하나님을 위한답시고 하나님의 원수 들이 되었고, 하나님을 두려워한답시고 하나님을 업신여겼다. 그들은 경건 때문에 불경건하게 되었고, 화평이라는 미명하에 화평을 훼방하였으며, 사 랑과 거룩을 좇는답시고 시기하고 거룩하지 않게 되었고, 겸손을 빙자하여 교만하게 되었다. 이러한 것은 완고한 마음의 꾸며낸 경건이고, 굳은 완악 함에서 나오는 위선적인 이해이다. 사람의 오만과 절대적으로 헛된 망상은 이토록 크다.

그런즉 이와 같이 지금도 은혜로 택하심을 따라 남은 자가 있느니라(11:5). 이 말씀의 의미는 이렇다: 당시에 하나님의 은혜로 말미암은 택하심을 따라 남은 자가 있었던 것처럼, 지금도 은혜의 택하심을 따라 남은 자가 있다. 사도는 여기서 "내가 나를 위하여 남겨 두었다"라는 말을 "은혜로 택하심을 따라"라는 말로 설명하고 있다. 왜냐하면 "내가 남겨 두었다"는 말은 택하심을 포함하는 말이고, 하나님의 은혜를 설명하고 찬미하는 말이기 때문이다.

택하심을 입은 자가 얻었고 그 남은 자들은 우둔하여졌느니라(11:7). "너는 복(a blessing)[역자 주: 여기서는 '복된 자'로 해석해야 한다]이 될지라"고 말씀하고 있는 창세기 12:2의 경우와 마찬가지로, 여기서 "택하심"[역자 주: 원문에는 개역과는 달리 '택하심'(election)으로 되어 있다]은 "택하심을 입은 자"(the elect)라는 의미로 해석해야 한다.

하나님이 … 그들에게 혼미한 심령 … 을 주셨다(11:8). "너희가 눈이 있어도 보지 못하며 귀가 있어도 듣지 못하느냐"라는 말씀이 보여주듯이, 여기서 "심령"이라는 말은 창조되거나 주입된 영이 아니라 사람의 마음과 의지를 가리키는 것으로 해석해야 한다.

그들의 밥상이 올무와 덫과 거치는 것과 보응이 되게 하시옵고(11:9). 성경을 거짓된 방식으로 이해하고 전수함으로써 경건한 가르침의 외관 아래에서 순진한 영혼들이 속아 넘어가 교묘하게 올무에 걸렸다는 점에서, 성경 자체가 바로 "올무"이다. 그래서 성 아우구스티누스는 마니교도인 파우스투스(Faustus)를 "마귀의 큰 올무"라고 부른다. 동일한 한 밥상에서, 그러니까 동일한 한 성경에서, 한 사람은 사망을, 다른 한 사람은 생명을 끌어오고, 한 사람은 꿀을, 다른 한 사람은 독을 끌어온다. 그런 까닭에 하나님의 말씀만큼 지극한 경외심으로 한 점의 오만함도 없이 다루어야 할 것은 아무것도 없다. 하나님의 말씀은 즉시 교만한 자들을 올무와 덫에 걸리게 하고, 죄를 짓게 한다 — 그들이 눈치 채지 못하는 사이에, 매혹적으로 아름다운 겉모습으로 위장한 채. 이것은 말씀의 잘못이 아니라 말씀에 대항하여 교만하게 그 머리를 드는 인간의 교만 때문이다.

"거치는 것"이라고 하는 이유는 거짓된 가르침으로 인해 올무에 걸린 자들은 끊임없이 화를 내기 때문이다. 그들이 올무에 걸리는 것은 그들이 그릇되게 이해하기 때문이다. 그 그릇된 이해에 그들은 매달리고, 그 그릇된 이해를 기뻐한다. 따라서 그것을 깨닫지 못한다면, 그들은 올무에 걸리는 것을 자초하는 셈이다. 그들은 자기들이 등을 돌린 진리를 누가 거론하면 화를 낸다. 그 진리를 회피할 수 없는 경우에는 그들은 그 진리를 왜곡시키고 성경을 그렇게 이해해야 한다는 것을 부정한다. 마침내 그들의 눈은 어두워져서(11:10), 다른 사람들은 보는데, 그들은 스스로 보지 못하도록 자초하고, 다른 모든 사람들은 일으키심을 받는데, 그들은 비틀린 생각 속에 그대로 머물러 있게 된다.

그들의 눈은 흐려 보지 못하고(11:10). "이 백성의 마음을 둔하게 하며 그들의 귀가 막히게 하고"(사 6:10), "그들의 밥상이 올무가 되게 하시며"(시 69:22) 같은 구절들을 읽을 때, 우리는 먼저 그 반대, 즉 믿는 자와 겸손한 자의 마음을 밝히신 것을 생각해야 한다. 하나님께서는 그렇게 하시기로 작정하셨기 때문에, 겸손한 자들, 즉 그의 택한 자들을 선대하신다. 그러나 이러한 빛을 보지 못하는 교만한 자들이 바로 그런 까닭에 더욱더 어두워지고 더욱더 죄를 짓게 되지 않는다면, 이런 일은 일어날 수 없다. 일상생활에서도 어떤 사람이 자기가 아는 다른 한 사람에게 잘해 주어서 제삼의 사람이 불쾌해 할 때, 우리는 "아, 내가 그 사람을 자극해서 화나게 했구나!"라고 말한다. 이와 같이 교만한 자들은 어떤 사람이 자기가 약속한 것을 다른 사람에게 주면 화를 내는데, 이와 같은 사례는 마태복음 20:11-16에 나오는 포도밭의 품꾼 이야기에서 집주인에게 불평한 자들에게서 찾아볼 수 있다.

그들의 등은 항상 굽게 하옵소서(11:10). 은유적인 의미로 사용된 이 표현은 등이 굽은 자들은 더 이상 위로 하나님을 바라볼 수 없다는 것을 의미한다. 따라서 그들은 더 이상 하늘에서 내려오는 의를 보지 못하고, 자기들이 추구하고 의지하는 그들 자신의 의만을 응시한다.

그들이 넘어지기까지 실족하였느냐 그럴 수 없느니라 그들이 넘어짐으로 구원이 이방인에게 이르러 이스라엘로 시기나게 함이니라(11:11). 다음 절이 이 절의 보충 역할을 한다: "그들의 넘어짐이 세상의 풍성함이 되며 그들의 실패가 이방인의 풍성함이 되거든 하물며 그들의 충만함이리요"(12절). 이것의 의미는 이렇다: 유대인들이 넘어졌기 때문에, 믿음이 이방인들에게 이르게 된 것인데, 만약 유대인들이 굳게 섰더라면, 얼마나 더 많이 믿음이 이방인들에게 이르렀겠는가? 그러므로 유대인들은 영원히 못 일어나도록 '넘어진 것'이 아니라 이방인들의 예에 고무되어 다시 일어나도록 되어 있는 것이다. 하나님께서는 가르치는 것만으로는 유대인들을 얻지 못하실 줄 아시고, 사랑 깊은 아버지가 보통 자기 아들에게 하듯이, 유대인들로 하여금 샘나게 해서 그들을 얻고자 하셨다.

하나님을 사랑하는 자들에게는 모든 것이 합력하여 선을 이룬다는 말씀처럼(롬 8:28), 유대인들의 넘어짐이 결코 헛되지 않고 그 악이 선을 이루는 것이 되도록 하기 위하여, 유대인들의 넘어짐으로 구원이 이방인들에게 이르렀다면, 악은 그리스도와 하나님의 선을 위하여 훨씬 더 많은 일을 할 것이 틀림없다. 악을 허용하시는 분이 하나님이실진대, 악이 선을 지극히 풍성하게 이루어낼 것이 틀림없다. 이때에 악은 다른 사람들에게만이 아니라 그 악을 소유한 자들에게도 틀림없이 선을 이루어낼 것이다. 이런 의미에서 유대인들의 넘어짐은 이방인들의 구원을 돕는 역할을 한다: 유대인들의 넘어짐은 그 자체가 궁극적인 목표가 아니고, 그들의 넘어진 것은 그리스도에 대한 믿음으로 말미암아 일으키심을 받은 자들이 받은 축복들을 시기하도록 그들을 유도하는 것이었다.

내가 이방인의 사도인 만큼 내 직분을 영광스럽게 여기노니 이는 혹 내 골육을 아무쪼록 시기하게 하여 그들 중에서 얼마를 구원하려 함이라(11:13, 14). 사도는 유대인들에게 복음을 전하였으나 거부당하였다(행 13:46). 그래서 그는 유대인들로 하여금 시기 나게 하기 위해서 이방인 중에서의 자신의 직분을 자랑한다. 우리에게 주어졌을 때 시시하게 여겼던 것을 다른 사람이 갖게 되면, 우리는 그들의 평가에 영향을 받아서 보통 그것을 소중히 여기게 되는 법이다.

그러나 어떤 식으로 사도는 자신의 직분을 자랑하는가? 유대인들이 넘어진 후에 자기가 그리스도의 부요함을 이방인들에게 전하고 있다는 것을 자랑하는 방식으로 사도는 자신의 직분을 자랑한다. 자신의 직분을 통해서 이방인들이 유대인들에게서 빼앗은 영광스러운 선물들을 받고 있다면, 사도는 자신의 복음 사역이 영광됨을 진정으로 엄숙하게 증명하고 있는 것이 된다. 이를 시기한 유대인들은 이 사도의 직분의 부요함을 구할 마음이 생겨날 것이다.

그들을 버리는 것이 세상의 화목이 되거든(11:15). 이 구절을 인과관계의 의미로 해석해서는 안 되고, 사건의 추이(推移)를 나타내는 것으로 보아야 한다. 유대인들이 믿지 않게 되자, 세상의 화목이 생겨났다. 그러나 사도행전 10:44-48에서 분명히 알 수 있듯이, 유대인들이 믿음에 굳건히 서 있었다고 하더라도, 이런 일은 마찬가지로 일어났을 것이다. 위의 사도행전 본문을 보면, 성령이 이방인들에게 부어지자, 아직 유대인들이 버림 받았다는 것을 확신하지 못하고 있던 사도들이 이에 크게 놀랐다는 것을 우리는 알게 된다.

제사하는 처음 익은 곡식 가루가 거룩한즉 떡덩이도 그러하고 뿌리가 거룩한즉 가지도 그러하니라(11:16). 두 가지 유비(類比)를 통해서 사도는 여기서 하나님의 은혜를 찬미하고 유대인들이 오만하게 자신의 의를 자랑하는 것을 분쇄하기 위한 증거를 제시한다. 다음과 같은 일은 본성상 참되다: 첫 열매가 좋으면, 수확 전체가 좋을 것이고, 뿌리가 좋다면, 거기에서 자라나는 나무도 좋을 것이다. 여기에서도 마찬가지다. 하나님의 은혜를 찬양해야 한다는 당위가 없다면, 백성 전체가 그 위엄을 나눠 갖게 될 것이다.

높은 마음을 품지 말고 도리어 두려워하라(11:20). 이 구절의 의미는 "너희가 스스로 지혜 있다" 하지 말라는 25절의 말씀과 동일하다. 즉, 너희 생각에 취해 흡족해하지 말고, 스스로를 높게 생각하지 말라는 뜻이다.

그러므로 하나님의 인자하심과 준엄하심을 보라(11:22). 이 구절에서 우리는 유대인들과 이단자들 등이 넘어지는 것을 볼 때에 넘어지는 그들을 주시하지 말고 그들을 넘어지게 하시는 하나님의 역사(役事)를 봄으로써 남

들에게 닥친 재난의 본보기를 통해서 하나님을 경외하고 어떤 식으로든
오만하게 자랑하지 말아야 한다는 교훈을 배울 수 있어야 한다는 것을 알
게 된다. 이러한 교훈과는 반대로 많은 이들이, 그들 스스로가 어떤 사람들
인지 또 하나님 보시기에 그들의 처지가 어떠한지도 알지 못하면서, 지극
히 어리석게도 스스로를 높이고, 유대인들을 개 또는 저주받은 자라 부르
거나 그 밖의 다른 욕지거리로 모욕한다. 그런 자들은 유대인들을 강제나
욕설을 사용해서 변화시키려고 한다. 하나님께서 그런 자들을 저지하시기
를.

네가 원 돌감람나무에서 찍힘을 받고 본성을 거슬러 좋은 감람나무에 접붙임을
받았으니 원 가지인 이 사람들이야 얼마나 더 자기 감람나무에 접붙이심을 받으
랴(11:24). 감람나무의 씨가 좋은 감람나무를 낳지 않는다는 것은 육에서
난 자녀들은 하나님의 자녀가 아니고, 유대인들이 조상들의 씨라는 이유만
으로는 조상들의 영광(영광스러운 약속과 양자됨)을 소유하지 못했다는
것을 예시해 준다. 오히려 그 반대가 참이다. 육에서 난 육으로서 그들은
약속의 상속자들이 아니었다. 돌감람나무가 본성에 의해서가 아니라 접붙
임을 통해서 좋은 가지가 되는 것과 마찬가지로, 이방인들은 그들의 본성
적인 의나 미덕이 아니라 그들에게 이식된 하나님의 은혜로 말미암아 하
나님의 백성이 된다.

이스라엘의 남은 자는 반드시 구원을 받을 것이다

형제들아 너희가 스스로 지혜 있다 하면서 이 신비를 너희가 모르기를 내가 원
하지 아니하노니 이 신비는 이방인의 충만한 수가 들어오기까지 이스라엘의 더러
는 우둔하게 된 것이라 그리하여 온 이스라엘이 구원을 받으리라 기록된 바 구원
자가 시온에서 오사 야곱에게서 경건하지 않은 것을 돌이키시겠고 내가 그들의
죄를 없이 할 때에 그들에게 이루어질 내 언약이 이것이라 함과 같으니라 복음으
로 하면 그들이 너희로 말미암아 원수 된 자요 택하심으로 하면 조상들로 말미암
아 사랑을 입은 자라 하나님의 은사와 부르심에는 후회하심이 없느니라 너희가

전에는 하나님께 순종하지 아니하더니 이스라엘이 순종하지 아니함으로 이제 긍휼을 입었는지라 이와 같이 이 사람들이 순종하지 아니하니 이는 너희에게 베푸시는 긍휼로 이제 그들도 긍휼을 얻게 하려 하심이라 하나님이 모든 사람을 순종하지 아니하는 가운데 가두어 두심은 모든 사람에게 긍휼을 베풀려 하심이로다 깊도다 하나님의 지혜와 지식의 풍성함이여, 그의 판단은 헤아리지 못할 것이며 그의 길은 찾지 못할 것이로다 누가 주의 마음을 알았느냐 누가 그의 모사가 되었느냐 누가 주께 먼저 드려서 갚으심을 받겠느냐 이는 만물이 주에게서 나오고 주로 말미암고 주에게로 돌아감이라 그에게 영광이 세세에 있을지어다 아멘 (11:25-36).

형제들아 너희가 스스로 지혜 있다 하면서 이 신비를 너희가 모르기를 내가 원하지 아니하노니(11:25). 일반적으로 이 구절로부터 세상 끝날에 유대인들이 회심하여 그리스도에 대한 믿음을 갖게 될 것이라는 결론을 내리게 된다. 하지만 이 구절은 아주 모호해서, 사도의 말을 그런 의미로 해석했던 교부들(아우구스티누스, 크리소스톰, 테오도레투스)의 의견을 그대로 따른다면 몰라도, 그렇지 않고는 어느 누구도 아주 확연히 이 구절을 이해하기는 힘들다. 그러므로 이 구절의 의미는 이런 것이다: 지금은 유대인들이 넘겨져 있는 상태이지만, 이방인 중에서 택함 받은 자들의 수가 차게 되면, 유대인들이 회심하여 구원을 받을 것이다. 유대인들은 언제까지나 밖에 머물러 있을 것이 아니고, 때가 되면 돌아오게 될 것이다.

그리하여 온 이스라엘이 구원을 받으리라 … 내가 그들의 죄를 없이 할 때에 그들에게 이루어질 내 언약이 이것이라(11:26, 27). 구약(율법)은 죄를 제거할 수 없었고, 단지 죄를 늘릴 뿐이었다. 사람의 힘으로 죄를 제거할 수 없다. 그러므로 신약만이, 즉 그리스도에 대한 믿음으로 말미암은 하나님의 은혜로만 죄를 제거할 수 있다.

이 구절 전체의 목적은 유대인들을 회개로 이끄는 것이다. 사도의 말을 바르게 이해하려면, 사도의 말이 유대 백성 전체에 미친다는 것을 염두에 두어야 한다. 그들 중의 일부가 버림을 당한다고 할지라도, 그 전체는 택함 받은 자로 인하여 존중받아야 마땅하다. 이와 같이 우리는 어느 공동체 안에 있는 선한 자들을 생각하여 그 공동체를 존중하여야 한다. 비록 그 선한 자들이 악한 자들에 비하여 소수일지라도 말이다. 이런 의미에서 유대 백성은 택함 받은 자로 인하여 '거룩한 떡덩이'지만, 유대인들은 버림 받은 자들이라는 점에서 '잘려나간 가지들'이다. 이와 같이 유대인들은 '충만'(fulness)임과 동시에 '텅빔'(emptiness)이다. 사도는 자기가 유대인들 개개인을 말하는 것이 아니라 비록 그 안에 거룩한 자의 수는 많지 않지만 유대 백성 전체를 말하고 있다는 것을 보이기 위하여 "떡덩이"라는 말을 쓴다. (루터는 처음에 '온 이스라엘'의 회심에 관하여 단정적으로 말하지 않았다. 로마서에서 그는 오직 택함 받은 자만이 구원 받을 것이라는 사실을 강조하긴 하지만 때때로 온 유대인들의 궁극적인 회심을 믿고 있다는 듯이 말한다. 하지만 나중에 그는 '온 이스라엘'을 "이방인들의 충만한 수"와 상응하는 택함 받은 자의 수로 규정한 오리겐, 테오필락토스, 제롬 등의 견해를 확정적으로 받아들였다. 루터파의 주요한 주석가들은 이 해석을 따라서, 이방인들 중에서 택함 받은 자들이 심판의 날 이전에 복음 전도를 통하여 들어오고 있고, 유대인들 중에서도 택함 받은 자들은 그러하다고 가르쳤다.)

복음으로 하면 그들이 너희로 말미암아 원수 된 자요(11:28). 여기서 "원수 된 자"라는 말은 수동적인 의미로, 즉 유대인들은 미움을 받아 마땅하다는 의미로 해석되어야 한다. 하나님이 그들을 미워하기 때문에, 사도들과 하나님께 속한 모든 이들이 그들을 미워한다. 이 점은 그 반대말인 '사랑받고 있는'(beloved)이라는 말을 통해서도 알 수 있다. 유대인들은 미움 받고 있는 동시에 사랑받고 있다. 그들은 "복음으로 하면 … 너희로 말미암아" 미움 받고 있다. 이 말은 이런 뜻이다: 너희가 복음을 받아들여서 사랑받고 있듯이, 그들은 복음을 거부해서 미움 받고 있다. 그럼에도 불구하고 떡덩이(택함 받은 자들)는 택하심을 받아서 조상들 때문에 사랑받고 있다. 이것은 유대인들 중의 일부는 바로 이 시간에도 택하심을 받아서 구원을 받고 있는 중이라는 것을 의미한다. 그들은 조상들과 마찬가지로 그리스도의 벗들이기 때문에 조상들로 말미암아 사랑받고 있다.

하나님의 은사와 부르심에는 후회하심이 없느니라(11:29). 이것은 정말 멋진 말씀이다. 택하심과 구원에 관한 하나님의 모략은 인간의 공과(功過)에 따라 변경되지 않는다. 하나님께서 택하신 자들이 합당치 않고, 너희가 너희 눈으로 보기에 합당하게 보인다고 해서, 하나님은 자기가 약속한 은사와 부르심을 후회하시는 분이 아니다. 하나님은 마음을 바꾸시지 않는다. 그런 까닭에 택함 받은 자들은 반드시 회심하여 믿음의 진리(행위로 말미암지 않는 구원)에 이르게 될 것이다.

깊도다 하나님의 지혜와 지식의 풍성함이여(11:33). 사도의 이러한 감탄은 위에서 말해진 결론들에는 여전히 우리가 이해할 수 없는 깊은 숨겨진 그 무엇이 있다는 사실을 우리에게 일깨우는 것이다. 사도는 "이방인의 충만한 수가 들어오기까지"(25절), "그들도 긍휼을 얻게 하려 하심이라"(31절), "모든 사람에게 긍휼을 베풀려 하심이로다"(32절)라고 말하였었다. 이 모든 말씀들은 하나님께서 악을 허용하신 것은 거기로부터 선이 나올 수 있도록 하기 위함이었다고 말한다. 그러나 하나님께서 이렇게 특별한 방식으로 선을 이루시는 이유, 하나님께서 동일한 자들에게 동시에 선과 악을 이루시지 않는 이유는 우리로서는 이해하기 힘들다. "그들은 구원 받기 위하여 넘어졌다." 또는 "그들은 믿기 위하여 믿지 않는다" 등과 같은 말들은 사실 좀 이상하게 들린다.

그의 판단은 헤아리지 못할 것이며 그의 길은 찾지 못할 것이로다(11:33). 아리스토텔레스처럼 원인들을 통해서 사물들 자체를 알고자 하는 자들은 어리석은 자들이다. 왜냐하면 그 원인들은 "헤아리지 못할 것"이기 때문이다.

성 아우구스티누스는 지혜와 지식은 서로 구별된다고 말한다: 영원한 것들에 관한 묵상은 지혜에 속하고, 일시적인 것들에 대한 연구는 지식에 속한다. 따라서 지혜는 오직 믿음을 통해서만, 또는 하늘에 옮겨져야만 볼 수 있고 이해할 수 있는 것들을 다룬다. 그러나 지식은 하나님 밖에 있는 것, 피조된 것을 다룬다. 그러므로 만물을 그들의 존재 이전에, 그들의 존재를 뛰어넘어서, 그들의 존재 안에서 그 자체로 보는 것은 하나님의 지혜다. 하나님께서 시간 속에서 일어나는 것들을 인식하는 것은 하나님의 지식이다. 따라서 그것을 직관적인 지식(scientia visionis)이라 하는데, 이를 통해 하나님께서는 자신의 외부에 있는 모든 것들을 아신다.

로마서 12장

12장의 내용: 사도는 로마에 있는 그리스도인들에게 하나님과 이웃에 대하여 무엇이 합당한지(하나님과 이웃을 향한 그들의 의무)를 가르친다.

그리스도를 믿는 자들은 자기를 성별하여
산 제물로 하나님께 드려야 한다

그러므로 형제들아 내가 하나님의 모든 자비하심으로 너희를 권하노니 너희 몸을 하나님이 기뻐하시는 거룩한 산 제물로 드리라 이는 너희가 드릴 영적 예배니라 너희는 이 세대를 본받지 말고 오직 마음을 새롭게 함으로 변화를 받아 하나님의 선하시고 기뻐하시고 온전하신 뜻이 무엇인지 분별하도록 하라(12:1, 2).

그러므로 형제들아 내가 하나님의 모든 자비하심으로 너희를 권하노니(12:1). 사도는 11장까지 토대, 즉 그리스도라는 참된 터(고전 3:11) 또는 지혜로운 자가 집을 짓는 든든한 반석(마 7:24)을 놓은 후에, 그러니까 거짓된 토대, 즉 어리석은 자가 그 위에 집을 짓는 토대인 모래에 해당하는 인간 자신의 의와 공로를 다 부숴뜨린 후에, 이제 이 토대인 그리스도 위에 금과 은과 보석들을 쌓아올린다(고전 3:12).

무엇보다도 쌓아올리는 건물, 즉 그리스도라는 토대 위에 올려진 상부구조인 선한 행위들은 확고하고 믿을 만한 토대가 필요하기 때문에, 그 토대가 지속되기 위하여, 믿는 자들은 이 토대 위에 영원토록 서 있고 집을 짓겠다고 단단히 결심을 해야 한다.

이렇게 그리스도 위에 선한 행위들을 쌓아올리는 것과는 대조적으로, 행위로 의롭게 되려는 자들은 자신의 선한 행위들을 앞세운다. 그들은 자신의 양심에 의지하여서, 스스로 판단하기에 자기가 이만 하면 충분히 선한 행위들을 했다고 생각이 들면 스스로 안전하고 할 일을 다 했다고 믿는다.

이런 까닭에 독자들을 행위로 인한 의라는 거짓된 가르침으로부터 보호하기 위하여, 사도는 그런 일이 일어나지 않도록 조치를 취한다. 행위로 의롭다 하심을 얻으려는 자들은 선한 행위들을 하려고 애를 쓰고, 그 선한 행위들을 그들의 의의 토대요, 그들의 양심의 피난처요, 그들의 영혼의 위안물로 여긴다. 하지만 모든 선한 행위들에 앞서 그리스도가 토대로서 이미 존재한다. 이미 토대가 닦여져 있음에도 불구하고 다시 토대를 놓으려고 하는 자가 있다면 그는 얼마나 어리석은 자이겠는가? 왜 이미 땅에 놓여 있는 토대를 사용하지 않는가? 우리가 아무 노력 없어도, 그리스도는 우리로 하여금 우리의 선한 행위들을 그 토대 위에 쌓도록 하기 위하여 자기를 우리에게 우리의 의, 우리의 화평, 우리 양심의 안식으로 제공하신다.

이제까지(1-11장), 사도는 죄인이 어떻게 새 사람이 되는가를 가르쳤다. 사도는 요한복음 3:3에서 말씀하고 있는 것과 같은 새로운 존재(새 생명)를 우리에게 주는 거듭남을 서술해 왔다. 이제 그는 이 거듭남에서 나오는 선한 행위들을 가르치는데, 아직 새 사람이 되지 않은 그런 자들이 선한 행위라고 생각하는 것들은 거짓된 것들이다. 새로운 존재(새 생명)가 선한 행위들에 선행한다. 그리고 새로운 존재에 앞서 먼저 회심의 '체험' (undergoing)이 있어야 한다. 이렇게 이것들은 서로서로 꼬리를 물고 연결되어 있다: 변화의 체험(becoming), 그런 존재가 됨(being), 선한 행위들을 행함(working). (루터는 회심이 전체적으로든 부분적으로든 인간의 자유의지나 협력을 통해서가 아니라 오로지 성령이 말씀과 성례들을 통해 마음에 역사하는 그리스도에 대한 믿음으로 말미암아서만 일어난다는 점을 강조하기 위해 회심의 행위를 '견뎌냄'(enduring) 또는 '겪음'

(suffering)이라는 말로 표현한다. 이렇게 루터는 영어로 'suffering'을 의미하는 라틴어인 pati나 독일어인 erleiden이라는 단어를 사용한다. 물론이 'suffering'은 고통이라는 뜻과는 전혀 상관이 없고 단지 어떤 것을 수동적으로 '겪는 것'의 의미로 이해해야 한다. 왜냐하면 회심은 본질적으로 하나님께서 전적인 은혜로써 우리 속에 그리스도에 대한 믿음을 심어주시는 것이기 때문이다.)

사도가 여기서 기독교 윤리를 가르치고 있지만, 로마서 끝부분에 이르기까지 그의 가장 큰 관심사는 인간 자신의 지혜와 아집을 뿌리뽑는 것이다. 이런 까닭에 그는 이 가장 치명적인 전염병으로써 기독교 윤리를 시작한다. 왜냐하면 이 전염병(인간 자신의 지혜와 아집)은 축복들이라는 미명하에 영적인 거듭남을 파괴하고, 인간의 지혜와 아집에 속하는 선한 행위들을 통해서 영적인 거듭남을 무효화시키기 때문이다. 그래서 사도는 너희가 받은 "하나님의 모든 자비하심으로" "너희를 권하노니"라고 말한다. 너희가 받은 하나님의 은혜를 헛되게 하지 말고 오히려 너희 몸을 산 제물로 드리라. 마찬가지로 사도는 고린도후서 6:1에서 "우리가 하나님과 함께 일하는 자로서 너희를 권하노니 하나님의 은혜를 헛되이 받지 말라"고 말한다. "너희 몸을 산 제물로 드리라"는 말씀을 통해서 사도가 말하고자 하는 바는 고린도후서 6:4 이하에 나온다: "많이 견디는 것과 환난과 궁핍과 고난" 등등.

너희 몸을 하나님이 기뻐하시는 거룩한 산 제물로 드리라(12:1). 하나님께 드릴 참된 제물은 우리 밖에 있는 것도 아니고 우리에게 속한 것 밖에 있는 것도 아니며, 시간에 제약을 받지도 않는다. 잠언 23:26에서 "내 아들아 네 마음을 내게 주며"라고 말씀하고 있는 것처럼, 우리 자신이 바로 이 참된 제물이다. 이 제물은 죽여서 드리는 짐승 제물들과 대조적으로 "산" 제물이다. 그러나 "산" 제물이라는 말은 제물이 낳는 영적인 삶, 즉 선한 삶을 가리키는 것으로 이해하는 것이 더 좋을 것이다. 이 제물은 "거룩한" 제물이다. 즉, 어떤 다른 용도로 쓰이던 것에서 가져와져서 오직 하나님께 합당한 용도로 쓰임받기 위해 구별되고, "너희는 자신을 성결하게 하라 여

호와께서 내일 너희 가운데에 기이한 일들을 행하시리라"는 여호수아 3:5
의 말씀처럼, 그렇게 봉헌된 것으로서, 모든 부정한 것으로부터 분리되고
떨어져 있다. 무엇보다도 이 제물은 성결을 의미하는데, 이 성결은 우리가
아니라 하나님이 친히 이루신 것이다. 이 제물은 "하나님이 기뻐하시는"
제물이다. 사도는 흔히 선을 악으로 바꾸어 버리는 인간의 헛된 자랑과 교
만에 대한 반대말로 "하나님이 기뻐하시는" 제물이라는 말을 사용한다. 하
나님이 기뻐하시는 것은 거룩한 것보다 더 큰 것이다. 왜냐하면 자기들이
기뻐하는 어떤 것, 예를 들면 거룩 같은 것을 소유하고 있는 자들이, 스스
로 불쾌해하면서 다른 사람들이 불쾌해하는 것을 아랑곳하지 않기란 극히
어려운 일이기 때문이다.

이는 너희가 드릴 영적 예배니라(12:1). 즉, 내가 이 말을 하는 이유는 너
희가 하나님께 짐승 제물들이 아니라 합당한 제물을 드리는 것이 마땅하
고, 바로 그렇게 하는 것이 새로운 사랑의 법에 맞기 때문이다. "예배"라는
말은 제물 자체 또는 그러한 산 제물을 드리는 것을 가리킨다. 요컨대 사
도는 너희의 합당한 예배, 즉 너희 몸을 산 제물로 드리라고 말하는 것이
다.

마음을 새롭게 함으로 변화를 받아(12:2). 이런 식으로 사도는 그리스도인
의 진보를 서술한다. 왜냐하면 사도는 이미 그리스도인들이 된 사람들을
향하여 말하고 있기 때문이다. 그리스도인의 삶은 정체되어 있는 것이 아
니라 선한 것에서 더 선한 것으로 나아가도록 되어 있다. 클레르보의 성
베르나르(St. Bernard)가 "네가 더 선해지고자 하지 않는 순간, 너는 선하
기를 그만둔 것이다"라고 한 말은 옳다. 꽃과 아울러 열매를 맺지 않는다
면, 푸른 잎사귀와 꽃들을 가지고 있는 것은 나무에게 도움이 되지 못한다.
이렇게 열매를 맺지 못해서, 많은 그리스도인들이 꽃을 피우고는 죽어간
다. 그리스도인은 언제나 벌거벗은 상태에 있고, 언제나 되어져 가는 상태
에 있고, 언제나 잠재력을 지닌 상태에 있고, 언제나 활동의 상태에 있다.
그는 언제나 죄 가운데 있음과 동시에 언제나 의롭다 하심을 받는 상태에
있다. 그는 언제나 죄인이지만 언제나 회개하고, 따라서 언제나 의롭다. 우

리는 죄인임과 동시에 의롭고, 따라서 참회하는 자 외에 그 어떤 것도 아니다. 더 선해질 수 없을 만큼 선한 사람도 없고, 더 악해질 수 없을 만큼 악한 사람도 없다.

이러한 사실을 사도는 "너희는 마음을 새롭게 함으로 변화를 받아"라고 말함으로써 아주 기가 막히게 표현하고 있다. 사도가 "마음을 새롭게 함으로"라는 말씀을 덧붙이고 있는 것은 "우리의 속사람은 날로 새로워지도다"라는 고린도후서 4:16의 말씀과 "새 사람을 입었으니 이는 자기를 창조하신 이의 형상을 따라 지식에까지 새롭게 하심을 입은 자니라"는 골로새서 3:10의 말씀처럼 마음을 새롭게 하는 일은 날마다 일어나며 점점 더 진보를 이룬다는 것을 강조하기 위한 것이다.

하나님의 선하시고 기뻐하시고 온전하신 뜻이 무엇인지 분별하도록 하라 (12:2). 하나님의 "선한" 뜻은 우리가 선을 행하는 것이다. 하나님의 "기뻐하시는" 뜻은 우리가 고결하고 우리 자신을 성결하게 지키는 것이다. 하나님의 "온전하신" 뜻은 우리가 오직 하나님만을 기쁘시게 해드리고자 원하는 것이다. 하지만 사도가 이 삼중의 하나님의 뜻을 분별하는 것이 마음을 변화시키는 것 또는 마음을 새롭게 하는 것으로부터 온다고 말했을 때, 사도는 이 말들이 겉으로 표현하고 있는 의미보다 훨씬 더 깊은 의미, 즉 우리가 체험으로부터만 배울 수 있는 의미를 염두에 두고 있었을 것이다. 오직 믿음만이 마음을 변화시켜서, 우리를 하나님의 뜻을 분별할 수 있는 지점까지 데려다준다. 사도는 이에 대해서 에베소서 3:17 이하에서 다음과 같이 말한다: "능히 모든 성도와 함께 지식에 넘치는 그리스도의 사랑을 알고 그 너비와 길이와 높이와 깊이가 어떠함을 깨달아 하나님의 모든 충만하신 것으로 너희에게 충만하게 하시기를 구하노라."

이 말씀은 풍부한 위로로 넘쳐난다. 왜냐하면 고통이 우리를 덮칠 때에 우리는 담대해지는데, 이것이 바로 하나님의 선하신 뜻이기 때문이다. 그러므로 우리는 우리를 불쾌하게 하는 일들이 우리에게 생길 때 크게 기뻐해야 한다. 하나님의 "선하신" 뜻은 불행으로부터 선을 만들어내는 것이다. 하나님의 "기뻐하시는" 뜻은 우리를 감동시켜서 그러한 선을 흔쾌히 사랑하게 만든다. 하나님의 기뻐하시는 뜻은 이 선을 우리로 하여금 기쁨으로 받게 만들고, 우리로 하여금 거기에 동의하게 만든다 — 비록 그 선이 불행의 모습으로 온다고 할지라도. 하나님의 "온전하신" 뜻은 하나님을 기뻐하는 모든 자들을 영원히 온전케 하시고 복된 결국(結局)을 가져다 주실 것이다.

그리스도를 믿는 자들은 그리스도 안에서 이웃을 사랑해야 한다

내게 주신 은혜로 말미암아 너희 각 사람에게 말하노니 마땅히 생각할 그 이상의 생각을 품지 말고 오직 하나님께서 각 사람에게 나누어 주신 믿음의 분량대로 지혜롭게 생각하라 우리가 한 몸에 많은 지체를 가졌으나 모든 지체가 같은 기능을 가진 것이 아니니 이와 같이 우리 많은 사람이 그리스도 안에서 한 몸이 되어 서로 지체가 되었느니라 우리에게 주신 은혜대로 받은 은사가 각각 다르니 혹 예언이면 믿음의 분수대로, 혹 섬기는 일이면 섬기는 일로, 혹 가르치는 자면 가르치는 일로, 혹 위로하는 자면 위로하는 일로, 구제하는 자는 성실함으로, 다스리는 자는 부지런함으로, 긍휼을 베푸는 자는 즐거움으로 할 것이니라 사랑에는 거짓이 없나니 악을 미워하고 선에 속하라 형제를 사랑하여 서로 우애하고 존경하기를 서로 먼저 하며 부지런하여 게으르지 말고 열심을 품고 주를 섬기라 소망 중에 즐거워하며 환난 중에 참으며 기도에 항상 힘쓰며 성도들의 쓸 것을 공급하며 손 대접하기를 힘쓰라 너희를 박해하는 자를 축복하라 축복하고 저주하지 말라 즐거워하는 자들과 함께 즐거워하고 우는 자들과 함께 울라 서로 마음을 같이하며 높은 데 마음을 두지 말고 도리어 낮은 데 처하며 스스로 지혜 있는 체하지 말라 아무에게도 악을 악으로 갚지 말고 모든 사람 앞에서 선한 일을 도모하라 할 수 있거든 너희로서는 모든 사람과 더불어 화목하라 내 사랑하는 자들아 너희가 친히 원수를 갚지 말고 하나님의 진노하심에 맡기라 기록되었으되 원수 갚는 것이 내게 있으니 내가 갚으리라고 주께서 말씀하시니라 네 원수가 주리거든 먹이고 목마르거든 마시게 하라 그리함으로 네가 숯불을 그 머리에 쌓아 놓으리라 악에게 지지 말고 선으로 악을 이기라(12:3-21).

하나님께서 각 사람에게 나누어 주신 믿음의 분량대로 지혜롭게 생각하라 (12:3). 사도가 이 말을 하는 이유는 하나됨에 관한 관심 때문이다. 사람들이 자신의 부르심에 합당한 경계 내에 머물지 않고 자신의 본분을 망각하고 남의 일에 끼어드는 것만큼 분열을 조장하는 일은 없다. 이 본문의 의미를 자세하게 풀어 설명해 주고 있는 고린도전서 12:4-11에서 알 수 있듯이, 하나님은 한 사람에게 모든 은사를 주시지 않는다. 하나님은 모두에게 은사들을 골고루 나눠주시고 한 사람에게 모든 은사를 수여하시지 않기 때문에, 아무도 자기가 모든 은사를 가졌고 남들은 하나도 가지지 않은 것처럼 스스로를 높여서는 안 된다. 왜냐하면 이 교만함 때문에 교회의 하나됨이 파괴되기 때문이다. 헬라인들에게는 "각 사람으로 하여금 자기가 배운 기술을 발휘하게 하라"는 아주 멋진 속담이 하나 있다.

"믿음의 분량"이라는 표현은 믿음의 정도라는 의미로 이해할 수 있는데, 이 믿음의 정도에 따라 어떤 은사들은 주어진다. 그러나 사도는 하나님께서 다양한 은사들을 믿음의 분량에 따라 나눠주신다는 사실을 강조하고 있기 때문에, 우리는 이 표현을 믿음의 은사들의 분량을 의미하는 것으로 해석해야 한다. 믿음을 통해 많은 영적 은사들이 주어지기 때문이다. 그런 까닭에 믿는 자들은 하나의 동일한 믿음을 가졌으면서도 서로 다른 은사들의 분량을 소유한다. 에베소서 4:4-6의 말씀처럼, 믿음도 하나이고, 세례도 하나이고, 교회도 하나이며, 주님도 한 분이고, 성령도 한 분이며, 하나님도 한 분이시지만, 이 한 믿음, 이 한 교회, 이 한 그리스도의 통치 영역 안에 서로 다른 은사들이 존재한다.

예언이면 믿음의 분수대로(12:6). 헬라어 원문은 '믿음에 맞게, 믿음에 따라'를 의미한다. 이는 그리스도인들이 믿음과 그 원칙들을 넘어서지 말아야 한다는 것이다. 예언은 믿음과 상응한다. 이 대목에서부터 사도는 이웃 사랑이라는 계명을 전개한다. 이상한 일은 사람들이 이토록 중요한 사도로부터 나온, 사실 성령 자신으로부터 나온 이렇게 중요하고 자명한 가르침에는 거의 관심을 갖지 않고, 교회 건물들을 짓고 교구를 확장하고 기금을 축적하는 등등의 헛된 일들에 관심을 갖는다는 것이다. 사람들은 이런 일들을 가장 큰 경건으로 여기고, 사도가 여기에서 명하고 있는 것에는 눈꼽만큼도 관심을 갖지 않는다. 또한 이러한 악덕들과 결부된 교만, 자랑, 탐욕, 사치, 허영 등등에 대해서는 말할 필요도 없다.

혹 섬기는 일이면 섬기는 일로(12:7). 여기서 섬기는 자들은 목회자, 집사, 거룩한 일들을 돌보는 모든 자들 같이 교회의 직임을 맡아 봉사하는 모든 자들을 의미한다. 또한 하나님의 말씀을 다루는 자들 외에도, 사도가 흔히 자신의 조력자들을 얘기하듯이, 말씀 사역자들을 돕는 사람들도 있다. 특히 자신의 직분을 하찮게 여기고, 제대로 알지도 못하고 천부적인 동시에 하나님에 의해 주어진 가르침의 은사도 없으면서 가르치고 싶어 하는 야심 있는 자들은 이 명령에 반감을 갖는다. 진정으로 하나님의 부르심을 받아 가르치기 위해서는 사람이 배워서 아는 것만으로는 부족하고 하나님께서 은혜로 주신 가르침의 은사가 있어야 한다. 마태복음 9:38에서 주님께서는 "그러므로 추수하는 주인에게 청하여 추수할 일꾼들을 보내 주소서 하라"고 말씀하신다. 따라서 가르치는 재주가 있다고 할지라도 어떻게 복음을 전해야 할지 잘 모르거나, 가르침의 은사로 부르심을 받지 않은 사람들은 자신의 현재의 직분에 만족해야 한다.

아무리 의도가 선하더라도 꼭 필요한 특별한 훈련도 받지 않았고, 부르심도 없고, 가르침의 은사도 없으면서 가르침을 통하여 많은 열매를 맺고 있다고 사람들로 하여금 착각하게 만드는 것은 큰 해악이 된다. 어떤 사람을 가르치는 직분자로 부르실 때, 하나님은 그러한 은사를 이미 가진 사람들을 부르시거나, 부르심과 동시에 그런 은사를 주신다. 그러한 하나님의 은혜가 없다면, 허공을 치는 것이 되고(고전 9:26), 그들이 자랑하는 열매는 오직 그들의 허망한 상상 속에나 존재하는 것이 된다. 도처에서 주교들과 수도원장들에 의해 강단에 세워진 우둔하고 전적으로 부적격자인 사람들은 말할 것도 없다. 우리는 아무리 그렇게 하고 싶어도 그들을 부르심 받았다거나 보내심 받았다고 여길 수가 없다. 왜냐하면 부적격자이고 합당치 못한 사람들은 하나님의 진노 아래 부르심을 받았고, 이로 말미암아 우리의 죄 때문에 우리에게서 하나님의 말씀이 없어지고, 헛소리만 늘어놓는

노망난 말쟁이들만 늘어가는 것이기 때문이다.

가르치는 자면 가르치는 일로(12:7). 학식이 많지 않은데도 가르침의 은사가 있는 사람들이 많다. 어떤 사람들은 이 두 가지를 다 갖고 있는데, 이런 사람들에 해당하는 아우구스티누스, 암브로시우스, 제롬 같은 이들은 최고의 교사들이다. 그러한 은사들을 사용하지 않고 다른 일들에 관심을 갖는 사람은 사도, 아니 실제로는 하나님이 명하시는 것을 거스르는 죄를 범하는 것이다. 무엇보다도 사도는 여기서 하나님에 의해 부르심을 받은 자들을 놓고 얘기한다. 마찬가지로 하나님의 부르심이 없이는 직분이나 전하는 것이 융성할 수 없기 때문에, 사도는 자신의 모든 서신들에서 항상 자기가 부르심 받았다는 사실을 강조한다. 또한 사탄은 부르심 받지도 않은 자들이 복음을 전파하게 하는 것과 마찬가지로 역으로 부르심 받은 교사들이 가르치지 못하도록 함으로써 하나님의 말씀이 두 가지 방식으로 훼방을 받도록 만든다. 이 대목에서와 마찬가지로 고린도전서 12:28에서도 사도는 교사의 직분을 세 번째 자리에 놓는다.

위로하는 자면 위로하는 일로(12:8). 가르침은 아직 모르고 있는 사람들을 위한 것이고, 권면은 이미 알고 있는 사람들을 위한 것이라는 점에서 권면과 가르침은 서로 다르다. 교사는 토대를 놓고, 권면하는 자는 그 토대 위에 쌓아올린다. 사도는 고린도전서 3:6에서는 "나는 심었고 아볼로는 물을 주었으되"라고 말하고, 고린도전서 3:10에서는 "내가 지혜로운 건축자와 같이 터를 닦아 두매 다른 이가 그 위에 세우나"라고 말한다. 오늘날 모든 설교자들은, 말씀이 아직 전파되지 않은 곳에서 사역하는 것이 아니라면, 권면에 주의를 기울여야 한다. 왜냐하면 그들은 이미 믿음이 심겨져 있는 사람들을 양육하는 것이기 때문이다. 그러므로 권면의 은사를 가지고 이 직분으로 부르심을 받은 사람들은 다른 일에 종사해서는 안 된다. 이방인 시인인 호라티우스(Horace)가 "게으른 황소는 (말) 안장을 짊어지고 싶어 하고, 말은 쟁기질을 하고 싶어 한다"고 말한 것은 오늘날에도 그대로 적용된다. 사람은 누구나 자신의 부르심에 만족하지 않고, 남이 하는 일을 부러워한다. 로마의 극작가인 테렌티우스(Terrence)는 "우리는 우리가 하는 일에 만족하지 못하도록 그렇게 생겨 먹었다"고 말한다. 어떤 일에 자질이 있는 사람들은 그 일을 싫어하고, 그 일에 적합하지 않은 사람들은 그 일을 하려고 안달한다.

구제하는 자는 성실함으로(12:8). 가르침의 은사나 권면의 은사를 가진 사람들을 사탄이 유혹하여 하나님의 축복이 순수하고 온전한 상태로 보전되지 못하도록 하는 것과 마찬가지로, 구제하는 자들도 마귀가 그냥 놔두지 않는다. 구제하라는 계명을 범하는 두 가지 방식이 있다. 첫 번째는 덤을 붙여 되돌려 받고자 하는 마음으로 다른 사람들에게 주는 것이다. 이 악한 관습은 오늘날 놀라울 정도로 널리 퍼져 있다. 그러므로 우리는 누가복음 14:12-14에서 다음과 같은 말씀을 듣는다: "네가 점심이나 저녁이나 베풀거든 벗이나 형제나 친척이나 부한 이웃을 청하지 말라 두렵건대 그 사람들이 너를 도로 청하여 네게 갚음이 될까 하노라 잔치를 베풀거든 차라리 가난한 자들과 몸 불편한 자들과 저는 자들과 맹인들을 청하라 그리하면 그들이 갚을 것이 없으므로 네게 복이 되리니 이는 의인들의 부활시에 네가 갚음을 받겠음이라 하시더라." (루터는 되돌려 받을 것을 기대하지 않고 무조건적으로 주는 것을 염두에 두고 말한다.)

두 번째로, 구제와 관련된 계명은 상전인 사람이 아랫사람들에게 주거나 서로 직위가 같은 사람들이 서로에게 줄 때 범하게 된다. 왜냐하면 이때에는 구제함으로써 자기가 베풀었다는 것에 대한 자부심과 자랑이 생겨나서 더 큰 즐거움을 누리게 되기 때문이다.

하지만 여기에서 사도는 하나님의 말씀을 가르치는 지도자들과 관련된 구제를 말하고 있다. 이에 대해서 갈라디아서 6:6에서는 "가르침을 받는 자는 말씀을 가르치는 자와 모든 좋은 것을 함께 하라"고 말씀한다. 이러한 구제는 순수한 마음으로 이루어져야지 겉으로 드러나지 않는 숨겨진 동기로 행해져서는 안 된다. 하나님께서는 이것을 신명기 12:19에서 명하고 계신다: "너는 삼가 네 땅에 거주하는 동안에 레위인을 저버리지 말지니라." 마태복음 10:10에서 주님께서는 "일꾼이 자기의 먹을 것 받는 것이 마땅함이라"고 말씀하신다.

220 루터의 로마서 주석

다스리는 자는 부지런함으로(12:8). 다음과 같은 일이 오늘날 벌어지고 있다: 어떤 사람이 나라나 교회 직분을 맡아서 다스리게 되면, 그는 사치와 나태, 부와 쾌락, 영광과 존귀, 힘과 압제로써 다스린다. 이에 대하여 에스겔은 이렇게 쓰고 있다: "자기만 먹는 이스라엘 목자들은 화 있을진저 목자들이 양 떼를 먹이는 것이 마땅하지 아니하냐 너희가 살진 양을 잡아 그 기름을 먹으며 그 털을 입되 양 떼는 먹이지 아니하는도다 너희가 그 연약한 자를 강하게 아니하며 병든 자를 고치지 아니하며 상한 자를 싸매 주지 아니하며 쫓기는 자를 돌아오게 하지 아니하며 잃어버린 자를 찾지 아니하고 다만 포악으로 그것들을 다스렸도다." 다스림에 있어서 잣대가 되어야 하는 것은, 사도가 여기서 쓰고 있듯이, 부지런함이다. 자기를 돌보지 않는 사람만이 다른 사람들의 일을 부지런히 돌봐줄 수가 있다.

긍휼을 베푸는 자는 즐거움으로 할 것이니라(12:8). 고린도후서 9:7에서는 "각각 그 마음에 정한 대로 할 것이요 인색함으로나 억지로 하지 말지니 하나님은 즐겨 내는 자를 사랑하시느니라"고 말씀한다. 기부를 하지 않으면 부끄러움을 당한다든가 아니면 다른 어떤 이유 때문에 마지못해서 곤궁한 자를 도울 때에는 즐거운 마음으로 긍휼을 베풀 수가 없다. 이와 같이 오늘날에도 많은 사람들이 구제를 하기는 하지만, 마음에서 우러나와서 하는 것이 아니라 억지로 마지못해서 하는 경우가 많다. 구두쇠라거나 인정머리 없는 사람이라는 말을 듣고 싶지 않아서 구제를 하는 경우도 마찬가지이다.

사랑에는 거짓이 없나니(12:9). 이 말씀은 꼭 덧붙여야 했던 의미심장한 말씀이다. 왜냐하면 사랑만큼 위선적일 수 있는 것도 없고, 실제로 사랑만큼 위선에 의해 더럽혀지는 것도 없기 때문이다. 사람들이 말하고 행하는 모든 것들이 위선이라는 겉발림으로 덮여 있고, 우호라는 기만적인 겉모습으로 위장되어 있다. 두 가지 종류의 위선적인 사랑이 존재한다. 하나는 마음 속에는 미움이 있으면서, 겉으로는 사랑이라는 빛나는 모습으로 꾸며지는 경우이다. 다른 하나는 사랑이 위선적이라는 사실을 숨기지도 않고, 실제로 그 사랑이 미움이라는 것도 나타내 보이지 않는 경우이다. 이 두 종류 중간에 선한 것도, 악한 것도 말하거나 행하지 않는 자들의 위선이 있다.

악을 미워하고 선에 속하라(12:9). 이 명령은 행하기가 쉬워 보이지만, 미움과 사랑, 두려움과 소망의 감정들 때문에 사실 행하기가 대단히 어렵다. 나는 악한 것을 미워하고 선에 속한다고 진심으로 말할 수 있는 사람은 아무도 없다. 사도가 여기에서 이 명령을 적고 있는 것은 분명히 그만한 이유가 있다. 사람은 악한 것에 끌리고, 선한 것을 기피한다. 사람의 위선은 선한 것과 악한 것에 대한 무지로 말미암아 더 증대된다. 사람들은 자기가 좋아하는 것을 선이라 하고, 자기가 싫어하는 것을 악이라 한다. 그러므로 사도는 새 사람의 관점에서 선한 것과 악한 것을 염두에 두고 이 말씀을 하는 것이다.

형제를 사랑하여 서로 우애하고(12:9). 사도는 그리스도인들이 서로를 대할 때 외인들과 적들을 대할 때보다 특별한 정도로 그리고 더 온전하게 서로 사랑하여야 한다고 말하고자 한다. 그래서 사도는 갈라디아서 6:10에서 "우리는 기회 있는 대로 모든 이에게 착한 일을 하되 더욱 믿음의 가정들에게 할지니라"고 쓰고 있다. 여기서 사도는 아주 강력한 표현들을 사용하는데, 이는 형제 같이 아주 친밀하고 열렬한 사랑으로 서로 사랑하라고 말하고자 하기 때문이다.

존경하기를 서로 먼저 하며(12:10). 빌립보서 2:3에서 사도는 "겸손한 마음으로 각각 자기보다 남을 낫게 여기고"라고 말한다. 그리고 누가복음 14:10에서 주님은 "청함을 받았을 때에 차라리 가서 끝자리에 앉으라"고 말씀한다. 사도는 여기서 남을 존경하고 인정하는 것으로 나타나는 마음 속에서부터의 존중을 말하고 있다. 왜냐하면 겉으로 존중해 주는 것은 흔히 위선적이며, 자기가 더 큰 존중으로 되돌려 받기를 원하는 경우가 십상이기 때문이다. 아, 사랑으로 서로를 자기보다 낮게 여기는 것은 얼마나 큰 의무인가! 자기 자신을 하찮게 여기고 다른 모든 사람들을 자기보다 더 높여 존중하는 것은 다른 사람들에게 무언가를 주거나 몸으로 다른 사람들을 섬기는 것보다 훨씬 더 어렵다.

부지런하여 게으르지 말고(12:11). 자기 의무를 나태하게 행하고 졸려하
며 하품하는 자들은 모두 이 명령에 반감을 품을 것이다. 그런 자들은 하
는 일마다 일을 망쳐놓을 뿐이다. 이런 자들에 대하여 잠언 18:9에서는
"자기의 일을 게을리하는 자는 패가하는 자의 형제니라"고 말한다. 그런
자들은 사람들만이 아니라 하나님에게도 미움을 받는다. 이런 까닭에 사도
는 이 중대한 죄, 즉 '게으름', 또는 선한 행위를 하지 않고 회피하는 것에
대하여 따끔하게 한 마디 하고 있는 것이다. 이 악은 너무도 널리 만연되
어 있기 때문에, 사람들은 혼신의 힘을 다하여 행하는 것이 지극히 당연한
일이라는 것조차도 알지 못한다. 그런 나태한 자들을 미워하지 않는 자도,
스스로 그와 같은 일을 행하고 있는 자이다!

열심을 품고 주를 섬기라(12:11). 이 명령은 자신의 탐욕, 세상, 자신의 배
(욕망)를 섬기는 자들을 겨냥한 말이기도 하지만, 사도는 하나님의 말씀에
순종하여 하나님께서 명하신 다른 일들을 행하는 것이 아니라 자기 자신
이 선하다고 생각하는 행위들에 완강하게 집착하는 자들을 훨씬 더 염두
에 두고 이 말을 하고 있다. 그러므로 그런 자들은 하나님이 아니라 자기
자신을 섬기고 있는 것이다. 그들은 하나님의 뜻을 행하기를 거부하고, 스
스로 선택한 행위들에 집착한다. 얼마나 어리석은 자들인가! 그들은 하나
님께 순종한다고 생각하는데, 그들의 죄악된 방식을 좇느라 사실 그들은
하나님에 대한 순종을 거부하고 있는 셈이다. 그들은 주님을 섬긴다는 것
이 무엇을 의미하는지를 알지 못한다. 왜냐하면 주를 섬긴다는 것은 주께
서 우리를 어디로 부르시든 거부하지 않고 가는 것이고, 주의 뜻에 반하여
그 어떤 것을 완강히 고집하지 않는 것을 의미하기 때문이다.

소망 중에 즐거워하며(12:12). 이것은 지금 존재하는 것, 당신이 체험하고
배워서 알고 있는 것을 누리며 즐거워하지 않는 것이다. 우리가 눈으로 보
는 것을 누리며 즐거워하는 것은 헛되고 덧없는 즐거움이다. 또한 우리가
눈으로 보지 못하지만 오직 믿음으로 소유하고 있는 것을 즐거워할 수도
있다. 이것이야말로 참되고 영원하고 영속하는 즐거움이다. 그러나 먼저
우리에게 소망이 없다면, 눈에 보이지 않는 것을 즐거워할 수 없다. 마태복

음 5:4에서는 "애통하는 자는 복이 있나니 그들이 위로를 받을 것임이요"
라고 말씀한다. 그러한 애통하는 자들은 소망 중에 즐거워하는 것이다. 그
러나 우리가 바라고 의지하고 기뻐하는 모든 세상적인 것들을 물리쳐야만,
아니 이에 덧붙여 세상으로부터 구별되어서 더 이상 세상의 좋은 것들 속
에서 즐거움을 찾지 않게 되어야만 그렇게 소망 중에 기뻐하는 일이 우리
에게 가능해진다. 그런 상태를 기꺼이 견디면, 우리는 소망에 도달하게 되
고, 소망을 통해서 즐거워하는 데까지 이르게 된다.

환난 중에 참으며(12:12). 로마서 5:3-5에서 사도는 "환난은 인내를, 인
내는 연단을, 연단은 소망을 이루는 줄 앎이로다 소망이 우리를 부끄럽게
하지 아니함"이라고 말한다. 즉, 소망은 우리를 행복하고 유쾌하고 두려
움 없도록 만든다.

기도에 항상 힘쓰며(12:12). 이 말씀은 모든 그리스도인들, 특히 모든 사
역자들이 경청하고 깊이 숙고해야 하는 경종을 울리는 말씀이다. 이 말씀
은 참된 기도에는 완전한 헌신이 요구된다고 서술한다. 이 권면은 근거 없
이 하는 말씀이 아니다. 옛 교부들도 "하나님께 기도하는 것만큼 어려운
일은 없다"고 말하곤 했다. 그러한 기도는 깨어지고 통회하는 심령과 아울
러 고양되고 승리에 찬 심령을 요구한다.

성도들의 쓸 것을 공급하며(12:13). 성경 전체에서와 마찬가지로 사도도
"성도들"이라는 말을 그리스도를 믿는 모든 자들이라는 의미로 사용한다.
고통을 받고 있는 그리스도인들의 곤경에 무관심한 자들은 이 명령에 거
슬러 죄를 짓는 것이다. 여기서 사도는 핍박을 받고 자신의 모든 소유들을
빼앗긴 믿는 자들을 말하고 있다. 오늘날 성도들은 익명 속에서 살아가기
때문에, 그들의 곤경을 사람들은 알지 못한다. 성도들은 사람들과 마귀에
의해 쓰라린 시험을 받는다. 그러므로 부당한 일을 당하고 있는 성도들을
돕고 위로해야 마땅한 일이다.

손 대접하기를 힘쓰라(12:13). 이 의무를 사도는 디도서와 디모데서(딛
1:8; 딤전 3:2)에서도 강권한다. 그러나 여기서 사도는 모든 그리스도인
전체를 향하여 말하고 있다. 히브리서 13:2에서는 "손님 대접하기를 잊지

말라 이로써 부지중에 천사들을 대접한 이들이 있었느니라"고 말씀한다.
즉, 그들은, 아브라함 및 롯이 그랬던 것처럼(창 18:2 ff.; 19:1 ff.), 천사
들을 대접하고도 이를 알지 못했다는 것이다. 이와 같이 오늘날에도 우리
는 부지중에 성도들을 대접하기도 하고 대접하기를 거부하기도 하는 일이
많다. 물론 여기서 사도는 되받을 기대를 전혀 하지 않고 사랑의 마음으로
거저 베푸는 대접을 말한다. 다른 종류의 대접은 이방인들도 행하고 있다.

높은 데 마음을 두지 말고(12:16). 사도는 세상에서 지체가 높다고 해서
존중하거나 세상에서 하찮다고 해서 싫어하는 일이 없도록 해야 한다고
말하려고 한다. 비천한 자들에게 애정어린 관심을 쏟고 그들을 좋아하라.
성 아우구스티누스도 자신의 좌우명에서 "부요한 부모의 높은 지체를 자
랑하지 말고, 가난한 형제들의 형제애를 자랑하라"고 말한다.

스스로 지혜 있는 체하지 말라(12:16). 이 말씀은 스스로 우쭐하고 완강하
고 완악한 자들을 겨냥한 것이다. 성경은 그런 자들을 목이 곧고 믿음이
없는 자들이라고 부른다. 모든 사람들이 이 악덕에 이끌리기 때문에 이 악
덕으로부터 완전히 자유로운 사람들을 찾아보기 어렵다는 것이 이상하다.
이치에 맞는 갖가지 논거를 통해 무엇이 옳은가에 대해서 확신이 섰음에
도 불구하고 어떤 충고도 받아들이지 않는 사람들이 있다. 그런 자들은 분
열을 일으키고, 평화를 깨고, 믿음의 하나됨을 파괴하는 가장 악한 자들이
다. 이런 까닭에 사도는 에베소서 4:3에서는 "평안의 매는 줄로 성령이 하
나 되게 하신 것을 힘써 지키라"고, 빌립보서 2:2에서는 "마음을 같이하여
같은 사랑을 가지고 뜻을 합하며 한마음을 품어"라고 말한다.

아무에게도 악을 악으로 갚지 말고(12:17). 시편 37:27에는 "악에서 떠나
선을 행하라"는 말씀이 있다. 베드로전서 3:9에서 성 베드로는 이 절을
"악을 악으로, 욕을 욕으로 갚지 말고 도리어 복을 빌라"는 말로 설명한다.
즉, 악을 행하지 말아야 할 뿐만 아니라, 악을 악으로 갚아서도 안 된다는
말이다. 누가복음 9:55을 보면, 제자들이 자기들을 박대한 사마리아인들
위에 하늘로부터 불이 내려왔으면 좋겠다고 하자, 그리스도께서 그들을 꾸
짖는 말씀이 나온다: "너희는 무슨 정신으로 말하는지 모르는구나." 우리

는 "사람의 생명을 멸망시키러 온 것이 아니요 구원하러 왔노라"(눅 9:56).

모든 사람 앞에서 선한 일을 도모하라(12:17). 베드로전서 2:12에서는 "너희가 이방인 중에서 행실을 선하게 가져 너희를 악행한다고 비방하는 자들로 하여금 너희 선한 일을 보고 오시는 날에 하나님께 영광을 돌리게 하려 함이라"는 말씀이 나온다. (또한 디모데전서 5:14, 디도서 3:1, 고린도전서 10:32 이하도 참조하라.) 이 명령으로부터 성 아우구스티누스의 저 유명한 규칙이 나왔다: "선한 평판에 관심을 두지 않는 자는 냉담한 사람이다. 너는 개인적으로 선한 양심을 갖는 것만으로 충분하겠지만, 네 이웃에게는 너의 선한 평판이 꼭 필요하다."

그리함으로 네가 숯불을 그 머리에 쌓아 놓으리라(12:20). 성 아우구스티누스는 이렇게 말한다: "우리는 이 말을 이렇게 이해해야 한다: 우리는 우리를 해치는 자들을 선대함으로써 그들을 회개로 이끌어야 한다. 왜냐하면 그러한 '숯불', 즉 선한 행위들은 그의 영혼을 먹어치우거나 그를 슬픔에 잠기게 하기 때문이다." 이와 같이 하나님은 그런 자들에게 선하심을 보이심으로써 회심시킬 자들을 회심시키신다. 오직 이런 방식을 통해서만, 즉 양선과 사랑을 보임으로써만 우리는 한 사람을 회심시킬 수 있다. 위협이나 공포 때문에 회심을 한 사람은 겉으로만 회심이라는 모습을 띠고 있을 뿐 진정으로 회심한 것이 아니다. 왜냐하면 두려움은 미움을 낳기 때문에, 두려움으로 회심한 사람은 그렇게 자기를 회심시킨 삶을 미워하기 때문이다. 그러나 사랑으로 인하여 회심한 사람은 다른 어떤 사람이 자기에 대하여 화내는 것보다 더 많이 자기 자신에게 화내고 자신의 존재 전체로서 자기 자신을 대항하게 되기 때문이다. 그런 사람에게는 어떤 것을 하지 말라고 하거나 그에게서 만족할 만한 것을 요구하거나 할 필요가 없다. 왜냐하면 사랑이 그에게 모든 올바른 것들을 가르칠 것이기 때문이다. 그러므로 원수에게 베푸는 선한 행위들은 "숯불"이 된다.

악에게 지지 말고 선으로 악을 이기라(12:21). 즉, 너희를 해치는 자가 너희를 자기와 똑같은 사람, 즉 악한 사람으로 만들지 못하도록 하라는 것이

다. 또한 그의 악함으로 너희의 선함을 이기지 못하게 하라. 오히려 너희의
양선함이 그의 악의를 이겨서 그를 선한 사람으로 변화시켜라. 성 그레고
리우스(St. Gregory)는 "보복으로 원수를 이기는 것보다 침묵으로 원수의
분노를 피하는 것이 더 멋진 일이다"라고 쓰고 있다. 잠언 26:4에는 "미련
한 자의 어리석은 것을 따라 대답하지 말라 두렵건대 너도 그와 같을까
하노라"는 말씀이 있다. 미련한 자의 어리석은 짓거리에 똑같은 식으로 반
응하고 대꾸했다가는 악에 져서 그 미련한 자와 똑같은 사람이 되어서, 그
미련한 자를 더 나아지게 만들기는커녕 오히려 똑같은 어리석은 짓에 빠
져버리기 십상이다. 그러나 선으로 악을 이기는 자는 미련한 자에게 대응
을 하되, 그 미련한 자가 더 이상 스스로를 지혜롭다고 여기지 않고 자신
의 우매함을 깨닫고 그것을 싫어하며 뉘우치게 만든다.

로마서 13장

13장의 내용 : 사도는 아랫사람들에게 윗사람들에게 순복하고 그들을 사랑하고 도우라고 가르친다.

믿는 자들은 하나님과 양심을 위하여 위정자들에게 복종하여야 한다

각 사람은 위에 있는 권세들에게 복종하라 권세는 하나님으로부터 나지 않음이 없나니 모든 권세는 다 하나님께서 정하신 바라 그러므로 권세를 거스르는 자는 하나님의 명을 거스름이니 거스르는 자들은 심판을 자취하리라 다스리는 자들은 선한 일에 대하여 두려움이 되지 않고 악한 일에 대하여 되나니 네가 권세를 두려워하지 아니하려느냐 선을 행하라 그리하면 그에게 칭찬을 받으리라 그는 하나님의 사역자가 되어 네게 선을 베푸는 자니라 그러나 네가 악을 행하거든 두려워하라 그가 공연히 칼을 가지지 아니하였으니 곧 하나님의 사역자가 되어 악을 행하는 자에게 진노하심을 따라 보응하는 자니라 그러므로 복종하지 아니할 수 없으니 진노 때문에 할 것이 아니라 양심을 따라 할 것이라 너희가 조세를 바치는 것도 이로 말미암음이라 그들이 하나님의 일꾼이 되어 바로 이 일에 항상 힘쓰느니라 모든 자에게 줄 것을 주되 조세를 받을 자에게 조세를 바치고 관세를 받을 자에게 관세를 바치고 두려워할 자를 두려워하며 존경할 자를 존경하라(13:1-7).

여기 이 단락에서 사도는 그리스도인들에게 외부 사람들, 특히 통치권을

쥐고 있는 자들에게 어떻게 처신해야 하는지를 가르친다. 유대인들의 생각과는 대조적으로, 사도는 그리스도인들이 악한 자와 믿지 않는 자들에게도 복종하여야 한다고 가르친다. 따라서 베드로전서 2:13-15에서도 "인간의 모든 제도를 주를 위하여 순종하되"라고 말씀한다. 통치자들이 악하고 믿지 않는 자들이라 할지라도, 그들이 지니고 있는 통치권 자체는 선하고 하나님께로부터 나온 것이다. 그래서 우리 주님께서는 우리 모두에게 본을 보이기 위하여 빌라도에게 스스로를 복종시켜 "위에서 주지 아니하셨더라면 나를 해할 권한이 없었으리니"(요 19:11)라고 말씀하셨다. 그리스도인들은 기독교를 핑계로 권세자들에게 복종하기를 거부해서는 안 된다 — 비록 그들이 악할지라도.

그런데 유대인들은, 요한복음 8:33에서 "우리가 아브라함의 자손이라 남의 종이 된 적이 없거늘"이라고 말하는 데서 알 수 있듯이, 권세자들에게 복종해서는 안 된다고 생각하였다. 그러므로 사도는 그리스도인들이 세상 정부들의 권세를 존중해야 하고, 은혜로 주어진 자유함을 악의를 감추는 외투로 사용해서는 안 된다고 명한다. 이와 같이 성 베드로도 베드로전서 2:16에서 "너희는 자유가 있으나 그 자유로 악을 가리는 데 쓰지 말고 오직 하나님의 종과 같이 하라"고 말한다.

앞 장에서 사도는 그리스도인들이 교회 제도를 무질서로 빠뜨려서는 안 된다고 가르쳤다. 여기서 사도는 그리스도인들이 세속의 통치를 침해해서는 안 된다고 가르친다. 왜냐하면 이 두 제도는 둘 다 하나님께 속한 것이기 때문이다. 전자는 속사람 및 그 관심사를 지도하고 화평케 하고, 후자는 겉사람 및 그 관심사를 지도하고 화평케 하기 때문이다. (즉, 교회는 그리스도인으로서의 사람을 지도하고, 국가는 시민으로서의 사람을 지도한다.) 현세에서 속사람은 겉사람 없이 존재할 수 없다. (그러니까, 믿는 자는 은혜의 나라와 권세의 나라, 이 두 나라를 통해 그리스도를 섬긴다.)

각 사람은 위에 있는 권세들에게 복종하라(13:1). "각 사람"이라고 할 때에 "각 영혼"(every soul)이라는 표현을 사용한 데에는 어떤 숨은 의미가 있을까? 아마도 사도는 그리스도인들은 마음에서 우러나오는 진지한 복종을 나타내보여야 한다는 생각을 강조하고자 한 것 같다. 또한 사도가 이런 식으로 말하는 것은 영혼(soul)은 육신(body)과 영(spirit) 사이에 있기 때문이다. 이렇게 사도는 믿는 자가 단번에 모든 만물 위로 높아졌지만 동시에 아직도 만물에 종속되어 있음을 보인다. 그리스도께서 그랬던 것처럼, 이중적인 존재인 그리스도인은 자기 자신 안에 두 가지 형태를 지닌다. 영에 따르면, "만물이 다 너희 것임이라 바울이나 아볼로나 … 지금 것이나 장래 것이나 다 너희의 것이요"라는 고린도전서 3:21, 22의 말씀처럼, 믿는 자는 만물의 주(主)이다.

믿음을 통하여 그리스도인은 만물을 자기에게 복종하게 만든다. 왜냐하면 그리스도인은 만물에 의해 지배당하지도 않고 만물을 의지하지도 않기 때문이다. 그리스도인은 만물로 하여금 자신의 영원한 영광과 구원에 봉사하도록 만든다. 이것이 우리 그리스도인들이 하나님을 섬기고 하나님과 함께 왕으로서 다스린다는 것의 의미이다. "그들로 우리 하나님 앞에서 나라와 제사장들을 삼으셨으니 그들이 땅에서 왕 노릇 하리로다"라는 요한계시록 5:10의 말씀대로, 이것은 영적 통치이다.

세상을 정복하고 복속시키는 가장 좋은 방법은 세상을 하찮게 여기는 것이다. 그러므로 믿는 자의 영은 그 어떤 것에 종속되지 않고, 종속될 수도 없다. 믿는 자의 영은 그리스도와 함께 높아지고, 만물은 그의 발 아래 엎드려 있다. 사람에 있어서 '혼'(soul)은 '영'(spirit)과 동일하지만, 혼이 살아서 활동하고 눈에 보이는 세상과 땅에 속한 것들을 섬기는 한에서는, 사람의 혼은 "인간의 모든 제도를 주를 위하여" 복종하여야 한다(벧전 2:13). 이 복종을 통하여 사람의 혼은 하나님께 순종하고, 하나님이 원하시는 것을 원한다. 이 복종을 통하여 사람의 혼은 지금 현재에서 이 속된 세상을 이긴다.

모든 권세는 다 하나님께서 정하신 바라(13:1). 파베르 스타풀렌시스 (Faber Stapulensis)는 이 구절을 "하나님의 권세들이 있는 곳마다, 그 권세들은 하나님의 정하신 바이다"라고 설명한다. 이와 관련하여 그는 두 종류의 통치 권력을 말한다: 하나님이 세우신 권력과 하나님이 세우지 않은 권력. 하지만 이러한 설명을 나는 좋아하지 않는다. 왜냐하면 하나님이 세우지 않은 권력이란 없기 때문이다. 다만 때로 하나님이 정하지 않은 방식들을 따라 권세가 찬탈되고 행사될 뿐이다. 하나님의 그 밖의 다른 축복들도 잘못 사용되지만, 그렇다고 해서 그 가치가 상실되는 것은 아닌 것과 마찬가지이다. 예를 들면, 돈을 훔쳤다고 해서 그 돈이 악해지는 것은 아니다. 그러므로 우리는 이 구절을 이렇게 설명해야 한다: 통치 권력이 있는 곳마다, 그 권력은 하나님이 세우신 것이다. 즉, 권세들이 존재하는 곳마다, 그 권세들은 오로지 하나님이 정하신 바이다. 이 구절의 의미는 "하나님께 속하지 않은 권세란 없다"라는 것과 똑같다. 그러므로 권세들이 존재하고 융성하는 곳마다, 그 권세들은 하나님이 그 권세들을 정하셨기 때문에 존재하고 융성하는 것이다.

다스리는 자들은 선한 일에 대하여 두려움이 되지 않고 악한 일에 대하여 되나니(13:3). 다스리는 자들, 즉 통치자들은 우리에게 선행들을 하지 말라고 막지 않고 오직 악을 막는다. 여기에 권세들의 정당성이 있고, 이로써 권세들은 칭찬을 받는다. 설령 권세들을 멸시하는 것이 하나님을 언짢게 해드리는 것이 아니라고 할지라도, 통치자들은 우리에게 악행이 아니라 선행을 강제하는데, 우리가 통치자들을 멸시할 이유가 어디에 있겠는가?

그는 하나님의 사역자가 되어 네게 선을 베푸는 자니라(13:4). 악한 자들(통치자들)이 하나님을 섬기고자 하지 않는다고 할지라도, 하나님께서는 통치자들이 소유하고 있고 또 잘못 사용하는 선, 즉 그들에게 정하신 통치 권력이 하나님을 섬기지 않을 수 없도록 모든 것들을 이끌어 나가신다. 이런 이유로 바벨론 왕은 비록 악한 우상숭배자였음에도 불구하고, 하나님은 선지자들을 통하여 그를 "내 종"이라 부르신다(cf. 렘 25:9; 27:6).

우리는 오늘날 자욱하게 널리 퍼져있는 두터운 흑암에 놀란다. 교회의 자유와 그 권리들, 교회의 자산들과 힘들이 공격받을 때보다, 세속적인 것들을 향하여 게걸스럽게 탐하는 넓게 열린 입들을 지닌 성직자들을 더 화나게 하는 것은 없다. 그러한 '범법자들'을 향하여 성직자들은 저주들을 퍼붓는다. 성직자들은 그들이 이단자들이라고 공개적으로 선언하고, 촉각을 곤두세우며 오만한 자세로 그들을 하나님과 교회와 베드로와 바울의 적이라고 단죄한다. 그러면서 한편으로 성직자들은 자기들이 하나님의 벗인지, 아니 적어도 자기들이 그들의 권리와 힘에 대해 의문을 제기하는 사람들과 마찬가지로 하나님의 적은 아닌지에 대해서는 전혀 관심이 없다. 이렇게 그들은 그들이 지닌 세속적인 소유들을 보존하고 늘리고 방어하는 행위를 믿음이요 순종이라고 말해 왔다! 교만하고, 음탕하고, 인색하고, 다투기 좋아하고, 신경질적이고, 배은망덕한 자가 있다고 하자. 정말 디모데후서 3:2 이하의 악덕 목록에 나오는 온갖 악을 저지르고 있는 자가 있다고 하자. 그가 저지른 범죄는 하늘에까지 닿아 있는 형편이다. 그럼에도 불구하고 그가 교회의 권리와 자유를 수호한다면, 그는 가장 경건한 그리스도인이 된다. 그러나 교회의 권리와 자유를 무시한다면, 그가 누구라도 그는 더 이상 교회의 신실한 아들도 아니고 벗도 아니다.

이 절을 이와 같이 오늘날의 상황에 실제적으로 적용해 보면, 본문을 이해하는 데 많은 유익을 얻을 수 있다. 아울러 내가 이렇게 말하는 이유는 나의 사도적 권위(루터가 공식적인 성경 박사로 임명된 것을 말함), 즉 내가 가르침의 직분을 수여받았기 때문이다. 아무리 다스리는 자라 할지라도 그가 잘못을 범하면 지적해야 하는 것이 나의 임무이다.

그러나 여기서 사도가 갈라디아서 5:13에서 "형제들아 너희가 자유를 위하여 부르심을 입었으나 그러나 그 자유로 육체의 기회를 삼지 말고 오직 사랑으로 서로 종 노릇 하라"고 말씀하고, 고린도전서 7:23에서 "너희는 값으로 사신 것이니 사람들의 종이 되지 말라"고 말씀한 이유를 묻는 사람이 있을 것이다.

이에 대하여 나는 "자유"와 "종 노릇"이 서로 다른 의미로 사용되고 있다고 대답하고자 한다. 사도는 종 노릇이라는 말을 비유적인 의미로 사용하는데, 이에 의하면 사람은 세속적인 일들과 사업상의 거래들에 관여하게 되면 자신의 자유를 상실하고 종이 되어 버린다.

또한 아주 소중한 종 노릇도 있다. 이에 대해서 사도는 갈라디아서 5:13에서 "사랑으로 서로 종 노릇 하라"고 말씀한다. 또한 고린도전서 9:19에서 사도가 자기는 자유하게 되었지만 더 많은 사람을 얻고자 하여 모든 사람의 종이 되었다고 말할 때에도 바로 그러한 종 노릇을 염두에 두고 있다. 이러한 종 노릇은 아무것도 요구하지 않고, 아무것도 취하지 않고, 오직 주고 나눠주는 가장 큰 자유로서, 그리스도인들에게서만 진정으로 찾아볼 수 있는 가장 영광스러운 자유, 아니 유일한 자유이다. 또한 사도는 이 장에서 "피차 사랑의 빚 외에는 아무에게든지 아무 빚도 지지 말라" (13:8)고 말할 때에도 바로 그러한 자유를 명시적으로 얘기하고 있는 것이다. 이것은 좋은 의미에서의 영적 종 노릇이다. 모든 것들은 그리스도인들을 섬긴다. 왜냐하면 그들에게는 "모든 것이 합력하여 선을 이루"기 때문이다(8:28). 하지만 그들 자신은 그 누구의 종도 아니다. 왜냐하면, 이미 말한 대로, 그들은 그 누구도 필요로 하지 않기 때문이다.

영적인 성격을 지니는 또 하나의 종 노릇이 있는데, 그것은 최악의 종 노릇이다. 이 종 노릇에 맞서 사도는 그리스도인들을 위하여 자신의 모든 힘을 다해서 싸운다. 그것은 무엇이냐 하면, 사람들이 그리스도인들은 율법 전체와 그 모든 짐들에 복종해야 한다고 믿는 것이다. 즉, 그들은 율법의 그러한 외적 행위들이 구원에 꼭 필요하다는 생각을 지니고 있다. 이렇게 생각하고 믿는 사람들은 여전히 종으로 남게 되고, 결코 구원을 받지 못할 것이다. 왜냐하면 그들은 율법을 섬기고, 율법은 그들의 어리석은 신념과 비틀린 양심으로 인해 그들을 지배하기 때문이다.

오직 그리스도에 대한 믿음 이외의 방식으로 구원받기를 원하는 자들은 모두 이 부류에 속한다. 그런 자들은 염려와 근심 가운데 자신의 많은 의로운 행위들을 통해서 율법을 만족시키고자 한다. 물론 바울 사도를 비롯해서 영적인 사람들도 그러한 행위들을 해왔고, 오늘날에도 그런 행위들을 하고 있다는 것은 사실이지만, 이들은 그러한 행위들을 하는 것을 그들에게 주어진 특권으로 여겨서 그렇게 하는 것일 뿐이다. 이에 반해 저 위선자들은 마치 행위들이 구원에 꼭 필요한 것이라도 되는 것처럼 생각해서 스스로를 행위들에 꽁꽁 묶어 놓는다. 그들은 자유의지에서가 아니라 어쩔 수 없어서 선행들을 한다. 그러니까 그들은 구원에 꼭 필요하다고 해서 선행들을 하는 것이기 때문에, 내심으로는 그런 선행들이 구원에 필요하지 않다면 좋겠다고 생각한다. 이러한 종 노릇은 우리 시대에 널리 퍼져 있다.

이를 토대로 우리는 사도행전에서 사도가 왜 의식(儀式)에 관한 율법은 지키지 않아도 된다고 스스로 전파했으면서도 스스로 결례(潔禮)를 행하고(행 21:26) 디모데에게 할례를 받게 하였는지를 쉽게 이해하게 된다(행 16:3). 영에 있는 자들(믿는 자들)은 이러한 외적인 모든 행위들을 할 필요가 없다.

하지만 세속적 권세와 관련하여 사도는 그리스도인의 자유라는 문제를 고려하지 않는다. 왜냐하면 이것은 영적 종 노릇이 아니라 모든 사람들과 관련되어 있기 때문이다.

믿는 자들은 서로 사랑하여야 한다

피차 사랑의 빚 외에는 아무에게든지 아무 빚도 지지 말라 남을 사랑하는 자는 율법을 다 이루었느니라 간음하지 말라, 살인하지 말라, 도둑질하지 말라, 탐내지 말라 한 것과 그 외에 다른 계명이 있을지라도 네 이웃을 네 자신과 같이 사랑하라 하신 그 말씀 가운데 다 들었느니라 사랑은 이웃에게 악을 행하지 아니하나니 그러므로 사랑은 율법의 완성이니라(13:8-10).

피차 사랑의 빚 외에는 아무에게든지 아무 빚도 지지 말라(13:8). 즉, 사랑 외에는 어떤 것들에 네 자신이 얽매어서는 안 되고 자유로워야 한다는 말이다. 사랑은 지속되어야 하고, 이 사랑을 너희는 점점 더 따라야 한다.

네 이웃을 네 자신과 같이 사랑하라(13:9). 사람은 본성상 그릇된 방식으로 자기 자신을 사랑한다. 사실 사람은 오직 자기 자신만을 사랑한다. 사람이 이웃을 자신의 자리에 두지 않는다면, 사람의 이 왜곡된 품성은 고쳐질 수 없다.

사랑은 이웃에게 악을 행하지 아니하나니(13:10). 사랑은 자기가 사랑하는 대상에게 선을 행하기 때문에 훨씬 더 많은 일을 한다. 미움을 받아도 악을 견뎌내고, 선량한 품성을 지니고 선을 행하는 것이 바로 사랑의 본성이다.

그러므로 사랑은 율법의 완성이니라(13:10). 이 명령은 두 가지 의미로 이해할 수 있다. 첫 번째는 이웃과 자기 자신을 둘 다 사랑하라는 명령으로 이해하는 것이다. 두 번째로는 이 명령을 다른 이유가 끼어들 여지 없이 오직 사랑하기 때문에 오직 이웃만을 사랑하라는 의미로 이해할 수도 있다. 나는 이 후자의 해석을 훨씬 더 좋아한다. 왜냐하면 사람은 본성이 타락하여 악하여서 다른 무엇보다도 자기 자신을 사랑하기 때문이다. 그래서 사람은 모든 것들 속에서 자기 자신을 추구하고, 이웃과 친구를 사랑할 때조차도 자기 자신 때문에 모든 것들을 사랑한다. 모든 것들 속에서 그는 오직 자기 자신만을 챙긴다.

그러므로 이 명령의 뜻은 이루 헤아릴 수 없이 깊고, 그리스도인이라면 누구나 양심에 따라 스스로를 살피는 가운데 이 점을 철저하게 짚어보아야 한다. "네 자신과 같이"라는 말을 통해 모든 위선적인 사랑은 배제된다. 그런 까닭에 돈이나 명예, 학식, 힘을 가지고 있거나 호감이 가고 편안한 이웃을 사랑하고, 가난하고 비천하고 무지하고 밉살스럽고 유순하고 촌스러운 이웃을 사랑하지 않는다면, 그것은 명백히 위선적인 사랑이 될 것이다. 그런 사람은 이웃을 그 자체로 사랑하는 것이 아니라 그 이웃이 소유하고 있는 것 때문에 사랑하는 것이므로, 그것은 "네 자신과 같이" 사랑하는 것이 아니라 자기 자신의 이익을 따라 사랑하는 것이다. 만약 자기가 가난하고 어리석고 절대적으로 '하찮은 사람'인 경우에는, 그럼에도 불구하고 그는 자기 자신을 사랑할 것이다. 스스로를 혐오할 정도로 쓸모없는 사람은 없을 것이기 때문이다.

그러므로 이 명령은 우리에게 매우 어려운 것을 요구하고 있는 것이다. 이 명령을 바르게 연구해 보면, 이 명령이 매우 어렵다는 것을 알게 될 것이다. 강도나 위해, 살인을 당하고, 자신의 결혼 생활이 간음으로 말미암아 붕괴되고, 위증으로 고통을 당하며, 중상모략을 받고, 다른 사람이 자신의 소유를 탐내는 일이 일어나기를 바라는 사람은 아무도 없다. 그러나 이웃이 이러한 온갖 나쁜 일들로 고통을 겪기를 원치 않는 마음을 지니고 있지 않다면, 그는 벌써 이 명령을 범하는 죄를 짓고 있는 것이다. 이런 이유로 이 명령은 마태복음 7:12에 나오는 우리 주님의 명령을 포괄한다: "무엇이든지 남에게 대접을 받고자 하는 대로 너희도 남을 대접하라 이것이 율법이요 선지자니라."

이 명령을 피상적으로 생각하고 받아들이는 사람들에게는 이 명령이 아주 시시하게 보일 것이다. 그러나 이 명령을 구체적인 사례들에 적용한다면, 우리는 이 명령에서 유익한 교훈을 무한정으로 끌어낼 수 있다. 사실 그럴 때에야 우리는 비로소 이 명령에서 모든 상황에 맞는 가장 신뢰할 만한 지침을 끌어낼 수 있다. 그러나 사람들은 이 명령을 지키기는커녕 점점 더 많이 범하는데, 잘 몰라서 범하는 경우도 있고, 주의를 기울이지 않아서 범하는 경우도 있다. 이 모든 것들은 이 기준을 그들의 실제적인 행위에 적용하는 것이 아니라 자기가 '선한 의도'를 지니고 있다는 것만으로 만족하기 때문에 일어난다.

예를 들면, 부자들은 사제들이 교회와 기념비들을 세우는 것을 돕기 위하여 재산을 축적한다. 만약 부자들이 가난한 자들을 세심하게 배려한다면, 가난한 자들이 스스로를 위해서는 아무것도 요청하지 않고 모든 것을 교회에 드리기를 원한다고 할지라도, 부자들은 자기들이 무엇을 해야 할지를 저절로 알게 될 것이다. 마찬가지로 세상의 왕들과 주교들은 유물을 얻기 위하여 서로 경쟁하고, 자기에게 우선권이 주어지기를 바란다. 그렇지만 이 두 부류는 경건의 모습을 유지하는 데는 신경을 쓰지만 유물을 찾는 일을 계속하고, 아무도 상대방에게 양보하지 않는다. 이는 성 프란체스코 수도회의 규율을 가장 엄격하게 지키는 엄수파들(Observantines)이 하나님의 이름을 내걸고 서로 다투지만, 사랑의 계명을 지키는 것이 아닌 것과 같다.

그러나 이 사랑의 계명을 진지하게 생각하고 자신의 삶에 적용하고자 하는 자는 '자기 자신 속에 일깨워진 행위들'에 의지하지 말고, 자신의 삶 전체에 있어서의 모든 행위, 말, 사고를 이 계명에 비추어 측량하고, 이웃과 관련하여 "나는 이웃이 나를 위해 무엇을 해주기를 바라는가?"를 항상 스스로에게 물어보아야 한다. 그런 다음에 이것을 명심하고, 그는 자기 이웃에게 이와 동일하게 행하고자 해야 할 것이다. 그러면 모든 말다툼, 헐뜯음, 불화는 곧 사라지고, 온갖 미덕들이 줄을 지어 따라올 것이다. 온갖 종류의 은혜, 온갖 종류의 거룩, 그리고 사도가 여기서 말하고 있는 대로, "율법을 이루는 일"이 일어나게 될 것이다.

이렇게 행하고자 하는 사람은 자신의 잘못들을 알고, 스스로를 낮추며, 하나님을 두려워하는 법을 철저하게 배워야 할 것이다. 그렇게 하지 않는다면, 그는 자기 자신을 거룩한 것으로 착각하게 될 것이다. 또한 그는 남들이 자기에게 친절하고 시중들고 섬겨주기를 무척 바라면서도 스스로는 이웃을 돕는 데 게으른 자신의 모습을 매우 자주 발견하게 될 것이다. 또한 그는 자기가 형제들의 적이요 배신자요, 비방하는 자로서 머리 끝에서 발 끝까지 죄악들로 가득 차 있음을 발견하게 될 것이다.

이런 이유로 사도는 "각각 자기 일을 돌볼 뿐더러 또한 각각 다른 사람들의 일을 돌보아"라는 빌립보서 2:4의 말씀과 "자기의 유익을 구하지 아니하며"라는 고린도전서 13:5의 말씀에서도 이 사랑을 명령한다. 즉, 사랑은 우리를 움직여서 스스로를 부인하고 이웃에게 눈길을 돌리게 만들고, 스스로에 대한 사랑을 벗어버리고 남들에 대한 사랑을 입게 만들며, 자기 자신을 맨나중에, 이웃을 맨처음에 놓게 만든다. 그렇게 되면, 아울러 우리는 이웃이 우리에게 해주기를 원하는 것, 우리가 이웃을 위해 할 수 있는 것을 생각하게 될 것이다. 그때에 우리는 이 틀림없고 믿을 만한 사랑의 원리로부터 가르침을 받아서 무엇을 해야 할지를 알게 될 것이다.

세속적이든 영적이든 많은 축복들이 우리가 스스로 원하고 요청해서 이루어진 것과 마찬가지로, 많은 잘못들도 우리가 원해서 저지르게 된다. 왜냐하면 이 모든 것들을 우리는 이웃에게 빚지고 있으면서도 우리 자신은 이웃을 위해 그런 것들을 해주기를 별로 원하지 않기 때문이다. 만약 자기를 부인하고 자기에게 좋은 그 어떤 것을 남들에게 아무것도 원하지 않는다면, 우리는 그 어떤 사람에게도 빚지지 않게 될 것이다. 그렇게 되면, 이 계명은 깊고 먼 곳에 이르게 된다!

믿는 자들은 모든 어둠의 일들을 벗어버려야 한다

또한 너희가 이 시기를 알거니와 자다가 깰 때가 벌써 되었으니 이는 이제 우리의 구원이 처음 믿을 때보다 가까웠음이라 밤이 깊고 낮이 가까웠으니 그러므로 우리가 어둠의 일을 벗고 빛의 갑옷을 입자 낮에와 같이 단정히 행하고 방탕하거나 술 취하지 말며 음란하거나 호색하지 말며 다투거나 시기하지 말고 오직 주 예수 그리스도로 옷 입고 정욕을 위하여 육신의 일을 도모하지 말라(13:11-14).

자다가 깰 때가 벌써 되었으니(13:11). 전에도 사도는 가르침(indoctrination)과 권면(exhortation)을 구별했듯이, 사도는 먼저 우리를 가르친 후에 이제 우리를 훈계한다. 가르침은 모르는 자들을 위한 것이고, 권면은 이미 알고 있는 자들을 위한 것이다. 이런 이유로 사도는 처음 배우는 자들에게는 적당하지 않은 은유적이고 비유적인 표현들도 사용하고 있는 것이다.

고린도전서 15:34에서는 "깨어 의를 행하고 죄를 짓지 말라"고 말씀하시고, 에베소서 5:14에서는 "잠자는 자여 깨어서 죽은 자들 가운데서 일어나라 그리스도께서 너에게 비추이시리라"고 말씀한다. 이 절에서와 마찬가지로 이 말씀들을 통해서 사도는 죄 안에서 살면서 무력하게 됨으로써 영이 잠자고 있는 상태를 가리키는 영적 잠을 말하고 있음이 틀림없다. 그러한 영적 잠을 경계하여 그리스도는 복음서에서 자주 "깨어 있으라"는 명령을 통해서 우리를 훈계한다. 여기서 사도가 말하는 영적 잠을 자는 사람은 죄와 불신으로 완전히 죽어 있는 사람들이나 죽을 죄들 가운데서 살아가는 명목상의 믿는 자들이 아니라 선한 행위들을 하는 데 게으르고 안도감에 빠져 잠들어 있는 그리스도인들을 가리킨다. "사람아 주께서 선한 것이 무엇임을 네게 보이셨나니 여호와께서 네게 구하시는 것은 오직 정의를 행하며 인자를 사랑하며 겸손하게 네 하나님과 함께 행하는 것이 아니냐"는 미가서 6:8의 말씀처럼, 사도는 그리스도인들이 진지한 노력을 통해서 앞으로 전진해 나아가기를 바란다.

그리스도인으로서의 자신의 삶에 별 관심이 없고 여호와를 경외하는 마음으로 깨어있지 않고 앞으로 나아가지 않는 자들은 쟁기에 손을 잡고 뒤를 돌아보는 자들이다(눅 9:62). 그런 자들은 "경건의 모양은 있으나 경건의 능력은 없는 자들"(딤후 3:5)이다. 몸으로는 애굽을 떠나왔으나, 마음으로는 애굽으로 되돌아가고 있는 자들이다. 아무런 느낌도 없이, 아무런 경외심도 없이, 마음이 굳어진 채로 그들은 방심한 상태에서 하나님을 두려워함이 없이 자기 길을 간다. 성 베르나르(St. Bernard)는 그런 자들에 관하여 이렇게 말한다: "끊임없이 서둘러 회개하지 않는 자는 실제로 자기는 회개가 필요 없다고 선언하는 것이다." 그가 회개를 필요로 하지 않는다면, 하나님의 자비도 필요 없을 것이고, 하나님의 자비가 필요 없다면, 구원도 필요 없을 것이다.

이런 이유로 사도가 여기에서 가장 적절한 훈계를 통해 그리스도인들에게 잠에서 깨어나라고 권면하고 있는 것이다. 사실 그들이 계속해서 잠을 잔다면(영적 죽음의 잠), 그들은 그리스도인들이 아닐 것이다. 그러나 하나님의 길에 있어서 정체해서 머물러 있는 것은 곧 퇴보하는 것을 의미하고, 앞으로 나아가는 것은 항상 새롭게 시작한다는 것을 의미한다. 따라서 성 아르세니우스(St. Arsenius)는 "오, 주님, 제가 당신에 대하여 사는 것을 시작할 수 있도록 저를 도와주소서"라고 기도하곤 하였다. 고린도전서 8:2에서 사도는 지혜와 관련해서 "만일 누구든지 무엇을 아는 줄로 생각하면 아직도 마땅히 알 것을 알지 못하는 것이요"라고 말씀한다. 마찬가지로 우리는 개별적인 미덕들과 관련하여 다음과 같이 결론을 내릴 수 있을 것이다: 만일 누구든지 자기가 이미 깨달았다거나 이미 시작했다고 생각한다면, 그는 자기가 마땅히 시작해야 하는 것을 전혀 알지 못하는 것이다.

오늘날 이런 부류의 그리스도인들이 아주 많을 뿐더러 눈에 확 띈다. 그들은 그리스도께서 선포하신 회개를 세속적인 일들 및 외적인 의무들로 바꾸어 놓았다. 그리고 그들은 이런 일들을 행하고서는 스스로를 의롭다고 여긴다. 그러므로 자기가 의롭다는 고백이 결과적으로 스스로를 단죄하는 꼴이 되어버리는 일이 잦다. 왜냐하면 그러한 고백이 파멸을 초래하는 자기 자신에 대한 신뢰를 바탕으로 하기 때문이다. 그러한 고백은 자기 자신을 거룩하다고 여기는 행위로 인한 의를 주장하는 사람들의 오만한 자랑에도 불구하고 죄의 악을 없애주지 않는다.

성경에서 '잠'은 여러 가지 의미를 갖는다. 잠은 "우리 친구 나사로가 잠들었도다"라는 요한복음 11:11의 말씀에서처럼 육신적 잠을 가리킨다. 열왕기상 2:10, 역대하 9:31 등과 같이 구약에서 잠은 특히 그런 뜻으로 많이 쓰인다. 한편 "여호와께서 그의 사랑하시는 자에게 잠을 주시는도다"라는 시편 127:2의 말씀에서처럼 잠이 영적인 의미로 사용되고 또한 좋은 의미로 사용되는 경우가 꽤 있다. 이런 의미의 잠은 영원한 축복들을 얻기 위하여 세속적인 좋은 것들에 눈길을 주지 않고 그런 것들을 허상이요 그림자로 보는 것을 의미한다. 그런 잠을 자는 자들은 믿음으로 말미암아 온전히 깨어서 빛을 보는 상태에 있는 것이다. 그런 자들은 땅에 속한 것들에 대하여 잠을 잔다. 즉, 그들은 땅에 속한 것들에 무관심하다.

그러나 '잠'이라는 단어는 비유적이고 나쁜 의미로 방금 말한 의미와는 대조적으로 사용되기도 한다. 데살로니가전서 5:6, 7에서 사도는 이렇게 말씀한다: "우리는 다른 이들과 같이 자지 말고 오직 깨어 정신을 차릴지라 자는 자들은 밤에 자고 취하는 자들은 밤에 취하되." 여기서 "밤"은 영적인 밤을 가리키는데, 악한 것이다. 이런 의미에서 잠자는 것은 영원한 축복들을 안중에도 안 두고 멸시하는 것을 의미한다. 이런 것들에 대하여 그런 잠을 자는 자들은 아주 무관심하다. 그런 자들은 세속적인 것들에 사로잡혀서 활짝 깬 채 탐욕스러운 눈으로 세속적인 것들을 바라보기 때문이다. 전자(믿는 자)에게 밤인 것이 후자(믿지 않는 자)에게는 낮이다. 전자가 깨어 있다고 보는 것을 후자는 자고 있다고 보고, 그 역도 성립한다. 주어진 은사들이 다르듯이, 의견들도 다르다.

잠에 대하여 세 가지 의미로 말하고 있듯이, 성경은 비유적인 의미로 사용할 수 있는 낮과 밤을 비롯한 여러 가지 것들을 얘기한다. 영적인 낮은 믿음이고, 영적인 밤은 불신이다. 그러므로 사도가 여기서 육신의 잠이나 밤시간에 가장 활발하게 활동하는 관능적인 악한 삶을 말하고 있는 것이 아니라 선한 일들에 대한 무관심과 무기력이라는 영적인 잠을 말하고 있다는 것은 아주 분명하다.

그러므로 어둠의 일들은 나쁜 의미로서 영적으로 잠자고 있는 자들의 일들이다. 이 어둠의 일들은 보통 악한 것으로 여겨지는 일들(음행, 간음 등)만이 아니라 선한 것으로 여겨지는 일들이기도 하다. 후자는 내적(영적) 어둠으로 인하여 악하다. 즉, 깨어 있는 믿음으로 행하지 않기 때문에 악하다.

이는 이제 우리의 구원이 처음 믿을 때보다 가까웠음이라(13:11). 이 절의 의미는 고린도후서 6:1, 2(이사야 49:8)의 의미와 같다: "우리가 하나님과 함께 일하는 자로서 너희를 권하노니 하나님의 은혜를 헛되이 받지 말라 이르시되 내가 은혜 베풀 때에 너에게 듣고 구원의 날에 너를 도왔다 하셨으니 … 보라 지금은 구원의 날이로다." 로마서 13:11에서 지나가는 길에 얼핏 건드리고 있는 이 문제를 사도는 고린도후서 6:1, 2에서 훨씬 더 자세하게 다룬다. 또한 사도는 "어둠의 일"과 "빛의 갑옷"(12절)이 무엇을 의미하는지도 설명한다. 고린도후서 6:3 이하를 보자: "우리가 이 직분이 비방을 받지 않게 하려고 무엇에든지 아무에게도 거리끼지 않게 하고 오직 모든 일에 하나님의 일꾼으로 자천하여 많이 견디는 것과 환난과 궁핍과 고난과." 그런 다음에 그는 고린도후서 6:7에서 "진리의 말씀과 하나님의 능력으로 의의 무기를 좌우에 가지고"라고 말씀한다. 로마서 13:12에서 사도는 "빛의 갑옷"이라 말하고, 고린도전서 6:7에서는 "의의 무기"라고 말한다. 그러므로 "빛"과 "의"는 서로 같은 것이다.

그러므로 우리가 어둠의 일을 벗고 빛의 갑옷을 입자(13:12). 사도가 "빛"과 "어둠"을 대비시키고 "일"과 "갑옷"을 대비시키고 있는 것은 이상하게 보인다. 그러나 전혀 그렇지 않다! 왜냐하면 새로운 법의 삶(그리스도 안에서의 새로운 영적 삶)은 전쟁 또는 전쟁상태를 의미하고, 이를 위해 우리는 무장을 필요로 하기 때문이다(cf. 엡 6:10-20).

낮에와 같이 단정히 행하고(13:13). 이 본문을 통해 성 아우구스티누스가 회심하였다.

방탕하거나 술 취하지 말며(13:13). '코스모스'라는 헬라어는 잔치, 아니 사치스러운 연회를 의미하는데, 이러한 잔치를 준비하거나 주관할 때 생겨나는 극도의 낭비를 지칭하는 뜻을 내포한다. 여기서 부정문을 통해서 가르치고 있는 내용을 사도는 고린도후서 6:5에서 긍정문을 통해서 그 뜻을 확장하고 분명히 하고 있다("자지 못함과 먹지 못함 가운데서도"). 사도는 그리스도인들이 금식을 하는 일에 열심을 내고 절제에 애쓰기를 바란다.

실제로 역사, 적어도 성 제롬(St. Jerome)을 연구해 보면, 로마서 13:13에 나오는 여섯 가지 악덕들이 당시에 로마에서 기승을 부렸고 거의 로마 전역을 선풍적으로 휩쓸었음을 알게 된다. 이런 이유로 사도는 믿는 자들이 불경건한 로마의 그러한 광적인 행태에 물드는 것을 막고자 하였다.

성 베드로도 이 도시의 악덕들을 그냥 지나치지 않고, 이렇게 쓰고 있다: "너희가 음란과 정욕과 술취함과 방탕과 향락과 무법한 우상 숭배를 하여 이방인의 뜻을 따라 행한 것은 지나간 때로 족하도다 이러므로 너희가 그들과 함께 그런 극한 방탕에 달음질하지 아니하는 것을 그들이 이상히 여겨 비방하나."

그리고 베드로후서 2:13, 14에서는 "낮에 즐기고 노는 것을 기쁘게 여기는 자들이니 점과 흠이라 너희와 함께 연회할 때에 그들의 속임수로 즐기고 놀며 음심이 가득한 눈을 가지고 범죄하기를 그치지 아니하고"라고 말씀한다. 사실 베드로는 거기에는 모든 것이 혼돈 상태로 엉망진창이라는 의미에서 이 도시를 바벨론이라고 부르기까지 한다. 슬프다, 현대의 로마는 관능적 쾌락에 빠져 있는 모습에 있어서 고대 로마를 능가하고 있어서, 사도들이 다시 필요한 것 같다. 사실 당시보다도 오늘날에 사도들이 훨씬 더 필요하다.

그러한 악덕들과의 싸움에서 사도는 감독들, 집사들, 남자들, 장로들, 청년들, 여자들에게 정신을 차리라고 명한다(딤전 2:8ff.; 3:2ff.; 딛 1:7ff.;

2:2ff.). 이들 모두에게 사도는 탐식과 술 취함을 마치 그것들이 전염병이라도 되는 듯이 금한다. 따라서 현재의 본문(로마서 13장)을 디모데서와 디도서의 본문들과 비교해 보면, 사도의 말을 정확하게 이해할 수 있다. 로마서 13장에서 사도는 자기가 원치 않는 것을 지적하고, 디모데서와 디도서에서는 자기가 요구하는 것을 지적한다.

음란하거나 호색하지 말며(13:13). 즉, 위의 구절들에서 단정하고 깨어 있으라고 특히 감독들에게, 그러나 장로들과 그 밖의 모든 사람들에게 명하고 있듯이, 믿는 자들은 깨어 있어야 하고 정숙하여야 한다. 이것은 멋진 순서이다. 왜냐하면 탐식과 술 취함은 부정함(unchastity) 또는 방탕함(debauchery)이 번성하는 비옥한 토양이기 때문이다. 이런 이유로 경건한 교부들은 하나님을 섬기고자 하는 자는 누구나 무엇보다도 탐식의 악덕을 뿌리 뽑아야 한다고 밝히 말하였다. 이것은 많은 말썽을 일으키는 널리 퍼져 있는 악덕이다. 이 악덕을 완전히 뿌리째 뽑아서 다시는 생겨나지 않도록 하지 않으면, 이 악덕은 사람들을 부정함과 방탕함으로까지 이끌지는 않는다고 해도 사람들의 영혼을 하나님의 일들에 대하여 무디게 — 마치 노인처럼 — 만들어 버린다. 그러므로 금식은 그리스도인들을 위한 가장 훌륭한 무기이고, 탐식은 사탄의 훌륭한 함정이다.

다투거나 시기하지 말고(13:13). 그리스도인들에게 유익을 위하여 절제하고 깨어 있고 정숙하라고 가르친 후에, 사도는 이제 이웃과 관련된 것을 가르친다. 그리스도인들은 서로서로 화목하고 사랑하며 살아야 한다. 이 계명을 사도는 디모데전서 2:8과 3:2 이하, 디도서 1:7 등에서와 같이 자신의 모든 서신들에서 끈질기게 가르친다.

'다툼'은 자기 말은 참되고 정직하고 옳은 반면에 다른 사람들의 말은 틀리다고 보는 말다툼이다. 따라서 아무도 상대방에게 지려고 하지 않는다.

'시기'라는 말은 여러 가지로 적용된다. '시기'는 사랑어린 질투 또는 질투어린 사랑을 의미하는 말로서, 사랑과 질투라는 두 가지가 이 말에 뒤섞여 있다. 시기는 독기 어린 사랑, 사랑 때문에 품는 독기이다. 하지만 이 말은 성경에서 언제나 같은 뜻으로 쓰이지는 않는다.

주 예수 그리스도로 옷 입고(13:14). 예수 그리스도를 좇고, 예수 그리스도의 형상을 따라 고난을 받으며 금식하고 그 밖의 다른 선한 일들을 행하여 새롭게 되는 것이 바로 주 예수 그리스도로 옷 입는 일이다.

정욕을 위하여 육신의 일을 도모하지 말라(13:14). 사도는 그리스도인들이 악한 정욕들이 길러지지 않는 방식으로 자신의 육신을 돌보기를 바란다. 성 빅토르(St. Victor)는 이렇게 말한다: "육신을 양육하는 자는 원수를 양육하는 것이다"; "육신을 멸하는 자는 벗을 멸하는 것이다." 우리는 육신을 멸하지 말고, 그 악덕들 또는 악한 정욕들을 십자가에 못 박아야 한다.

로마서 14장

14장의 내용 : 사도는 믿음이 강한 자들에게 연약한 자들을 업신여기지 말고, 그들을 걸려 넘어지게 하지 말고, 오히려 화평의 정신으로 그들의 덕을 세우라고 권면한다.

믿음이 강한 자들은 연약한 자들을 업신여기지 말아야 한다

믿음이 연약한 자를 너희가 받되 그의 의견을 비판하지 말라 어떤 사람은 모든 것을 먹을 만한 믿음이 있고 믿음이 연약한 자는 채소만 먹느니라 먹는 자는 먹지 않는 자를 업신여기지 말고 먹지 않는 자는 먹는 자를 비판하지 말라 이는 하나님이 그를 받으셨음이라 남의 하인을 비판하는 너는 누구냐 그가 서 있는 것이나 넘어지는 것이 자기 주인에게 있으매 그가 세움을 받으리니 이는 그를 세우시는 권능이 주께 있음이라 어떤 사람은 이 날을 저 날보다 낫게 여기고 어떤 사람은 모든 날을 같게 여기나니 각각 자기 마음으로 확정할지니라 날을 중히 여기는 자도 주를 위하여 중히 여기고 먹는 자도 주를 위하여 먹으니 이는 하나님께 감사함이요 먹지 않는 자도 주를 위하여 먹지 아니하며 하나님께 감사하느니라 우리 중에 누구든지 자기를 위하여 사는 자가 없고 자기를 위하여 죽는 자도 없도다 우리가 살아도 주를 위하여 살고 죽어도 주를 위하여 죽나니 그러므로 사나 죽으나 우리가 주의 것이로다 이를 위하여 그리스도께서 죽었다가 다시 살아나셨으니 곧 죽은 자와 산 자의 주가 되려 하심이라 네가 어찌하여 네 형제를 비판하느냐 어찌하여 네 형제를 업신여기느냐 우리가 다 하나님의 심판대 앞에 서리라 기록되었으되 주께서 이르시되 내가 살았노니 모든 무릎이 내게 꿇을 것이요 모든 혀가 하나님께 자백하리라 하였느니라 이러므로 우리 각 사람이 자기 일을 하나님께 직고하리라(14:1-12).

믿음이 연약한 자를 너희가 받되(14:1). 이 장에서 사도는 두 가지, 즉 첫째로 강한 자가 연약한 자를 업신여겨서는 안 된다는 것과 둘 다 서로를 판단해서는 안 된다는 것, 그리고 둘째로 강한 자는 연약한 자가 걸려 넘어지게 해서는 안 된다는 것을 명한다. 그래서 사도는 14:13에서 "그런즉 우리가 다시는 서로 비판하지 말고 도리어 부딪칠 것이나 거칠 것을 형제 앞에 두지 아니하도록 주의하라"고 쓰고 있다. 이러한 가르침의 계기가 된 것은 구약의 율법에서 장차 올 것에 대한 그림자로서 여러 종류의 음식을 금한 것이었다. 믿음이 연약하고 단순한 어떤 이들은 그러한 상징들이 더 이상 효력이 없고, 모든 것이 다 깨끗케 되었다는 것, 즉 믿는 자들에게 허용되었다는 것을 이해할 수 없었다. 그들은 어떤 종류의 음식들은 이교도들이 그 음식들을 쓰는 통상적인 용도를 이유로 먹어서는 안 된다고 믿었는데, 그런 사람들을 업신여기지 말고, 용납하여야 한다는 말이다. 또한 음식에 관한 분명한 이해를 가진 사람들을 마치 그들이 그런 여러 가지 음식들을 먹음으로써 악을 행한 것처럼 취급하여 비판해서는 안 된다는 것이다. 이 문제를 놓고 매우 우려할 만한 논쟁이 있었다. 최초의 교회 공의회(행 15:6ff.)는 바로 이 문제를 다루었고, 사실 성 베드로조차도 이 문제로 성 바울에게 책망을 받았다(갈 2:14).

자신의 모든 서신들에서 사도는 이 주제를 다루고 있고, 구원을 얻기 위해서는 의식(儀式)에 관한 율법을 지켜야 한다고 가르쳤던, 유대인 태생의 거짓 사도들을 단죄한다. 이러한 논쟁이 일어나게 된 계기는, 고린도전서 8-10장에서 알 수 있듯이, 이방인 출신 믿는 자들이 우상에게 제물로 바쳐진 고기를 먹어야 되느냐 말아야 되느냐 하는 것이었다. 거기에서 사도는 "무릇 시장에서 파는 것은 양심을 위하여 묻지 말고 먹으라"고 말씀한다.

여기서 "연약한 자"라고 말할 때, 사도는 사실 아무런 의무도 갖고 있지 않는데도 몇몇 율법들에 대하여 그것들을 지켜야 할 의무를 지고 있다고 스스로 생각하는 자들을 염두에 두고 있다. 하지만 사도의 말은 무엇보다도 특히 어떤 종류의 음식들을 먹어야 할 것과 먹지 말아야 할 것을 구별한 몇몇 거짓 선지자들이 가르쳤던 유대인들의 오류를 겨냥한 것이다. 그들을 향하여 사도는 디모데전서 1:3-6에서 이렇게 쓰고 있다: "내가 … 너를 권하여 … 어떤 사람들을 명하여 다른 교훈을 가르치지 말며 신화와 족보에 끝없이 몰두하지 말게 하려 함이라 이런 것은 믿음 안에 있는 하나님의 경륜을 이룸보다 도리어 변론을 내는 것이라 이 교훈의 목적은 청결한 마음과 선한 양심과 거짓이 없는 믿음에서 나오는 사랑이거늘 사람들이 이에서 벗어나 헛된 말에 빠져." 이와 비슷한 권면들은 갈라디아서 4:9 이하, 골로새서 2:16, 히브리서 13:9에도 나온다. 사도는 이 문제를 고린도전서 8-10장에서 좀 더 자세하게 다루는데, 거기에서도 여기 로마서 14장에서와 동일한 가르침을 제시한다.

사도가 가르치고 있는 것은 새 법(복음 언약)에서는 모든 것이 자유롭고, 그리스도를 믿는 자들에게 있어서 "청결한 마음과 선한 양심과 거짓이 없는 믿음에서 나오는 사랑"(딤전 1:5) 외에는 그 어떤 것도 구원에 필수적인 것은 없다는 것이다. 갈라디아서 6:15에서 사도는 "할례나 무할례가 아무 것도 아니로되 오직 새로 지으심을 받는 것만이 중요하니라"고 쓰고 있다.

모세 율법에서 명한 대로 어떤 날들을 절기의 날들로, 또 어떤 날들을 절기가 아닌 날들로 여기는 것은 새 법(복음 언약)에 속하지 않는다. 또한 모세 율법인 레위기 11:4 이하와 신명기 14:7 이하에서처럼 어떤 종류의 음식을 선별해서 다른 음식들과 구별하는 것도 새 법에 속하지 않는다. 또 어떤 날들을 거룩히 여기고 어떤 날들은 거룩히 여기지 않는 것도 새 법에 속하지 않는다. 또 이런저런 교회들을 세우고 그 교회들을 이러저러 하게 장식하고 이런저런 식으로 노래를 부르는 것도 새 법에 속하지 않는다. 또한 오르간, 제단 장식들, 성배(聖杯), 그림들, 그리고 오늘날 예배 처소에서 우리가 발견하는 그 밖의 것들도 꼭 필요한 것들이 아니다. 또한 제사장과 수도사들이 구약에서처럼 수염을 밀거나 특별한 옷을 입어야 하는 것도 아니다. 이 모든 것들은 새로운 실체의 '그림자'요 '상징'이고, 유년기의 일이다.

이와는 반대로 모든 날이 절기의 날이고 거룩한 날이다. 모든 종류의 음식이 허용된다. 또한 모든 종류의 옷이 허용된다. 모든 것이 자유롭고, 오직 겸손과 사랑, 그 밖에 사도가 끈질기게 가르치고 있는 것만을 지키면 된다. 사도가 옹호하는 이러한 그리스도인의 자유에 맞서, 많은 거짓 사도들이 자신의 목소리를 높여서 어떤 것들이 구원에 필수적인 것인 양 행하여야 한다고 성도들을 오도하였다. 그러한 잘못을 범하고 있는 자들을 향하여 사도는 엄청난 열심으로 공격하였다.

그렇다면 이런 것은 어떠한가? 이러한 원칙, 즉 모든 의식들이 신약에서는 금지된다고 가르쳤던 후스파의 극단적인 분파인 피카드파(the Picardists)의 이단성은 어떻게 된 것인가? 모든 교회들, 모든 장식들, 예배의 예전적인 행위들, 모든 신성한 장소들, 모든 금식일들과 성일들은 폐지되어야 하는가? 오늘날까지 수많은 세기 동안 지켜져 왔던, 직위와 의상, 교회에서의 행위들과 관련된 제사장, 주교, 수도사의 모든 차이들은 폐기되어야 하는가? 모든 소수도회들과 종교 단체들, 모든 성직록(聖職祿)과 기부금들은 폐기되어야 할 것들이라고 선언해야 하는가?

결코 그렇지 않다! 사도가 가르쳤고 행한 것들은 위에서 말한 오류들과 반대된다. 왜냐하면 사도는 디모데로 하여금 할례를 받게 하였고, 성전에서 희생제사를 드리고 스스로를 정결케 하였기 때문이다(행 13:3; 21:26). 그러니까 모든 것들은 신약에서 자유롭지만, 그리스도인은 사랑에서 우러나와서 이런저런 희생제사를 하나님께 기꺼이 드릴 수 있다. 그러나 그리스도인이 이렇게 하는 것은 자유롭게 사랑 안에서 행한 서약 때문이지 그 일의 본성상 그래야 하기 때문에 그런 것은 아니다. 또한 일단 서약을 했으면 서약했을 때와 동일한 사랑으로써 그 서약한 일을 주의 깊게 준수하여야 한다. 사랑도 없이 그리고 자신의 의지에 반하여 그 서약을 준수한다면, 서약하지 않는 것이 차라리 낫다. 그런 식으로 서약을 이행하는 것은 겉으로 육신으로는 준수하는 것이지만 마음으로는 그 서약을 지키는 것이 아니기 때문에, 그 서약을 자유한 가운데 지키지 않은 죄를 범하게 되는 것이다.

이제 본문으로 돌아가보자. 사도는 무엇보다도 강한 자들이 믿음이 연약한 자들을 용납하고 가르치기를 바란다. 또한 강한 자들은 연약한 자들을 단죄해서는 안 된다. 이런 식으로 사도는 성도들에게 화평과 하나됨을 권면한다. 왜냐하면 우리는 연약한 자들이 강해질 수 있도록 돌보아야 하기 때문이다. 연약한 자들에게 진저리를 내면서 돌아서서 오직 자신의 구원만을 생각하는 식으로 연약한 자들을 그 연약함 속에 내버려서는 안 된다. 그러므로 강한 자들은 연약한 자들을 가르쳐야 하고, 연약한 자들은 기꺼이 가르침을 받을 마음이 되어 있어야 한다. 그러면 화평과 사랑이 강한 자와 연약한 자, 둘 모두를 지배하게 될 것이다.

그의 의견을 비판하지 말라(14:1). 즉, 아무도 다른 사람의 의견이나 확신을 판단해서는 안 된다는 말이다. 강한 자는 자신이 지닌 특별한 이치들을 따라 결정된 자신의 의견을 갖고 있다. 마찬가지로 연약한 자도 자신의 의견을 갖고 있다. 그러므로 사도는 5절에서 "각각 자기 마음으로 확정할지니라"고 말씀한다. 이것은 각 사람이 자기 양심이 말해주는 의견을 확신하고 거기에 머물러야 함을 의미한다.

하지만 그렇다고 해서 연약한 믿음에서 흘러나왔다는 이유만으로 우리 시대의 미신적인 경건이나 경건의 모양을 용납해야 한다는 뜻은 아니다. 그러한 경건의 일들을 행하는 자들은 대체로 무지해서 그런 일들을 행한다. 그들은 자기들 스스로가 먼저 달라져야, 그들의 행위들이 달라진다는 것을 알지 못한다. 갈라디아서 5:13에서 사도는 갈라디아 성도들에게, 더 이상 아무도 하나님의 말씀에 관심을 갖지 않는 로마에서 행해지고 있는 것처럼, 그들의 자유를 육체의 기회로 삼아서는 안 된다고 권면한다. 거기에서는 모든 것들이 논쟁에 의해 삼켜진다. 이 자유를 그들은 백 퍼센트 가지고 있지만, 사도가 명하는 그 밖의 다른 것들은 완전히 무시함으로써,

그들은 자신의 자유를 육체의 기회, 그러니까 실제로 악의를 감추는 외투로 사용하고 있는 것이다(벧전 2:16).

그러므로 각 사람은 기도할 때나 제물을 바칠 때나 성가대에 들어갈 때나 그 밖의 다른 무엇을 할지라도, 자기가 이 모든 것을 어쩔 수 없어서가 아니라 자신의 자유의지로 행하는지를 알아낼 수 있도록 스스로를 주의 깊게 살펴보아야 한다. 그러면 그는 자기가 하나님 앞에서 어떤 존재인지를, 즉 하나님을 기꺼이 섬기지 못하는 죄인임을 발견하게 될 것이다. 왜냐하면 만일 자신의 선택에 맡겨진 것을 행하려 하지 않는다면, 그는 자기가 머슴이고 고용인이기 때문에 아무것(선한 그 무엇)도 행하려 하지 않는 것이기 때문이다.

우리는 강제적인 압박이나 염려와 두려움이라는 가축몰이 막대에 휘몰려서가 아니라 기쁘고 온전히 자유로운 의지에 따라 마음이 움직여서 모든 일들(선한 일들)을 해야 한다는 것을 고려하지 못한다 — 그 일들이 하나님을 기쁘시게 하는 일들이라면. 우리가 행하는 모든 일에서, 우리는 우리가 어떤 일을 했고, 어떤 일이 완수되었으며, 우리가 무엇을 하지 못했고, 우리가 무엇을 하지 못할 수밖에 없었으며, 우리가 어떤 선을 하지 못했고, 어떤 선을 빠뜨렸으며, 우리가 어떤 악을 행하였고, 어떤 악을 빠뜨렸는지를 생각하여서는 안 된다. 오히려 우리는 우리의 의지가 어떤 성격을 지니고 있었고 얼마나 강했는지, 우리가 마음에서 우러나와서 기쁨으로 그 모든 일들을 행하였고 행하려 했는지를 생각해야 한다. 그러므로 사도는 고린도전서 16:12에서 아마 아볼로에게 명령을 했을 것이지만 어쨌든 "형제 아볼로에 대하여는 그에게 형제들과 함께 너희에게 가라고 내가 많이 권하였으되 지금은 갈 뜻이 전혀 없으나 기회가 있으면 가리라"고 쓰고 있다. 또한 사도는 빌레몬에게 그의 노예를 위하여 간청을 한다: "네 승낙이 없이는 내가 아무것도 하기를 원하지 아니하노니 이는 너의 선한 일이 억지 같이 되지 아니하고 자의로 되게 하려 함이라"(몬 14절).

본질에 있어서 이러한 잘못, 즉 어쩔 수 없어서 선행을 하는 잘못의 밑바닥에는 펠라기우스적인 견해가 깔려 있다. 왜냐하면 지금은 공개적으로 펠라기우스주의를 고백하고 펠라기우스파로 자처하는 사람은 아무도 없지만, 사실에 있어서 및 그들의 견해에 있어서는 스스로 알지도 못하는 사이에 펠라기우스파인 사람들이 많다. 그들은 '선한 의도'만 있다면 '틀림없이' 주입된 은혜를 얻을 수 있다고 아주 자신만만하고 담대하게 믿는다. 그래서 그들은 자기들이 행하는 선한 일들이 하나님을 기쁘시게 할 것이라고 아주 자신만만하게 생각하면서 확신에 차서 자신의 길에 몰두한다. 그러므로 그들에게는 두려움이나 걱정이 없듯이 하나님께 은혜를 구하는 일도 없다. 그들은 잘못 행하고 있는지도 모른다는 두려움은 없고, 오직 자기들이 바르게 행하고 있다는 확신만 있다. 왜? 그들은 하나님께서 악인들이 자신의 선한 일들(스스로 선하다고 여기는 일들) 속에서도 죄를 짓게 하신다는 것을 이해하지 못하기 때문이다. 그런 까닭에 그들은 자신들의 선이 악이 될 수도 있다는 염려를 하지 않고, 자신만만함으로 가득 차서 자기가 하나님을 기쁘시게 하고 있다는 것을 확신한다.

성 베드로는 베드로전서 2:17에서 "하나님을 두려워"하라고 자신의 독자들에게 권면한다. 또한 성 바울은 고린도후서 5:11에서 "우리는 주의 두려우심을 알므로 사람들을 권면하거니와"라고 쓰고, 빌립보서 2:12에서는 "두렵고 떨림으로 너희 구원을 이루라"고 쓰고 있다. 시편 2:11에서는 "여호와를 경외함으로 섬기고 떨며 즐거워할지어다"라고 말씀한다. 성도들은 두려움과 염려 속에서 하나님의 은혜를 구하고, 끊임없이 이를 위해 기도한다. 그들은 자신의 '선한 의도'나 자신의 열심을 의지하지 않고, 언제나 자기 행위가 악할까봐 두려워한다. 그러한 두려움 때문에 낮아져서, 그들은 하나님의 은혜를 구하고 이를 위해 기도한다. 그리고 그들의 겸손한 기도 덕에 그들은 하나님의 들으심을 얻는다. 오늘날 가장 큰 전염병은 청중들을 안심시키기 위하여 현재 청중들이 받은 은혜의 표시들(signs)을 선포하는 설교자들이다. 하나님의 은혜를 얻는 것은 겸손을 통해서이고, 하나님의 은혜를 통해서 우리는 기꺼이 선한 일들을 하고자 하게 된다. 하나님의 은혜가 없다면, 우리는 선한 일들을 하고자 하지 않을 것이다.

이는 하나님이 그를 받으셨음이라(14:3). 이 중요한 말씀을 통해서 사도는 형제를 업신여기거나 판단하는 자들의 입을 막아버린다. 다른 형제를 업신 여기거나 판단하는 자는 사람만이 아니라 하나님도 업신여기고 판단하는 것이 된다. 그러므로 아주 강력하게 사도는 성도들에게 겸손 속에서 서로 를 배려하고 서로의 짐을 지라고 강권한다.

남의 하인을 비판하는 너는 누구냐(14:4). 남의 하인을 판단하는 것은 자 연법에도 어긋나고 인간의 모든 관습에도 어긋난다. 이렇게 남을 업신여기 고 판단하는 자들의 그러한 행위는 하나님만이 아니라 인간의 사려분별과 관습에도 어긋나는 것이다. 사도는 특히 연약한 자들이 강한 자가 넘어지 고 있다고 생각할 때, 또는 강한 자들이 연약한 자가 이미 넘어졌다고 생 각할 때에 그들의 논증의 동기를 파헤친다. 왜냐하면 사도는 서는 자는 자 기 주인에게 서는 것이요 넘어지는 자는 자기 주인에게 넘어지는 것이라 고 말하고 있기 때문이다. 그러므로 너희는 너희의 판단함 또는 업신여김 을 변명할 수 없다. 너희가 생각하는 것이 옳다고 하더라도, 너희가 판단하 고 업신여기는 것은 정당하지 못하다.

또한 사도는 "그가 설 것인지 아닐지를 누가 알겠는가?"라고 반문하는 자들의 주장에 직면해서는 "하나님께서 그를 서게 하실 수 있다"고 대답 한다.

각각 자기 마음으로 확정할지니라(14:5). 이 말씀의 의미는 각 사람이 논 란되는 문제에 관한 자신의 의견이나 생각을 확신하여야 한다는 것이다. 자기와 다르게 생각한다고 해서 남을 판단하거나 멸시해서는 안 된다. 비 록 믿음이 연약하지만 나름대로의 의견이나 확신, 양심을 갖고 있는 자가 다른 사람들이 생각하는 것에 의해서 혼란을 겪고 오도되는 일이 없어야 한다. 만약 그런 식으로 오도된다면, 그는 자신의 확신에 반하여 행동하도 록 이끌려지고, 그 문제에 있어서 자기가 생각하는 것과는 반대로 자신의 양심에 반하여 죄를 짓게 된다. 왜냐하면 비록 자신의 연약함 속에서이긴 하지만 이런저런 일을 해서는 안 된다고 판단이 드는데, 남들에게 업신여 김을 당하지 않기 위해서, 자신의 확신과는 반대로, 남들(강한 자들)이 하 는 대로 그(약한 자)도 행하기 때문이다.

고린도전서 8:4-7에서는 이렇게 말씀한다: "우리가 우상은 세상에 아무 것도 아니며 또한 하나님은 한 분밖에 없는 줄 아노라 … 그러나 이 지식 은 모든 사람에게 있는 것은 아니므로 어떤 이들은 지금까지 우상에 대한 습관이 있어 우상의 제물로 알고 먹는 고로 그들의 양심이 약하여지고 더 러워지느니라." 즉, 그들은 이 일이 금지되어 있다는 것 외에는 다른 식으 로 판단할 수 없기 때문에, 자신의 판단에 반하여 먹는 것이 되고, 자신의 양심을 저버리는 것이 된다. 이렇게 연약한 자가 양심에 더럽힘을 입게 된 것은, 우상에게 바쳐진 고기를 자신의 식견을 따라 먹고 그렇게 하지 못하 는 연약한 자들을 업신여기는 강한 자들의 교만 때문이다. 오히려 그들(강 한 자들)은 연약한 자들을 배려하고 그들을 가르쳐야 한다. 아니면, 연약한 자들이 그 연약함 때문에 가르침을 받아들일 수 없다면, 강한 자들은 그리 스도인의 사랑으로 자신의 내적 확신과 양심에도 불구하고 마찬가지로 연 약하게 되어 우상 제물을 먹지 말아야 한다. 왜냐하면 모든 것들이 허용되 어 있지만, 형제의 구원을 위해서라면 우리의 자유를 악의적으로 과시하는 일이 없어야 하기 때문이다. 연약한 형제가 망하는 것보다는 차라리 자신 의 자유를 겉으로 포기하는 것이 더 낫다.

이와 같이 허용된 동일한 하나의 행위 속에서, 서로의 양심의 차이 때문 에 한 사람은 범죄하고, 다른 한 사람은 괜찮다. 그러므로 사도는 "각각 자 기 마음으로 확정할지니라"고 말한다. 즉, 각 사람은 스스로 확신하고 확고 히 서서 평강 중에 있어야 한다. 연약한 자들의 거리낌 때문에, 강한 자들 이 자신의 확신을 바꿔서도 안 되고, 연약한 자들이 강한 자들 때문에 자 신의 확신에 반하여 행동하여서도 안 된다. 연약한 자들은 강한 자들로 하 여금 그들이 생각하는 대로 행하게 내버려두고, 스스로는 자신의 양심에 충실하여야 한다. (이러한 해설에 있어서 루터의 관심은 믿음이 강한 그리 스도인이 도덕적으로 가치중립적인 문제에 대하여 지혜롭지 못하게 처신 함으로써 약한 형제를 걸려 넘어지게 해서 그로 하여금 자신의 양심에 반 하여 범죄하게 해서는 안 된다는 것이다.)

우리 중에 누구든지 자기를 위하여 사는 자가 없고 자기를 위하여 죽는 자도 없도다(14:7). 여기서 사도는 남을 판단하고 업신여기는 자들을 그리스도의 심판대와 대면시킨다. 거기서 우리는 모두 판단을 받아야 한다. 사도가 얼마나 큰 위협으로 우리로 하여금 서로를, 특히 연약한 자를 업신여기지 못하도록 하고 있는가를 보라. 사도는 이를 막기 위해 하나님, 사람(인간의 법), 그리스도의 고난, 다스림, 최후의 심판 등 온갖 논거를 사용한다. 사도는 하나님의 심판을 강조함으로써 우리로 하여금 남을 판단하지 못하게 막는다. 사도는 이렇게 말하고자 한다: 그리스도에 의해 판단 받을 자들을 판단하는 것은 어리석은 일이다. 그러나 또한 판단하는 네가 하나님에 의해 판단 받지 않도록 조심하라.

주께서 이르시되 내가 살았노니(14:11). 하나님께서 맹세하실 때에는 스스로를 두고 맹세하신다. 이사야 45:23에는 이렇게 되어 있다: "내가 나를 두고 맹세하기를 내 입에서 공의로운 말이 나갔은즉 돌아오지 아니하나니 내게 모든 무릎이 꿇겠고 모든 혀가 맹세하리라 하였노라." 여기서 말하고 있는 것이 그리스도, 즉 성육하신 하나님이라는 것은 앞뒤로 나오는 절들을 보면 분명해진다.

모든 무릎이 내게 꿇을 것이요 모든 혀가 하나님께 자백하리라(14:11). 이런 일이 지금 일어나지 않는다는 것은 분명하다. 그러므로 확고부동한 이 말씀은 선한 자와 악한 자의 부활을 가리킨다. "모든 무릎"과 "모든 혀"는 육체의 모든 지체들을 의미한다. 예언자 이사야는 부활에 있어서 사람이 고스란히 보존된다는 것을 더욱더 강조적으로 표현하기 위하여 '모든 사람들'이라는 표현이 아니라 "모든 무릎"과 "모든 혀"라는 표현을 사용하고 있다.

믿는 자들은 서로를 거리끼게 해서는 안 된다

그런즉 우리가 다시는 서로 비판하지 말고 도리어 부딪칠 것이나 거칠 것을 형제 앞에 두지 아니하도록 주의하라 내가 주 예수 안에서 알고 확신하노니 무엇이든지 스스로 속된 것이 없으되 다만 속되게 여기는 그 사람에게는 속되니라 만일 음식으로 말미암아 네 형제가 근심하게 되면 이는 네가 사랑으로 행하지 아니함이라 그리스도께서 대신하여 죽으신 형제를 네 음식으로 망하게 하지 말라 그러므로 너희의 선한 것이 비방을 받지 않게 하라 하나님의 나라는 먹는 것과 마시는 것이 아니요 오직 성령 안에 있는 의와 평강과 희락이라 이로써 그리스도를 섬기는 자는 하나님을 기쁘시게 하며 사람에게도 칭찬을 받느니라 그러므로 우리가 화평의 일과 서로 덕을 세우는 일을 힘쓰나니 음식으로 말미암아 하나님의 사업을 무너지게 하지 말라 만물이 다 깨끗하되 거리낌으로 먹는 사람에게는 악한 것이라 고기도 먹지 아니하고 포도주도 마시지 아니하고 무엇이든지 네 형제로 거리끼게 하는 일을 아니함이 아름다우니라 네게 있는 믿음을 하나님 앞에서 스스로 가지고 있으라 자기가 옳다 하는 바로 자기를 정죄하지 아니하는 자는 복이 있도다 의심하고 먹는 자는 정죄되었나니 이는 믿음을 따라 하지 아니하였기 때문이라 믿음을 따라 하지 아니하는 것은 다 죄니라(14:13-23).

내가 주 예수 안에서 알고 확신하노니(14:14). 그러니까 14장을 요약하면 이렇다: 첫째, 강한 자는 연약한 자를 업신여기지 말아야 하고, 둘째, 강한 자는 연약한 자를 거리끼게 해서는 안 된다. 이 두 가지 행위는 약한 자를 돌보고 자기 자신의 것을 구하지 않고 오히려 약한 자의 덕을 세우려고 하는 그리스도인의 사랑에 배치된다. 사도는 고린도후서 11:28, 29의 말씀을 통해서 이 점에 있어서 스스로 본을 보여준다: "이 외의 일은 고사하고 아직도 날마다 내 속에 눌리는 일이 있으니 곧 모든 교회를 위하여 염려하는 것이라 누가 약하면 내가 약하지 아니하며 누가 실족하게 되면 내가 애타지 아니하더냐." 고린도전서 9:22에서 사도는 "약한 자들에게 내가 약한 자와 같이 된 것은 약한 자들을 얻고자 함이요 내가 여러 사람에게 여러 모습이 된 것은 아무쪼록 몇 사람이라도 구원하고자 함이니"라고 쓴다. 사도 자신은 남을 거리끼게 하는 자들로 인해 거리끼는 일도 없으면서도, 이토록 열렬할 수 있었다는 것을 우리는 그가 남을 업신여기고 거리끼게 하는 자들을 향하여 격렬한 말들로 책망하고 있는 이 구절을 통해서 분명하게 알 수 있다.

"내가 알고 확신하노니"라는 말은 여기서 "나는 바란다" 정도의 의미로 이해해서는 안 되고 "나는 굳게 믿고 확신한다"는 절대적인 확신의 의미로 이해해야 한다. 실제로 사도가 앞에서 이사야에 관하여 말할 때 "이사야는 매우 담대하여 … 말하였고"(롬 10:20)라고 하였듯이, 이 말은 "나는 담대히 말한다," 또는 "내가 감히 말한다"로 번역될 수 있을 정도이다. 디모데후서 1:12에서 사도는 "내가 알고 … 확신함이라"고 쓰고 있다. 이것은 나는 스스로를 속이지 않는다고 말하는 것이다. 그러므로 사도는 이렇게 말하고자 하는 것이다: 나는 알고 있고, 그것을 담대히 말하고 있다. 바로 주 예수 안에 있기 때문에, 나는 이것(부정한 것은 아무것도 없다는 진리)을 아주 담대하게 가르친다. 사도는, 이 말에 대해 자신 없어 하고 회의적인 사람들이 두려워하는 것을 감안하여서, 특히 이와 정반대의 것(즉, 어떤 것들은 그 자체로 부정하다고 하는 것)을 가르친 거짓 선지자들을 겨냥해서 이와 같은 강력한 표현을 사용한다.

무엇이든지 스스로 속된 것이 없으되(14:14). 무엇이든지(그 어떤 도덕적으로 가치중립적인 것) 그 자체로, 즉 그 본성이나 그 내적 구성 때문에 부정한 것은 없고, 부정하다면 그것은 오로지 그렇게 판단하는 사람들이나 그들의 양심에 대하여 부정한 것뿐이다. 이것은 "다만 속되게 여기는 그 사람에게는 속되니라"는 말씀에 분명히 나타난다. 사도행전 10:15에는 "하나님께서 깨끗하게 하신 것을 네가 속되다(부정하다) 하지 말라"고 되어 있다.

만일 음식으로 말미암아 네 형제가 근심하게 되면 이는 네가 사랑으로 행하지 아니함이라(14:15). 여기서 정점과 강조점에 유의하라. 사도는 "음식으로 말미암아"라고 말한다. 즉, 그토록 사소한 문제 때문에 네가 네 형제의 영원한 구원을 소홀히 한다는 뜻이다. 이렇게 이해할 수도 있다: 네가 돈이나 명예, 네 생명, 네 육신의 안녕, 또는 음식보다 더 오래가는 그 어떤 것 때문이 아니라 고작 네게 순간적인 유익이나 즐거움만을 줄 뿐인 음식 때문에 그렇게 하다니. 그런 까닭에 사도는 이러한 말들로써 음식 때문에 형제를 업신여기는 자들은 사랑이라고는 눈곱만큼도 찾아볼 수 없다고 통렬하게 꾸짖고 책망한다.

또한 사도는 '원수'가 아니라 바로 "네 형제"라는 말에 동일한 강조점을 둔다. 그것도 친구나 아는 사람도 아니고, 그리스도인이라면 다른 그 어떤 사람에게보다도 더 많은 것을 빚지고 있는 그리스도 안에서 같은 형제라는 말이다! 여기서 "형제"는 대략 "이웃"과 같은 뜻이다. 그러므로 영광 중에 영원히 함께 살게 될 형제보다 썩어 없어질 자신의 위와 입천장을 섬기기를 원하는 사람이 과연 누가 있겠는가?

세 번째로 사도는 "네 형제가 근심하게 되면"이라고 말한다. 즉, 형제가 혼란스러워하고 헷갈려서, 자기 양심에 반하여 행동한다는 말이다. 이것은 돈이나 다른 소유물들을 잃는 것보다 훨씬 더 심한 경우이다. 그런데 이 모든 일이 음식 때문이라니. 또한 사도는 "네가 형제를 근심시키면"이라고 말하지 않고, "네 형제가 근심하게 되면"이라고 말한다. 이 말을 통해서 사도는 "우린 그를 근심하게 한 일이 없고, 단지 우리에게 허용된 일만을 하고 있을 뿐이오." 또는 "우린 우리의 권리를 사용해서 우리 일들을 우리가 하고 싶은 대로도 못하나요?"라고 말하는 자들의 핑계를 적절하게 잘라버린다. 당신이 당신의 권리들을 따라 살고, 당신의 일들을 당신이 하고 싶은 대로 하는 것으로는 충분하지 않다. 당신은 형제를 돌보아야 하고, 하나님의 인도하심을 받아야 한다. 사실 형제를 근심하게 한다면, 당신은 당신 마음대로 할 수 있는 권리도 없고 특권도 없다. 왜냐하면 그런 경우에 그 일들은 더 이상 당신의 사적인 일들이 아니고, 영적 관점에서 볼 때에, 그 일들로 인해서 의심과 양심의 거리낌이 일어나 괴로워하는 당신의 형제와 연관되기 때문이다. 그러므로 당신이 그렇게 행함으로써 형제가 근심하게 된다면, 당신은 올바른 것과 반대로 행하는 것이 된다. 오늘날 사람들은 무엇이 자기 것이고 무엇이 자신의 '권리'를 따라 할 수 있는 일인지만을 생각할 뿐, 자기가 남들에게 무엇을 빚지고 있고, 무엇이 자기 자신과 이웃에게 덕을 세우는 일인지를 고려하지는 않는다. 고린도전서 6:12에서 사도는 "모든 것이 내게 가하나 다 유익한 것이 아니요"라고 쓰고 있다.

네 번째로 사도는 "이는 네가 사랑으로 행하지 아니함이라"고 말한다.

비록 당신의 소견으로는 당신이 훌륭하고 멋지게 행하고 있다고 생각하겠지만, 당신은 그릇된 길로 행하고 있는 것이다. 고린도전서 13:2에서 사도는 "산을 옮길 만한 모든 믿음이 있을지라도 사랑이 없으면 내가 아무것도 아니요"라고 쓰고 있다. 이것은 실로 엄청나게 무시무시한 말이다! 음식 때문에 자기가 행한 모든 선한 일들을 완전히 수포로 돌아가게 할 수 있으니 말이다. 그럼에도 불구하고 도처에 있는 그러한 어리석은 자들은 사랑을 맨마지막에 둔 채 많은 선한 일들을 하느라 골머리를 썩힘으로써, "우매한 자들의 수고는 자신을 피곤하게 할 뿐이라 그들은 성읍에 들어갈 줄도 알지 못함이니라"는 전도서 10:15의 말씀이 그들 속에서 성취된다.

그리스도께서 대신하여 죽으신 형제를 네 음식으로 망하게 하지 말라(14:15). 즉, 당신이 형제를 근심하게 하고 거리끼게 하고 사랑을 범한 것도 중대한데, 이 모든 것에 더하여 당신은 형제를 망하게 하는 것이기 때문에 잔인한 살인자이기까지 하다는 말이다. 사실 형제를 살해하는 것은 가장 잔인한 범죄이다. 또한 당신은 그 형제를 위하여 그리스도께서 죽으셨다는 것을 무시하고 있는데, 이것도 모든 잔인함과 배은망덕을 훨씬 능가하는 범죄이다. 왜냐하면 그리스도께서는 바로 그 형제를 위하여서도 죽으신 것이 확실하기 때문이다. 그러므로 형제를 업신여기고 자비롭게 행하지 않는 것이 얼마나 큰 죄인지를 보라! 또한 고린도전서 8:12에서도 "너희가 형제에게 죄를 지어 그 약한 양심을 상하게 하는 것이 곧 그리스도에게 죄를 짓는 것이니라"고 말씀하고, 그 앞 절(11절)에서는 "네 지식으로 그 믿음이 약한 자가 멸망하나니 그는 그리스도께서 위하여 죽으신 형제라"고 말씀한다. 이렇게 사도는 음식과 그리스도의 죽음을 서로 비교한다. 사도가 말하고자 하는 것은 이런 것이다: 그리스도께서 형제를 위하여 겪으신 죽음을 경시할 정도로까지 음식에 얽매이는 일이 없도록 주의하라. 이것은 매우 준엄한 권면이다.

너희의 선한 것이 비방을 받지 않게 하라(14:16). 즉, 너희는 교회와 너희 자신에 대하여 범죄하고 있다는 말이다. 왜냐하면 그런 경우에 너희의 "선한 것," 즉 하나님 안에 있는 너희와 하나님으로부터 너희가 받은 것을 이방인들이 너희의 범죄에 비추어 보고서는 그것을 얻고자 하는 것이 아니라 그것으로부터 도망칠 것이기 때문이다. 그러면 너희는 그렇지 않았다면 구원을 받았을 수도 있는 많은 사람들을 망하게 하는 원인이 되는 것이다. 너희의 잘못만이 아니라 너희의 선도 욕을 먹는다는 것, 그것도 단지 음식 때문에 욕을 먹는다는 것은 심각하고도 끔찍한 일이다.

사도는 그리스도로 인한 우리의 존재를 "선한 것"이라 부른다. 사도가 말하고자 하는 것은 이방인들이 너희의 믿음, 너희의 경건, 너희의 기독교 전체를 모독하지 않도록 주의하라는 것이다. 이러한 것들은 감미로운 향기를 풍기며 사람들을 끄는 것이 되어야 마땅하고, 너희는 선함으로써 이러한 것들의 덕을 세워야 마땅하다. 사도는 고린도후서 6:3에서 "우리가 이 직분이 비방을 받지 않게 하려고 무엇에든지 아무에게도 거리끼지 않게 하고"라고 말씀하고, 로마서 12:17에서는 "모든 사람 앞에서 선한 일을 도모하라"고 말씀한다.

하나님의 나라는 먹는 것과 마시는 것이 아니요(14:17). 만약 너희가 마치 먹는 것과 마시는 것이 하나님 나라에 본질적이기라도 한 것처럼 먹고 마시는 것을 지켜나가는 기수가 되어서 음식 때문에 화평을 해친다면, 너희가 부르짖는 하나님 나라는 다 헛된 것이다. 그렇지만, 이런 일이 오늘날 도처에서 벌어지고 있으니 슬픈 일이다. 외적인 음식 문제가 내적인 참된 경건의 문제보다도 교회 안에서 더 많은 분란을 일으킨다.

오직 성령 안에 있는 의와 평강과 희락이라(14:17). 의는 여기서 하나님과 관련하여 사용되고 있다. 왜냐하면 이 의를 우리는 그리스도에 대한 믿음으로 말미암아 하나님으로부터 얻기 때문이다. 평강은 여기서 이웃과 관련되어 있다. 왜냐하면 이 평강은 서로서로를 돌보고 돕는 상호간의 사랑을 통해서 얻어지기 때문이다. 성령 안에 있는 희락은 믿는 자 자신과 관련되어 있다. 성령 안에서의 희락은 육신의 희락이 아니라 육신(믿는 자의 부패한 본성)을 십자가에 못 박고난 후의 희락이다.

우리는 우리가 이웃이나 하나님을 위하여 행하는 일들 때문이 아니라 소망으로, 하나님께 우리의 신뢰를 둠으로써 성령 안에서 희락을 얻는다.

스스로는 기뻐하라. 그러나 이웃을 향하여서는 평강 중에 사랑하는 자가 되고, 하나님과의 관계 속에서는 의로워라. 특히 형제의 양심을 짓밟음으로써 형제가 받는 거리낌이나 분개함보다 더 많이 화평을 해치는 것은 없다. 상호간의 사랑 속에서 서로를 섬기고 덕을 세울 때, 우리는 이웃과 화평을 누리게 된다. 연약한 자들을 판단하고 업신여기며 그들의 양심을 짓밟을 때, 이 화평은 깨진다. 그러므로 사도는 우리가 서로서로 화평 가운데 사는 것뿐만 아니라 화평을 사랑하는 마음과 겸양을 통하여 화평을 세워나가기를 바란다.

이로써 그리스도를 섬기는 자는 하나님을 기쁘시게 하며 사람에게도 칭찬을 받느니라(14:18). 이런 일들에서 그리스도를 섬기는 믿는 자는 올바른 일을 한 것이기 때문에 하나님께서 기쁘게 받으신다. 이런 사람은 화평을 위해 일하는 것이기 때문에 사람들에게도 인정을 받는다. 앞 절에서 사도는 "성령 안에서의 희락"을 맨나중에 두었다. 왜냐하면 먼저 그리스도인은 하나님께서 기쁘게 받으실 만하여야 하고, 다음으로 그리스도인은 자신의 유익이 아니라 이웃의 유익을 구하여야 하기 때문이다. 분란을 일으키고 남들을 헷갈리게 하는 자들에 관하여, 우리는 보통 그들은 남들이 화평 가운데 살도록 놔두지 않기 때문에 화평을 누리지 못하는 것이라고 말한다. 데살로니가전서 5:13, 14에서 사도는 "너희끼리 화목하라," "게으른 자들을 권계하며 … 모든 사람에게 오래 참으라"고 쓰고 있다.

그러므로 우리가 화평의 일 … 을 힘쓰나니(14:19). 즉, 남들을 어지럽히는 것이 아니라 남들에게 덕을 세우고 화평을 주는 그런 일들을 추구하라는 말이다. 그러나 어떤 일들이 그런 일들인가? 이것은 구체적으로 자세하게 말할 수는 없지만, 때를 따라 기회가 우리에게 주어질 때마다 사랑이 그러한 일들을 우리에게 가르쳐줄 것이다.

서로 덕을 세우는 일(14:19). "덕을 세운다"(edify)는 말은 사도가 좋아하는 말이다. 사도는 "남에게 이득을 끼칠 수 있는(profit)" 일, 즉 구원에 유익이 되는 말과 행위라고 말했을 법도 하다. 고린도전서 10:23에서 사도는 "모든 것이 가하나 모든 것이 덕을 세우는 것은 아니니"라고 쓰고 있다.

음식으로 말미암아 하나님의 사업을 무너지게 하지 말라(14:20). 사도는 그리스도인 형제를 "하나님의 사업"(the work of God)이라고 부르는데, 고린도전서 9:1에서는 "주 안에서 행한 나의 일이 너희가 아니냐"라고 하고, 고린도전서 3:17에서는 "누구든지 하나님의 성전을 더럽히면 하나님이 그 사람을 멸하시리라"고 말씀한다. 음식 때문에 하나님의 사업을 무너지게 하는 것은 하나님을 욕보일 뿐만 아니라 하나님과 맞서 싸워서 하나님이 세워놓으신 일을 무너뜨리는 것을 의미한다. 따라서 그것은 하나님과 맞서서 끊임없이 싸우는 것을 의미한다.

믿음을 따라 하지 아니하는 것은 다 죄니라(14:23). 여기서 사도는, 자기들이 그리스도로 말미암아 구원을 받았음을 진짜로 믿지만 아직도 먹고 마시는 문제에서 범죄하면, 특히 그리스도에 대하여 범죄하면 어찌나 두려워하는 사람들을 염두에 두고 있다. 믿음에서 나오지 않은 것은 무엇이나 죄이다. 그것은 믿음과 양심에 역행하는 것이기 때문이다. 따라서 우리는 양심을 어기지 않도록 모든 열심을 다해서 조심해야 한다. 그러므로 우리는 연약한 형제가 약한 믿음을 따라 행하게 하지 말고, 그를 강하게 하고 덕을 세워서, 우리 주 예수 그리스도를 아는 지식에서 자라가게 해야 한다. 그래서 베드로후서 3:18에서는 "오직 우리 주 곧 구주 예수 그리스도의 은혜와 그를 아는 지식에서 자라"고 말씀한다.

여기 나오는 "믿음"을 '확신'이나 '양심'이라는 의미로 해석하는 사람들이 있다. 그러나 여기서 "믿음"은 그리스도에 대한 믿음을 의미하는 것으로 해석할 수 있다. 나는 다른 해석자들의 견해를 존중하면서도 이 구절을 그런 식으로 이해한다. 믿음이 연약한 자는 믿지만, 또한 믿지 않기도 한다. 그는 그가 믿는 한에 있어서는 옳고, 믿지 않는 한에 있어서는 그르다. 또한 그가 오도되어 잘못된 믿음을 갖게 되면, 그는 실제로 자신의 행위 속에서 범죄하게 된다.

로마서 15장

15장의 내용: 사도는 믿음이 강한 그리스도인들에게 연약한 자들을 담당하고 그들이 바른 것을 행할 수 있도록 도우라고 권면한다. 그런 다음에 사도는 로마에 있는 그리스도인들을 몸소 방문하지 못한 데 대하여 변명한다. 이 장은 앞 장의 부록이다. 왜냐하면 사도는 그리스도의 본을 지적하는 것으로 자신의 가르침을 마무리하고 있기 때문이다. 이런 이유로 로마에 있는 그리스도인들이 사랑 안에서 서로를 받고 남을 업신여기지 말아야 한다는 권면이 다시 반복된다.

그리스도께서 자기를 기쁘게 하지 아니하신 것처럼, 믿는 자들은 자기를 기쁘게 하지 않아야 한다

믿음이 강한 우리는 마땅히 믿음이 약한 자의 약점을 담당하고 자기를 기쁘게 하지 아니할 것이라 우리 각 사람이 이웃을 기쁘게 하되 선을 이루고 덕을 세우도록 할지니라 그리스도께서도 자기를 기쁘게 하지 아니하셨나니 기록된 바 주를 비방하는 자들의 비방이 내게 미쳤나이다 함과 같으니라 무엇이든지 전에 기록된 바는 우리의 교훈을 위하여 기록된 것이니 우리로 하여금 인내로 또는 성경의 위로로 소망을 가지게 함이니라 이제 인내와 위로의 하나님이 너희로 그리스도 예수를 본받아 서로 뜻이 같게 하여 주사 한마음과 한 입으로 하나님 곧 우리 주 예수 그리스도의 아버지께 영광을 돌리게 하려 하노라 그러므로 그리스도께서 우리를 받아 하나님께 영광을 돌리심과 같이 너희도 서로 받으라(15:1-7).

믿음이 강한 우리는 마땅히 믿음이 약한 자의 약점을 담당하고(15:1). 음식과
관련된 특별한 사례로부터 사도는 이제 일반적인 교훈을 끌어낸다. 왜냐하
면 음식 문제에 있어서 믿음의 연약함에 관하여 가르쳤던 것을 사도는 일
반적으로 여기서 적용하고 있기 때문이다. 음식 문제에서와 마찬가지로 그
밖의 다른 온갖 연약함과 넘어짐의 문제들에서도, 그리스도께서 우리를 담
당하셨던 것처럼, 우리는 연약한 자들을 담당하고(짊어지고) 그들을 업신
여기지 말아야 한다. 이와 같이 그리스도인의 사랑은 모든 사람들과 모든
것들을 담당한다. 모세와 선지자들도 이스라엘을 담당하였다(짊어졌다).
갈라디아서 6:2에서 사도는 "너희가 짐을 서로 지라 그리하여 그리스도의
법을 성취하라"고 말씀한다. 앞 절(1절)에서 사도는 "형제들아 사람이 만
일 무슨 범죄 한 일이 드러나거든 신령한 너희는 온유한 심령으로 그러한
자를 바로잡고 너 자신을 살펴보아 너도 시험을 받을까 두려워하라"고 말
씀하고, 빌립보서 2:5에서는 "너희 안에 이 마음을 품으라 곧 그리스도 예
수의 마음이니"라고 말씀한다.

자기를 기쁘게 하지 아니할 것이라(15:1). 자기를 기쁘게 하는 그런 자는
자신의 짐을 담당하는 것이 아니라 이웃에게서 이득을 취하려고 한다. 사
실 그런 자들은 다른 모든 사람들이 자기 짐을 져주기를 바라면서, 스스로
는 단 한 사람의 짐도 담당하려 하지 않는다. 그들이 하는 일이란 남들을
욕하고, 판단하고, 비방하고, 고소하고, 업신여기는 일이 전부이다. 그들은
남들을 담당하는 것이 아니라 남들에게 화를 내고, 자기 외에는 그 누구도
선하다고 보지 않는다. 누가복음 18:10 이하를 보면, 바리새인도 이와 같
이 행하였다. 그는 세리를 비롯한 다른 모든 사람들을 비판하고, 질책하고,
고발하고, 단죄하고서, 헛되이 자신의 의만을 기뻐하였다. 그러므로 성 아
우구스티누스는 시편 71편에 대한 해설에서 이 바리새인에 대하여 이렇게
논평한다: "아, 네가 선하고 다른 한 사람이 악하다는 것이 너(바리새인)
에게 큰 기쁨을 주고 있구나! 그러나 이 바리새인이 어떤 말을 덧붙이고
있는가? '토색, 불의, 간음을 행하는 자들, 이 세리와도 같지 않음을'! 이것

은 더 이상 기쁨이 아니고 깔보는 것이다!" 이러한 깔봄은 자기를 기쁘게 하는 자들에게 특유한 특징이다. 그들은 자기들이 의롭기 때문에 기뻐하는 것이 아니라 남들이 불의하기 때문에 기뻐한다. 남들이 자기들처럼 의롭다면, 그들은 전혀 기뻐하지 않을 것이다. 아니, 그런 경우에 그들은 대단히 불쾌해할 것이다.

우리 각 사람이 이웃을 기쁘게 하되 선을 이루고 덕을 세우도록 할지니라 (15:2). 여기서 사도는 우리가 자기를 기쁘게 하지 말아야 한다고 가르치고는 또한 우리가 이웃을 기쁘게 해야 한다고 가르친다. 그리고 이웃을 기쁘게 한다는 것은 자기를 기쁘게 하지 않는다는 것을 의미한다. 우리 주님께서 "이 세상에서 자기의 생명을 미워하는 자는 영생하도록 보전하리라" (요 12:25)고 말씀하신 것처럼, 자신에 대한 참된 사랑은 자기 자신을 미워하는 것이다. 고린도전서 13:5에서 사도는 "자기의 유익을 구하지 아니하며"라고 쓰고 있다. 그런 까닭에 자기를 미워하고 이웃을 사랑하는 자는 자기 자신을 진정으로 사랑하는 것이다. 왜냐하면 그럴 때에야 그는 자기 자신에게서 떠나서 자신을 사랑하게 되어, 이웃을 사랑하듯이 이기적이지 않은 방식으로 자기를 사랑하게 되기 때문이다.

이런 이유로 나는, 남들의 의견과 상충되지 않기를 바라면서 또한 교부들의 의견을 매우 존중함에도 불구하고, 이 계명("네 몸과 같이 이웃을 사랑하라")에서 이웃 사랑과 관련하여 자기 자신에 대한 사랑이 이웃에 대한 사랑의 척도라는 식으로 이해하는 것은 근거 없는 것이라고 말하고자 한다. 나는 "네 몸과 같이"라는 단서규정을 붙임으로써 하나님께서 사람들에게 자기를 사랑하라고 명령하고 계신다고 생각하지 않고, 이 말씀은 우리가 자기를 사랑하는 잘못된 사랑을 우리에게 보여주는 것이라고 생각한다. 이 말씀은 우리가 잘못되고 이기적인 방식으로 자신을 사랑하고 있기 때문에, 우리가 자기를 사랑하기를 그치고 자신을 완전히 잊어버린 채 이웃을 사랑하기 시작하기 전에는 그러한 잘못된 자기 사랑에서 벗어날 수 없다는 것을 우리에게 가르친다. 이러한 자기 사랑의 죄악된 성격은 우리가 모든 사람들로부터 사랑 받기를 원하고, 모든 것들 속에서 자기 자신의 것을 추구하는 데서 드러난다. 고린도전서 10:33에서 사도는 "나와 같이 모든 일에 모든 사람을 기쁘게 하여 자신의 유익을 구하지 아니하고 많은 사람의 유익을 구하여 그들로 구원을 받게 하라"고 씀으로써 참된 그리스도인의 사랑이 무엇인지를 보여준다.

사도는 "덕을 세우도록 할지니라"는 말을 덧붙인다. 즉, 우리는 이웃을 기쁘게 하여서, 그가 마음이 움직여 선한 일을 하고, 특히 덕 세움을 받을 수 있게 하여야 한다는 말이다. 사도는 보통 덕을 세우는 것과 거리끼게 하는 것을 서로 대비시킨다. 따라서 14:19에서 사도는 "우리가 화평의 일과 서로 덕을 세우는 일을 힘쓰나니"라고 말씀한다. 즉, 덕을 세운다는 것은 남들을 거리끼게 하지 않는 것이라는 말이다. 화평은 "걸려 넘어지게 하는 기회"와 대비되고, 덕 세우는 것은 거리끼게 하는 것과 대비되며, 연약한 자를 형제로 받는 것은 연약한 자를 업신여기는 것과 대비를 이룬다. 그러므로 사도는 앞에서 "네 형제로 넘어지게 하거나 거리끼게 하거나 연약해지게 하는 일[개역에서는 '네 형제로 거리끼게 하는 일']을 아니함이 아름다우니라"고 말씀하고 있는 14:21에서 이 세 가지(형제를 넘어지게 하는 것, 거리끼게 하는 것, 업신여기는 것)를 강조하였었다.

주를 비방하는 자들의 비방이 내게 미쳤나이다(15:3). 이 구절은 단지 유대인들이 그리스도께 가한 비방만을 얘기하고 있는 것이 아니다. 만약 그렇다면 이 구절은 이 장의 시야와 잘 들어맞지 않을 것이다. 오히려 사도는 그리스도를 하나의 본보기로 삼고 얘기한다. 왜냐하면 그리스도는 온 인류의 모든 연약함들을 담당하셨기 때문이다. 이와 같이 이사야 53:4에서는 "그는 실로 우리의 질고를 지고 우리의 슬픔을 당하였거늘"이라고 말씀한다. 선한 일들을 통해서 하나님을 영화롭게 하듯이, 우리는 악한 일들을 통해서 하나님을 욕되게 하고, 이런 악행들을 통해서 하나님은 비방을 받는다. 왜냐하면 우리가 악을 행하면, 하나님께서 욕을 먹기 때문이다. 이에 대하여 사도는 2:24에서 "하나님의 이름이 너희 때문에 이방인 중에서 모독을 받는도다"라고 말씀한다. 그러므로 우리는 "이름이 거룩히 여김을 받으시오며"라고 기도한다. 즉, 하나님의 이름이 사람들로부터 경외를 받고 거룩한 것으로 공경을 받기를 기도하는 것이다. 그리스도께서 담당하신 것은 바로 우리의 죄에 대한 죄책이다. 이 우리의 죄책 때문에 그리스도께서는 벌을 받으셨고, 그 죄책을 속죄하셨다. 그리스도께서 자기를 기쁘게 하고자 했다면, 또는 자기를 사랑했다면, 그리스도께서는 이런 일을 하지 못하셨을 것이다. 그러나 그리스도께서는 우리를 사랑하셨고, 자기를 미워하며 자기를 비우고(즉, 자신의 인성을 좇아 신적 위엄과 영광을 비우고), 우리를 위해 자기를 완전히 포기하셨다. 그런 까닭에 우리로 하여금 이웃을 기쁘게 하도록 만들고 이웃에 대하여 인내하도록 만드는 것은 다름아닌 사랑이다. 사랑은 인내하는 것이기 때문에 자기를 기쁘게 하도록 허용하지 않는다. 그러한 사랑이 없다면, 우리는 인내하지 못하고 오직 자기만을 기쁘게 할 뿐이다. 왜냐하면 그런 경우에 우리는 교만한(죄악된) 방식으로 의롭기 때문이다.

무엇이든지 전에 기록된 바는 우리의 교훈을 위하여 기록된 것이니(15:4). 사도는 전에 기록된 이 모든 것들은 그리스도에 관하여 기록된 것이지만 우리의 교훈을 위하여 기록된 것이라고 말한다. 즉, 우리가 이웃에 대하여 인내를 보이고 성경이 주는 위로를 통해 소망을 갖도록 하기 위함이라는 것이다. 여기서 사도는 다음과 같은 반론을 만날 수 있다: 그렇지만 이 모든 것은 우리와 무슨 상관이 있는가? 문자적으로 고찰하면 이것은 오직 그리스도에게만 해당되는 말씀이 아니냐? 이에 대해 사도는 이렇게 대답한다: 그리스도에 관하여 씌어진 것은 바로 우리를 위해서, 즉 우리로 하여금 그리스도를 본받게 하기 위하여 씌어진 것이다. 그런 까닭에 우리는 이것을 단지 이론적이 아니라 우리가 따라야 할 본보기로서 우리에게 제시된 그리스도에 관한 일로 이해하지 않으면 안 된다. 그러므로 이 구절로부터 우리는 그리스도께서 행하신 모든 일은 우리의 교훈을 위해서 기록되었다는 중요한 진리를 배운다. 왜냐하면 사도는 "무엇이든지 전에 기록된 바는 우리의 교훈을 위하여 기록된 것이니"라고 말씀하고 있기 때문이다.

우리로 하여금 인내로 또는 성경의 위로로 소망을 가지게 함이니라(15:4). 인내와 소망을 이렇게 한데 묶은 것은 아주 적절하다. 우리는 성경이 주는 인내와 위로를 통해 소망을 갖는다. 물론 소망은 손으로 만질 수 있는 것이 아니다. 어떤 것을 볼 수 있다면, 우리가 왜 그것을 소망하겠는가? 소망은 우리가 눈으로 볼 수 있는 모든 것을 배제한다. 그러므로 이 때문에 인내가 꼭 필요하게 된다. 그리고 우리가 인내할 때 약해지지 않도록 해주는 것을 사도는 "위로"라는 말로 표현한다. 우리가 눈으로 볼 수 있는 것들 대신에 바로 이 위로가 우리를 지탱해준다. 그러므로 위로는 온갖 손으로 만질 수 있는 현실을 하나님의 말씀과 성경에 복종시키는 대단한 것이다. 이런 일은 모든 세속적인 것들에 대하여 죽은 사람들만 할 수 있다 — 적어도 열렬히 이런 일을 사모하는 것에 관한 한.

그들이 실생활에서 세속적인 것들을 사용한다고 할지라도, 그들이 그렇게 하는 것은 원해서가 아니라 필요에 의해서 어쩔 수 없어서 그러는 것이다. 다음과 같은 자들만이 주인(하나님)의 말씀을 경청하는 그리스도인들이 된다: "너희 중의 누구든지 자기의 모든 소유를 버리지 아니하면 능히 내 제자가 되지 못하리라"(눅 14:33); 또는 "세상 물건을 쓰는 자들은 다 쓰지 못하는 자 같이 하라"(고전 7:31). 그들의 삶 전체는 하나님께 헌신되어 있다. 그들은 자신의 모든 일들에서 하나님을 섬긴다. 왜냐하면 그들 중에 그 누구도 자신의 이익을 좇는 사람이 없기 때문이다.

인내와 위로의 하나님이 너희로 그리스도 예수를 본받아 서로 뜻이 같게 하여 주사(15:5). 사도가 말하고자 하는 것은 이것이다: 너희가 이 두 가지 축복들, 즉 인내와 위로를 자기 힘으로 갖게 된 것이 아니라, 하나님께서 너희에게 그것들을 주신 것이다. 여기서 사도는 자기가 가르치는 사람들을 위해 기도한다. 왜냐하면 이는 경건한 교사의 의무이기 때문이다. 경건한 교사라면 물을 줄 뿐만 아니라 하나님께 그들이 자라도록 해줄 것을 요청해야 한다. 먼저, 그는 수고를 해야 하고, 다음으로 가르쳐야 하며, 마지막으로 그들을 위해 기도해야 한다. 성 베르나르는 자신의 글인 〈유게니우스 3세를 생각하며〉(Regarding the Consideration of Eugene III)에서 이 세 가지를 우리 주님이 성 베드로에게 간곡히 당부하셨던 "내 양을 치라"(요 21:15-17)라는 말씀으로 설명한다.

그러므로 그리스도께서 우리를 받아 하나님께 영광을 돌리심과 같이 너희도 서로 받으라(15:7). "하나님께 영광을 돌리심"은 하나님께서 그리스도의 선한 일 때문에 영광을 받으신다는 것을 의미한다. 그리고 우리가 죄인들과 연약한 자들을 받음으로써 하나님께서 영광을 받으시는 것은 정말 하나님을 대단히 영화롭게 해드리는 것이다. 왜냐하면 하나님께서 우리를 자비를 베푸는 자로 대하시는 것은 하나님께 영광이 되기 때문이다. 그러므로 이것은 하나님의 영광에 기여하는 것이다. 즉, 하나님으로부터 복을 받게 될 사람들을 우리가 하나님께 인도할 때, 이것은 하나님께 호의를 베풀 기회를 드리는 것이 된다. 그러므로 우리는 강하고 거룩하고 지혜로운 자들(즉, 교만하고 행위로 인해 의롭다고 생각하는 불신자들)을 하나님께 인도해서는 안 된다. 그들 속에서 하나님은 영광을 받으실 수 없다. 왜냐하면 그들이 자기들 생각으로 영적인 축복들이 필요하지 않아서 하나님은 그들에게 그러한 축복들을 나눠주실 수 없기 때문이다.

이방인의 사역자로서 사도는 로마와 서바나를 방문하고자 하였다

내가 말하노니 그리스도께서 하나님의 진실하심을 위하여 할례의 추종자가 되셨으니 이는 조상들에게 주신 약속들을 견고하게 하시고 이방인들도 그 긍휼하심으로 말미암아 하나님께 영광을 돌리게 하려 하심이라 기록된 바 그러므로 내가 열방 중에서 주께 감사하고 주의 이름을 찬송하리로다 함과 같으니라 또 이르되 열방들아 주의 백성과 함께 즐거워하라 하였으며 또 모든 열방들아 주를 찬양하며 모든 백성들아 그를 찬송하라 하였으며 또 이사야가 이르되 이새의 뿌리 곧 열방을 다스리기 위하여 일어나시는 이가 있으리니 열방이 그에게 소망을 두리라 하였느니라 소망의 하나님이 모든 기쁨과 평강을 믿음 안에서 너희에게 충만하게 하사 성령의 능력으로 소망이 넘치게 하시기를 원하노라 내 형제들아 너희가 스스로 선함이 가득하고 모든 지식이 차서 능히 서로 권하는 자임을 나도 확신하노라 그러나 내가 너희로 다시 생각나게 하려고 하나님께서 내게 주신 은혜로 말미암아 더욱 담대히 대략 너희에게 썼노니 이 은혜는 곧 나로 이방인을 위하여 그

리스도 예수의 일꾼이 되어 하나님의 복음의 제사장 직분을 하게 하사 이방인을
제물로 드리는 것이 성령 안에서 거룩하게 되어 받으실 만하게 하려 하심이라 그
러므로 내가 그리스도 예수 안에서 하나님의 일에 대하여 자랑하는 것이 있거니
와 그리스도께서 이방인들을 순종하게 하기 위하여 나를 통하여 역사하신 것 외
에는 내가 감히 말하지 아니하노라 그 일은 말과 행위로 표적과 기사의 능력으로
성령의 능력으로 이루어졌으며 그리하여 내가 예루살렘으로부터 두루 행하여 일
루리곤까지 그리스도의 복음을 편만하게 전하였노라 또 내가 그리스도의 이름을
부르는 곳에는 복음을 전하지 않기를 힘썼노니 이는 남의 터 위에 건축하지 아니
하려 함이라 기록된 바 주의 소식을 받지 못한 자들이 볼 것이요 듣지 못한 자들
이 깨달으리라 함과 같으니라 그러므로 또한 내가 너희에게 가려 하던 것이 여러
번 막혔더니 이제는 이 지방에 일할 곳이 없고 또 여러 해 전부터 언제든지 서바
나로 갈 때에 너희에게 가기를 바라고 있었으니 이는 지나가는 길에 너희를 보고
먼저 너희와 사귐으로 얼마간 기쁨을 가진 후에 너희가 그리로 보내주기를 바람
이라 그러나 이제는 내가 성도를 섬기는 일로 예루살렘에 가노니 이는 마게도냐
와 아가야 사람들이 예루살렘 성도 중 가난한 자들을 위하여 기쁘게 얼마를 연보
하였음이라 저희가 기뻐서 하였거니와 또한 저희는 그들에게 빚진 자니 만일 이
방인들이 그들의 영적인 것을 나눠 가졌으면 육적인 것으로 그들을 섬기는 것이
마땅하니라 그러므로 내가 이 일을 마치고 이 열매를 그들에게 확증한 후에 너희
에게 들렀다가 서바나로 가리라 내가 너희에게 나아갈 때에 그리스도의 충만한
복을 가지고 갈 줄을 아노라 형제들아 내가 우리 주 예수 그리스도와 성령의 사
랑으로 말미암아 너희를 권하노니 너희 기도에 나와 힘을 같이하여 나를 위하여
하나님께 빌어 나로 유대에서 순종하지 아니하는 자들로부터 건짐을 받게 하고
또 예루살렘에 대하여 내가 섬기는 일을 성도들이 받을 만하게 하고 나로 하나님
의 뜻을 따라 기쁨으로 너희에게 나아가 너희와 함께 편히 쉬게 하라 평강의 하
나님께서 너희 모든 사람과 함께 계실지어다 아멘(15:8-33).

내가 말하노니 그리스도께서 하나님의 진실하심을 위하여 할례의 추종자가 되
셨으니(15:8). 사도는 여기서 자기가 그들을 권면한 이유, 즉 그들로 하여

금 그리스도 안에서 순전한 은혜로써 그들(이방 그리스도인들)을 받으셨던 하나님께 영광을 돌리도록 하기 위하여 권면한 것이라고 설명한다. 그들은, 그리스도가 약속되어 있었고 하나님의 약속에 의해 확증된 그리스도를 그들의 메시야로 받았던 유대인들과 처지가 같지 않았다. 그러므로 사도가 전에 "또한 그리스도께서 우리를 받으셨듯이"라고 말하면서 은혜로 값없이 주어진 하나님의 자비를 강조하였듯이, 곧 사도는 어떤 점에서 그것이 그렇게 값없이 주어진 자비인지를, 즉 이방인들이 유대인들에게 약속되고 주어진 것과 동일한 하나님의 자비를 받았다는 것을 보여준다.

기록된 바 그러므로 내가 열방 중에서 주께 감사하고 주의 이름을 찬송하리로다 함과 같으니라(15:9). 사도는 여기서, 시편 기자의 말에 의하면 그리스도께서 이방인들 가운데서 행하신 바로 그것을 이방인들이 한다고 말한다. 이것은 성경을 부적절하게 사용하는 것도 아니고 모순되는 것도 아니다. 그러나 그리스도께서는 이방인들 가운데서, 이방인들은 그리스도 안에서 성령으로 말미암아 하나님을 찬송한다는 것은 진정 사실이다. 왜냐하면 그리스도께서는 육신으로는 이방인들 가운데 계시지 않았고, 육신으로는 이방인들 가운데서 하나님의 이름을 찬송하지 않았기 때문이다.

또 이르되 열방들아 주의 백성과 함께 즐거워하라 하였으며(15:10). 이 외침은 예루살렘으로부터, 즉 주의 백성으로부터 다른 사람들에게로, 곧 예루살렘의 지체들이 아닌 이방인들에게로 퍼져나간다. 그러므로 사도는 "열방들"(이방인들)이라는 말을 덧붙이고, '예루살렘'을 "주의 백성"이라고 설명한다. 이 구절의 내용은 시편의 다른 구절들에도 나온다: "하나님이여 민족들이 주를 찬송하게 하시며 모든 민족으로 주를 찬송하게 하소서"(시 67:5); "여호와께서 다스리시나니 땅은 즐거워하며 허다한 섬은 기뻐할지어다"(시 97:1) — 이 구절은 주께서 열방들을 다스릴 것을 예언하고 있다.

이새의 뿌리 … 가 있으리니(15:12). 여기서 "뿌리"는 나무가 죽은 후에 남는 그루터기이다. 그런데 이 그루터기는 신기하게도 자라나서 큰 나무가 된다. 이 "뿌리"는 자기 자신을 넓혀서 큰 교회를 이루신 그리스도이다. 비

슷한 방식으로 그리스도는 스스로를 "한 알의 밀"(요 12:24), 나중에 나무
가 될 "겨자씨 한 알"(마 13:31)로 묘사한다. "뿌리"라는 말은 아무것도
아닌 존재로 스스로를 낮추셨다가 다시 높아지신 그리스도의 고난과 죽음
을 시사한다. 이사야 53:2에서는 "그는 주 앞에서 자라나기를 연한 순 같
고 마른 땅에서 나온 뿌리 같아서"라고 말씀한다. 이런 식으로 그리스도의
고난과 죽음은 비유를 빌어 묘사된다.

이 모든 것을 통해서 사도는 유대 그리스도인들과 이방 그리스도인들
간의 불일치를 제거함으로써, 그들은 서로 차이가 있는 것이 아니라 그리
스도께서 그들을 받으셨듯이, 서로를 받아야 한다고 말한다. 왜냐하면 전
적인 자비로써 그리스도께서는 유대인들만이 아니라 이방인들도 받으셨기
때문이다(그러므로 유대인들이 스스로 기고만장할 이유가 없다). 따라서
이 둘은 하나님을 찬송하고 서로 다투지 말아야 할 충분한 이유를 갖고
있는 셈이다.

인성에 따르면, 그리스도는 다윗 및 족장들을 자신이 연유한 "뿌리"로
갖고 있다. 그러나 영적으로 말하면, 그리스도 자신이 온 교회의 "뿌리"이
다. 이 점에서 그리스도는 꽃이고, 후자의 관점에서 보면, 다윗과 족장들은
그리스도의 꽃들이다.

소망의 하나님(15:13). 하나님은 그리스도인의 소망의 원천이자 목표이
다. "소망의 하나님"이라는 표현은 사실 이상한 말이다. 그럼에도 불구하고
이 표현을 통해서 사도는 참 하나님과 거짓 신들을 구별한다. 우상들은 손
으로 만질 수 있는 것들을 지배하는 신들이다. 그들은 아무런 소망도 갖고
있지 않고 오직 물질적인 것들만을 의지하는 자들을 지배한다. 그러나 참
하나님을 의지하는 자는 누구나 이 모든 땅에 속한 것들을 버리고 오직
소망만으로 살아간다. 그러므로 "소망의 하나님"이라는 표현은 '소망을 갖
고 있는 자들의 하나님'과 동일한 의미를 지닌다. 왜냐하면 하나님은 두려
워하고 절망하는 자들의 하나님이 아니라 오히려 그들의 적이요 재판장이
시기 때문이다. 요컨대 하나님은 소망을 주시는 자이기 때문에, 아니 사람
들이 소망으로 인하여 하나님을 예배하기 때문에 "소망의 하나님"이시다.

왜냐하면 소망이 있는 곳마다 하나님에 대한 예배도 있기 때문이다.

이 모든 기쁨과 평강을 믿음 안에서 너희에게 충만하게 하사(15:13). 즉, 너희를 평정된 양심과 서로 간의 화목으로 채우시라는 기도이다. 사도는 기쁨을 먼저, 평강을 나중에 말하는데, 이는 사람들의 마음 속에 평강을 낳음으로써 사람들에게 평강을 주는 것은 바로 기쁨이기 때문이다. 그리스도에 대한 믿음을 통해서 평강을 얻고 나면, 다른 사람들과 화평하게 사는 것은 쉬운 일이다. 그러나 기분이 언짢고 고민이 많으면, 다른 사람들에게도 시큰둥하고 화를 잘 내게 된다. 하지만 기쁨과 평강은 손으로 만질 수 있는 것들에 달려있는 것이 아니라 그런 것들 바깥에 놓여 있는 것, 즉 소망에 달려있기 때문에, 오직 믿는 자만이 기쁨과 평강을 얻을 수 있다. 그렇지 않다면 하나님은 이러한 감춰진 축복들, 즉 근심과 슬픔에 잠겨 있는 자에게 기쁨을, 반대와 핍박을 받고 있는 사람에게 평강을 주시는 소망의 하나님일 필요가 없을 것이다. 믿지 않는 자는 슬픔과 핍박이 자신의 운명일 때에 그가 의지하는 모든 유형적인 소유가 사라져 버리기 때문에 넘어지게 될 것이다. 하지만 사도가 5:4에서 "연단은 소망을 이루는 줄 앎이니라"고 쓰고 있듯이, 핍박을 통해서 소망은 말할 수 없이 풍부해진다. 이런 일은 사실 성령의 능력을 통해 일어난다. 왜냐하면 연단을 받는다고 해도 우리 자신의 힘으로 소망을 만들어내지는 못하기 때문이다. 성령이 없다면, 우리는 핍박을 받을 때에 너무도 연약하고 절망적이 되어 버릴 것이다. 그러나 "성령도 우리 연약함을 도우시나니"(롬 8:26)라고 말씀한다. 성령으로 말미암아 우리는 승리를 얻고 완전해지며 개가를 올리게 된다.

너희가 스스로 선함이 가득하고 … 나도 확신하노라(15:14). 우리는 항상 이웃에게 가장 좋은 것이 무엇일까를 생각하여야 한다. 사도는 이 구절에서 로마의 성도들에게 칭찬할 일이 아주 많은데도 불구하고 마치 그들이 무지한 것처럼 아주 많은 것들을 가르친 것에 대하여 스스로를 겸손하게 변명한다. 여기서 논리적 순서를 눈여겨보라. 사도는 먼저 "선함이 가득하고"라고 말한 다음에 "모든 지식이 차서"라고 말한다. 덕을 세우는 사랑이 없다면, 지식은 우쭐해하게 된다. 사랑으로 가득 차지 않은 자들은 서로를 권면할 수 없다. 왜냐하면 사랑이 없고 오직 지식만을 지닌 사람들은 자기를 위해 지식을 소유하고, 으스대며, 남들을 가르치는 일을 자신의 위엄을 세우는 방편으로 삼는다. 그런 자들은 남들에게 과시하고자 할 뿐이고, 남들을 업신여긴다. 그러나 아낌없이 사랑하는 사람들은 그들의 지식을 남들과 함께 나누면서 덕을 세운다. 사랑하는 사람들은 말로 가르치지만, 남들을 거리끼게 하는 모든 일들을 삼간다.

나로 이방인을 위하여 그리스도 예수의 일꾼이 되어(15:16). "일꾼"(헬라어로 *leitourgos*)이라는 단어를 통해서 사도는 자신의 사역에 아주 기가 막히게 영광을 부여하면서, 우리가 복음을 거룩한 것으로, 따라서 모든 신성함과 엄숙함으로 전해야 한다는 것을 가르친다. "제물로 드리는 것"이라는 표현은 구약의 제사장 직분을 암시한다. 사도가 말하고자 하는 것은 이것이다: 나의 희생제사는 내가 복음을 전함으로써, 복음을 통하여 이방인들을 제물로 드려 희생제사를 드리는 바로 그런 것이다.

"이방인을 위하여"라는 구절을 통해서 사도는 다음과 같이 말하고자 함으로써 자신의 직분을 찬미하기 시작한다: 너희는 이방인들이기 때문에, 너희는 내가 이방인들의 유익을 위하여 받은 바 나의 직분에 속한다. 앞의 1:5에서 사도는 "우리가 은혜와 사도의 직분을 받아 그의 이름을 위하여 모든 이방인 중에서 믿어 순종하게 하나니"라고 말씀하였다. "복음의 제사장 직분"이라는 말씀은 내가 복음을 희생제사로 드리는 제사장이라는 뜻이다. 이 희생제사를 통하여, 제물로 드려짐과 동시에 이 제사를 받는 이방인들은 하나님께 열납된다.

그러므로 내가 그리스도 예수 안에서 하나님의 일에 대하여 자랑하는 것이 있거니와(15:17). 이 말씀을 통해서 사도는 자기 자신에게서 모든 잘난 체하는 모습을 제거하고, 부르심 때문이 아니라 헛된 영광을 구하여 복음을 전파하였던 거짓 사도들을 꾸짖는다. 사도가 말하고자 하는 것은 이런 것이다: 그리스도께서 나를 통하여 말씀하시고 일하시지 않는다면, 나는 아무것도 말하거나 행하려 하지 않는다. 그러므로 이런 일, 즉 이방인들을 믿어 순종케 하는 일을 한 것이 내가 아니고 내 속에서 역사하는 그리스도이기 때문에, 나는 자랑할 수 있다. 그리스도로 말미암아 나의 자랑은 하나님 앞에서 떳떳한 것이 된다.

표적과 기사의 능력으로 성령의 능력으로(15:19). 표적과 기사의 능력은 이방인들의 주목을 끌었지만, 표적과 기사가 효과를 나타내도록 한 것은 성령의 능력이다. 주술사들과 거짓 그리스도들도 표적과 기사를 나타내 보이지만, 성령의 능력으로 그렇게 하는 것은 아니다.

또 내가 그리스도의 이름을 부르는 곳에는 복음을 전하지 않기를 힘썼노니 이는 남의 터 위에 건축하지 아니하려 함이라(15:20). 만약 남의 터 위에 건축하는 일을 했다면, 사도는 자신의 사도라는 직분을 부정한 것이 되어 버린다. 왜냐하면 사도들은 교회를 세우도록 파송되었고, 그들의 가르침 때문에 그들 자신이 교회의 초석들이기 때문이다(엡 2:20; 계 21:14). 사도가 "남의 터"라고 말하는 것은 다른 사도들이 또 다른 복음을 전했다는 뜻이 아니고 동일한 복음이 다른 사도의 사역을 통해 전해졌다는 뜻이다. 2:16에서 사도는 "나의 복음", 즉 나의 사역을 통해 선포된 복음이라고 말한 바 있다.

이 모든 것에 대하여 우리는 무엇이라 말해야 하는가? 사도는 헛된 영광을 구한 것인가? 사도는 헛된 영광을 구하는 사람들에게 하나의 나쁜 본보기를 보여주면서 자기를 본받아 헛된 영광을 구하며 자랑해도 좋다고 하는 것인가? 결코 그렇지 않다! 왜냐하면 사도는 위에서 예수 그리스도로 말미암아 자랑하고 있기 때문이다(17절). 사도가 자신이 칭찬받기를 구하였다면, 그의 자랑은 완전히 헛되었을 것이다. 그러므로 사도는 그 밖의 다른 타당한 근거들 위에서 자랑한 것이었다.

먼저 사도가 이 글을 쓰는 이유는 그의 사도라는 직분의 위엄이 손상되지 않도록 하기 위함이었다. 만일 자신의 직분의 위엄이 손상된다면, 사도로서 그가 이방인들을 그리스도에 대한 믿음으로 인도하는 데 걸림돌이 될 것이기 때문이다.

둘째로 사도가 이런 말("남의 터 위에 건축하지 아니하려 함이라")을 하는 것은 넘치는 사랑에서이다. 사도는 많은 영혼들을 구하고자 하였기 때문에 그리스도가 이미 알려진 곳에서는 전도하기를 원치 않았다. 만약 그런 곳에서도 전도한다면, 아직 그리스도를 알지 못하는 사람들에게 전도하는 일을 못하게 될 것이기 때문이다. 이 점은 사도가 이사야 52:15의 말씀을 인용한 데서(21절에서) 입증된다: "주의 소식을 받지 못한 자들이 볼 것이요." 즉, 사도는 이미 그리스도를 알고 있는 곳에서 전도함으로써 그리스도를 알지 못하는 사람들에게 써야 할 귀중한 시간을 쓸데없이 허비하는 일이 없도록 하기 위해서 아직 그리스도가 알려지지 않은 곳에서 그리스도를 전도하고자 한 것이다. 또한 사도가 "다른 사도들이 이미 전도한 곳에서"라고 말하지 않은 것도 의미심장하다. 왜냐하면 그렇게 말하는 것은 마치 사도가 다른 사도들이 전도한 곳에서는 전도하는 일에 전혀 관심이 없다는 식으로 오만하고 헛된 영광을 구하는 것처럼 되었을 것이기 때문이다. 그러나 사도는 전도가 필요 없는 곳에서는 전도하기를 사양했다는 것을 보이기 위하여 "그리스도의 이름을 부르는 곳에는" 복음을 전하지 않기로 했다고 말한다. 그는 복음이 필요한 곳에만 전도하기를 원하였다.

셋째로 복음 사역은 크게 업신여김을 받는 일이다. 그때도 그랬고, 지금도 그렇다. 복음 사역은 전도자에게 명예나 영광이 아니라 보통 수치와 핍박만을 줄 뿐이다. 이런 이유로 그리스도께서는 누가복음 9:26에서 자신의 일꾼들에게 경고하시는 방식으로 "누구든지 나와 내 말을 부끄러워하면 인자도 자기와 아버지와 거룩한 천사들의 영광으로 올 때에 그 사람을 부끄러워하리라"고 말씀하셨다. 또한 사도도 고린도전서 4:9에서 "내가 생각하건대 하나님이 사도인 우리를 죽이기로 작정된 자 같이 끄트머리에 두셨으매 우리는 세계 곧 천사와 사람에게 구경거리가 되었노라"라고 말씀하고, 4:13에서는 "우리가 지금까지 세상의 더러운 것과 만물의 찌꺼기 같이 되었도다"라고 쓰고 있다. 복음 사역은 전도자에게 명예와 영광을 주지 않지만, 사도는 훌륭하고 온전한 사도적 사랑으로써 남들을 복음 사역을 통하여 돕기 위하여 이러한 수치를 자신을 위한 영광으로 여긴다.

그리스도를 이미 알고 있는 곳에서 전도했다면, 그것은 수치스러운 일이 아니었을 것이다. 왜냐하면 그런 곳에서는 누군가가 한 번 수치를 당한 후일 것이기 때문이다. 그러나 그리스도를 아직 모르는 곳에서는 사도는 새롭게 수치를 당하게 되고 견뎌내기가 더욱 힘들었을 것이다. 로마서 1:14에서 "헬라인이나 야만인이나 지혜 있는 자나 어리석은 자에게 다 내가 빚진 자라"고 하고, 1:16에서 "내가 복음을 부끄러워하지 아니하노니"라고 말할 때에, 사도는 바로 그러한 것을 염두에 두고 있었다. 즉, 나는 복음 전파하는 일을 나의 영광의 사역으로 여긴다는 말이고, 나는 남들이 수치를 당할까봐 겁내는 바로 그런 일에서 나의 영광을 찾는다는 말이다. 또한 15:17에서도 "그러므로 내가 그리스도 예수 안에서 하나님의 일에 대하여 자랑하는 것이 있거니와"라고 사도는 말씀한다. 사도가 말하고자 하는 것은 자기가 세상에서는 사람들로부터 수치를 당하지만 하나님 앞에서 그리스도 예수 안에서는 자랑스럽다는 것이다. 마찬가지로 시편 119:46에서는 "또 왕들 앞에서 주의 교훈들을 말할 때에 수치를 당하지 아니하겠사오며"라고 말씀한다. 즉, 나는 부끄럽지 않으며, 하나님에 관하여 말하는 것을 나의 영광으로 여긴다는 말이다.

넷째로 사도는 여기서 하나님 앞에서의 선한 양심으로 자랑한다고 말하고자 한다. 달리 말하면, "우리 양심이 증언하는 바니 이것이 우리의 자랑이라"는 고린도후서 1:12의 말씀처럼, 사도는 악한 양심이 아니라 선한 양심을 따라 자랑하고 있다는 것이다. 사도는 그리스도를 아직 모르는 곳에서만 복음을 전하기를 서둘렀고, 아울러 사도 직분을 아주 충실하게 수행하였다는 것을 양심이 하나님 앞에서 증언하고 있다고 말한다. 왜냐하면 하나님 앞에서 우리를 수치로 뒤덮거나 영광으로 감싸는 일은 우리 양심이 하기 때문이다. 그러므로 사도가 자신의 직분을 찬미하고 높이는 것은 바로 순전히 복음을 찬미하는 것에 다름 아니다. 그리고 복음을 싫어하고 심지어 복음에 맞서 싸우고자 하는 사람들 앞에서 이와 같이 복음을 찬미하는 것보다 더 필요한 일이 무엇이겠는가!

언제든지 서바나로 갈 때에 너희에게 가기를 바라고 있었으니 이는 지나가는 길에 너희를 보고 먼저 너희와 사귐으로 얼마간 기쁨을 가진 후에 너희가 그리로 보내주기를 바람이라(15:24). 이 모든 말씀은 사족인 것처럼 보이지만, 그럼에도 사랑으로 가득 차 있다. 왜냐하면 사도는 여기서 아주 기꺼이 자기 자신을 드리고, 사람들은 그토록 귀중한 보배를 소유하기를 큰 열심으로 원하였을 것이기 때문이다. "구유가 소를 고대하는 것이 아니라 소가 구유를 고대하는 법이다"라는 속담이 있다. 그런데 여기서 우리는 그 반대를 본다. 그리고 사도는 이 모든 말을 함으로써 그가 사랑에 관하여 가르쳤던 것을 독자들에게 실제로 본을 보여주고 있다: "자기의 유익을 구하지 아니하며"(고전 13:5).

이는 마게도냐와 아가야 사람들이 예루살렘 성도 중 가난한 자들을 위하여 기쁘게 얼마를 연보하였음이라(15:26). 사도는 기가 막히게 적절한 예를 들어서 로마에 있는 그리스도인들을 움직여서 예루살렘의 가난한 자들을 위한 모금에 헌금하도록 만든다. 그렇지 않다면, 어떤 다른 목적으로 사도가 이 문제를 그들에게 말하였겠는가? 그러나 사도는 요구에 의해서가 아니라 다른 사람들의 본을 보고 자발적으로 어떤 강제도 없이 자기들이 해야 할 일을 하도록 로마에 있는 그리스도인들을 이끌고자 한다.

사도가 말하고자 하는 것은 이런 것이다: 나는 너희에게 아무것도 요구하지 않지만, 너희가 기꺼이 헌금한다면 감사히 받겠다. 이러한 사랑의 의무와 일은 다른 사도들이 성 바울에게 부탁한 일이었다. 갈라디아서 2:9, 10을 보면, "기둥 같이 여기는 야고보와 게바와 요한도 내게 주신 은혜를 알므로 나와 바나바에게 친교의 악수를 하였으니 … 우리에게 가난한 자들을 기억하도록 부탁하였으니"라는 말씀이 있다.

저희가 기뻐서 하였거니와(15:27). 이 말씀은 저희가 기꺼이 기쁨으로 헌금하였다는 것을 의미한다.

너희에게 들렀다가 서바나로 가리라(15:28). 사도가 말하고자 하는 것은 이런 것이다: 내가 어떤 열심으로 기꺼이 남들을 섬기려고 하는지를 보라. 그렇다면 너희는 마땅히 무엇을 해야 하겠는가!

내가 너희에게 나아갈 때에 그리스도의 충만한 복을 가지고 갈 줄을 아노라(15:29). 그리스도인들로 하여금 풍성한 진보가 있게 하고 주를 아는 지식에서 자라가게 하는 것은 복음이 주는 축복이다. 이와 같이 베드로후서 3:18에서도 "우리 주 곧 구주 예수 그리스도의 은혜와 그를 아는 지식에서 자라 가라"고 말씀한다. 사도는 세속적인 재능들에 의한 축복들이 아니라 복음의 축복들을 가져갈 것을 약속한다.

나로 유대에서 순종하지 아니하는 자들로부터 건짐을 받게 하고(15:31). 사도는 핍박이 자기를 기다리고 있다는 것을 알고 있었다. 이에 대해서는 사도행전 21-28장에 서술되어 있다. 이것을 보면, 로마서가 우리 주님이 죽으신 지 30년째 되는 해, 즉 네로 시대에 씌어졌다는 것을 분명히 알 수 있다.

평강의 하나님께서 너희 모든 사람과 함께 계실지어다 아멘(15:33). "소망의 하나님"이 우리의 소망을 통하여 영광을 받으시는 하나님을 의미하듯이, "평강의 하나님"은 화평 중에 예배를 받으시는 하나님을 의미한다. 반면에 우상들은 다툼의 신들이다. 사도가 서바나에 갔는지는 알 수 없다. 파베르 스타풀렌시스(Faber Stapulensis)는 외경에 나오는 구절을 근거로 사도가 서바나에 갔다고 단언한다. 그러나 나는 사도가 서바나에 가지 못했다고 생각한다.

로마서 16장

16장의 내용 : 사도는 우리로 하여금 본받도록 하기 위하여 여러 경건한 사람들을 제시하고, 우리에게 계속해서 신실할 것을 당부한다.

사도는 뵈뵈를 추천하고, 여러 그리스도인들에게 문안하며, 모두에게 신실하도록 당부한다

내가 겐그레아 교회의 일꾼으로 있는 우리 자매 뵈뵈를 너희에게 추천하노니 너희는 주 안에서 성도들의 합당한 예절로 그를 영접하고 무엇이든지 그에게 소용되는 바를 도와 줄지니 이는 그가 여러 사람과 나의 보호자가 되었음이라 너희는 그리스도 예수 안에서 나의 동역자들인 브리스가와 아굴라에게 문안하라 그들은 내 목숨을 위하여 자기들의 목까지도 내놓았나니 나뿐 아니라 이방인의 모든 교회도 그들에게 감사하느니라 또 저의 집에 있는 교회에도 문안하라 내가 사랑하는 에배네도에게 문안하라 그는 아시아에서 그리스도께 처음 맺은 열매니라 너희를 위하여 많이 수고한 마리아에게 문안하라 내 친척이요 나와 함께 갇혔던 안드로니고와 유니아에게 문안하라 그들은 사도들에게 존중히 여겨지고 또한 나보다 먼저 그리스도 안에 있는 자라 또 주 안에서 내 사랑하는 암블리아에게 문안하라 그리스도 안에서 우리의 동역자인 우르바노와 나의 사랑하는 스다구에게 문안하라 그리스도 안에서 인정함을 받은 아벨레에게 문안하라 아리스도불로의 권속에게 문안하라 내 친척 헤로디온에게 문안하라 나깃수의 가족 중 주 안에 있는 자들에게 문안하라 주 안에서 수고한 드루배나와 드루보사에게 문안하라 주 안에서 많이 수고하고 사랑하는 버시에게 문안하라 주 안에서 택하심을 입은 루포와 그의 어머니에게 문안하라 그의 어머니는 곧 내 어머니니라 아순그리도와 블레곤과 허메와 바드로바와 허마와 및 그들과 함께 있는 형제들에게 문안하라 빌롤로고와 율리아와 또 네레오와 그의 자매와 올름바와 그들과 함께 있는 모든 성도에게 문안하라 너희가 거룩하게 입맞춤으로 서로 문안하라 그리스도의 모든 교회가 다 너희에게 문안하느니라 형제들아 내가 너희를 권하노니 너희가 배운 교훈을 거슬러 분쟁을 일으키거나 거치게 하는 자들을 살피고 그들에게서 떠나라 이같은 자들은 우리 주 그리스도를 섬기지 아니하고 다만 자기들의 배만 섬기나니 교활한 말과 아첨하는 말로 순진한 자들의 마음을 미혹하느니라 너희의 순종함이 모든 사람에게 들리는지라 그러므로 내가 너희로 말미암아 기뻐하노니 너희가 선한 데 지혜롭고 악한 데 미련하기를 원하노라 평강의 하나님께서 속히 사탄을 너희 발 아래에서 상하게 하시리라 우리 주 예수의 은혜가 너희에게 있을지어다 (16:1-20).

내가 … 우리 자매 뵈뵈를 너희에게 추천하노니(16:1). 로마서는 고린도에서 사도가 구술하고, 더디오가 받아 썼으며, 뵈뵈를 통하여 전해졌다. 겐그레아는 고린도의 항구였다.

성도들의 합당한 예절로(16:2). 여기서 "성도들"은 영접을 받는 사람들이 아니라 영접을 하는 사람들을 가리키는 것으로 이해하여야 한다. 왜냐하면 성도들은 성도들만을 영접해야 하는 것이 아니라 그들이 누가 되었든지 모든 사람들을 영접해야 마땅하기 때문이다. 이와 같이 그리스도께서는 마태복음 5:46에서 "너희가 너희를 사랑하는 자를 사랑하면 무슨 상이 있으리요 세리도 이같이 아니하느냐"라고 말씀하신다.

여기서 우리는 1:11과 15:23에서 사도가 말하고 있듯이 사도는 아직 로마에 가본 적도 없고 그들을 본 적도 없고 단지 그들을 보기를 원하는 처지인데 어떻게 사도가 그들의 이름을 열거할 수 있었는지 궁금해 할지도 모른다. 사도는 1:8에서 "너희 믿음이 온 세상에 전파됨이로다"라고 쓰고 있다. 물론 사도가 로마에 가지도 않았으면서도 그들이 한 일들을 잘 알고 있는 것이 이상해 보일 수도 있다. 하지만 나는 사도가 여기서 추천하고 있는 모든 사람들은 아가야와 고린도 지방 출신 사람들이고, 로마의 그리스도인들은 그들을 알고 있었고 그들을 형제로 받아들여 인사를 나누었을 것이라고 생각한다. 여기서 분명히 사도는 회당에서 그 지체들을 출신 지파를 따라 기록하였던 히브리식 관행을 그대로 따르고 있다.

사도는 친구들의 문안인사, 고별 축도, 진심어린 송영을 전한다

나의 동역자 디모데와 나의 친척 누기오와 야손과 소시바더가 너희에게 문안하느니라 이 편지를 기록하는 나 더디오도 주 안에서 너희에게 문안하노라 나와 온 교회를 돌보아 주는 가이오도 너희에게 문안하고 이 성의 재무관 에라스도와 형제 구아도도 너희에게 문안하느니라 나의 복음과 예수 그리스도를 전파함은 영세 전부터 감추어졌다가 이제는 나타내신 바 되었으며 영원하신 하나님의 명을 따라 선지자들의 글로 말미암아 모든 민족이 믿어 순종하게 하시려고 알게 하신 바 그 신비의 계시를 따라 된 것이니 이 복음으로 너희를 능히 견고하게 하실 지혜로우신 하나님께 예수 그리스도로 말미암아 영광이 세세무궁하도록 있을지어다 아멘 (16:21-27).

나의 복음과 예수 그리스도를 전파함은 … 그 신비의 계시를 따라 된 것이니 이 복음으로 너희를 능히 견고하게 하실 지혜로우신 하나님께(16:25). 여기서 사도는 "신비"라는 말을 그리스도의 성육신(그리고 구속)의 신비로 이해하고 있다. 복음은 다름 아닌 그리스도를 선포하는 것이다. 사도는 1:1-4에서 "하나님의 복음을 위하여 택정함을 입었으니 … 그의 아들에 관하여 말하면 육신으로는 다윗의 혈통에서 나셨고 성결의 영으로는 죽은 자들 가운데서 부활하사 능력으로 하나님의 아들로 선포되셨으니 곧 우리 주 예수 그리스도시니라"고 쓰고 있다.

영세 전부터 감추어졌다가(16:25). "세상이 시작된 이래로 감추어졌다가"라는 말씀은 "영원 전부터 감추어졌다가"라는 의미로 이해하는 것이 좋을 것이다.

선지자들의 글로 말미암아 모든 민족이 믿어 순종하게 하시려고 알게 하신 바
(16:26). 여기서 복음이 감추어져 있었는데도 불구하고 무슨 이유로 선지
자들에게는 알게 하셨는가라는 의문이 제기될 수 있다. 우리는 둘 다 참이
라고 대답한다. 복음은 지금에 와서야 분명하게 드러난 것이 아니라 이미
선지자들에게 알려져 있었다.

● **독자 여러분께 알립니다!**
'**CH북스**'는 기존 '**크리스천다이제스트**'의 영문명 앞 2글자와
도서를 의미하는 '**북스**'를 결합한 출판사의 새로운 이름입니다.

세계기독교고전 41

루터의 로마서 주석

1판 1쇄 발행 2001년 11월 15일
2판 1쇄 발행 2019년 5월 10일
2판 3쇄 발행 2025년 2월 18일

지은이 마르틴 루터
옮긴이 박문재
발행인 박명곤   **CEO** 박지성   **CFO** 김영은
기획편집1팀 채대광, 이승미, 이정미, 김윤아, 백환희, 이상지
기획편집2팀 박일귀, 이은빈, 강민형, 이지은, 박고은
디자인팀 구경표, 유채민, 윤신혜, 임지선
마케팅팀 임우열, 김은지, 전상미, 이호, 최고은

펴낸곳 CH북스
출판등록 제406-1999-000038호
전화 070-4917-2074   **팩스** 0303-3444-2136
주소 서울시 강서구 마곡중앙6로 40, 장흥빌딩 10층
홈페이지 www.hdjisung.com   **이메일** support@hdjisung.com
제작처 영신사

ⓒ CH북스 2019

"크리스천의 영적 성장을 돕는 고전"
세계기독교고전 목록

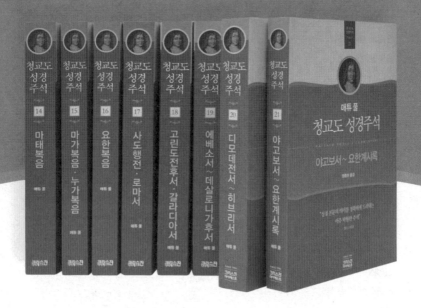